DAXUE MEIYU
大学美育

主　编　高荆梅　马　蕾
编　者　王岩石　张万红　周　阳
　　　　高荆梅　高　攀　崔金静
　　　　马　蕾

西北工业大学出版社

【内容简介】 本书共十章。第一章阐述了作为当代大学生必须具备的关于美与审美等美学与美育的基本理论和基础知识,第二、三章介绍了中、西方美育思想,第四至八章内容涉及人生、自然、社会、艺术、科技等审美的各个方面,着重讨论自然审美、社会审美、科技审美和艺术审美等审美活动的特征等问题,突出了审美实践的方法指导,使读者既知其然又知其所以然。第九、十两章结合部队和军校学员实际,讨论了军事美和军人美。本书结构合理,语言流畅,内容充实,做到了系统性、针对性、稳定性和新颖性、理论性和实践性相结合。

本书可作为军事院校的基础美育教材,对当代大学生树立正确的审美观,提高审美境界、审美能力以及提高审美活动和审美教育的自觉性,大有裨益。

图书在版编目(CIP)数据

大学美育/高荆梅,马蕾主编 . —西安:西北工业大学出版社,2017.5 (2018.8 重印)
 ISBN 978 - 7 - 5612 - 5254 - 3

Ⅰ. ①大… Ⅱ. ①高… ②马… Ⅲ. ①美育—高等学校—教材 Ⅳ. ①G40 - 014

中国版本图书馆 CIP 数据核字(2017)第 110603 号

策划编辑:杨　军
责任编辑:刘宇龙

出版发行:西北工业大学出版社
通信地址:西安市友谊西路 127 号　　邮编:710072
电　　话:(029)88493844　88491757
网　　址:www.nwpup.com
印刷者:陕西向阳印务有限公司
开　　本:727 mm×960 mm　　1/16
印　　张:15.125
字　　数:248 千字
版　　次:2017 年 5 月第 1 版　　2018 年 8 月第 2 次印刷
定　　价:39.00

前　言

美育，又称为"审美教育"或"美感教育"，它是人类文明发展的必然结果，也是人类自身建设与文明发展的一个重要内容。中国是一个具有悠久美育传统的文明古国。历史的经验证明，凡是真正懂得教育、重视教育的人，都非常重视美育。美育，是我党的教育方针的重要组成部分，是对青少年进行全面素质教育的重要内容。因为美育不仅是人类认识世界、改造世界的重要手段，也是实现人类自身美化、完善人格塑造的重要途径。美育有着独特的功能和作用，这是其他教育所无法替代的。

美育教育不在于培养几个艺术家，而是使受教育者树立正确的审美观，培养健康、文明的审美情趣，提高人们对美的欣赏与美的创造能力，进而造就新时代具有高尚的审美情趣、审美修养和道德修养以及有多种爱好和广泛审美知识的合格的新时代人才。

美育是高校素质教育不可分割的重要组成部分。进行美育教育，必须有科学的美学理论作指导，这样才可以使受教育者开阔理论视野，为培养正确的审美观、审美能力、审美行为提供坚实的基础。就当前而言，当代军人在审美方面的需求也是愈来愈强烈。正是为了适应这种需求我们编写了《大学美育》这本书。

本书从三个方面来论述。一是从美育的基本理论出发，对美育的基本概念以及中、西方美育思想进行论述；二是从应用美学出发，论述人生美、社会美、自然美、艺术美和科技美等问题；三是从军校和学员的角度出发，论述军事美与军人美等问题。因为本书的对象是广大军校学员，因而内容紧密联系军人的审美实践，在论述一般美育知识的基础上，进一步揭示军人美的欣赏、军人美的创造等方面的特殊规律。

美育的最终意义，就在于使人的情感得到陶冶，思想得到净化，品格得到完善，从而使身心得到和谐发展，精神境界得到升华，自身得到美化。

爱美之心，人人有之，爱美是一种天性。军人不但要爱美还要懂得美，在欣赏美的过程中，还要大胆地追求美、表现美、展示美，更要努力地创造美，创造自己的美的生活。

由于笔者水平有限，书中难免有不妥之处，希望广大读者批评指正。

编 者

2016 年 5 月

目　　录

第一章　美学 ································· 1
第一节　爱美之心，人皆有之 ····················· 1
第二节　爱美也应知美 ··························· 8
第三节　军人与美育 ····························· 18

第二章　西方美育思想概述 ······················· 24
第一节　从苏格拉底到席勒看西方美育思想 ········· 24
第二节　马克思主义的美育思想 ··················· 34

第三章　中国美育思想概述 ······················· 44
第一节　以孔子为代表的儒家学派的美育思想 ······· 44
第二节　道家哲学对自然美的追求 ················· 51
第三节　我国近现代美育思想 ····················· 57

第四章　诗意地栖居：人生美 ····················· 62
第一节　追问人生美 ····························· 62
第二节　追求人生美 ····························· 71
第三节　感受人生美 ····························· 75
第四节　探寻人生的意义 ························· 80

第五章　和谐地生存：社会美 ····················· 86
第一节　社会美的源泉与功能 ····················· 86
第二节　偏重于内容的社会美形态 ················· 91

第六章　诗意的载体：自然美 ····················· 108
第一节　什么是自然美 ··························· 108

  第二节 欣赏自然美…………………………………………… 115
  第三节 守护自然美…………………………………………… 120

第七章 艺术的殿堂：艺术美………………………………………… 127
  第一节 艺术美育……………………………………………… 127
  第二节 凝固的乐章：建筑园林美的艺术欣赏…………… 133
  第三节 静止的生活：雕塑绘画美的艺术欣赏…………… 143
  第四节 跃动的旋律：音乐舞蹈美的艺术欣赏…………… 151

第八章 人类智慧之光：科技美……………………………………… 161
  第一节 你所不知道的科技美……………………………… 162
  第二节 关于军事科技美的疑问……………………………… 178

第九章 硝烟中的猎猎旌旗：军事美…………………………………… 186
  第一节 解密军事美…………………………………………… 186
  第二节 探寻军事美内涵……………………………………… 190
  第三节 战争究竟有没有胜利者……………………………… 202

第十章 崇高的生命史诗：军人美……………………………………… 208
  第一节 军人个体美…………………………………………… 208
  第二节 军人整体美…………………………………………… 220
  第三节 形式美的战斗力……………………………………… 229

参考文献……………………………………………………………………… 235

第一章 美 学

自古以来，人类都有对美的感受，从远古壁画、埃及金字塔、希腊雕塑，到印度史诗、现代艺术，世间万物都能使人产生美的感受。现实中，我们也经常用"美"来评价一个事物。这些都是我们对美的感受。古希腊，柏拉图希望从苏格拉底和希庇阿斯的理论性对话中得出"美是什么"的答案；在我国，沉鱼落雁被用来表现西施的美。那么，到底什么是美呢？

我们不难发现，这个问题的答案五花八门。这就说明，把美的感受上升到理论层面，成为美之学，形成关于美的知识体系，需要学习和研究。

第一节 爱美之心，人皆有之

在西方语言中，表示美与漂亮意义的词汇，无论英语、法语、意大利语、西班牙语，都来自拉丁语 bellus，有可爱、愉快、美、好的意思，同时该拉丁语在词源上还具有"幸福""舒适""有经验""有效用"的含义。所以，美的含义，不仅表示现实存在的某种属性，还表明它在人类社会生活中的意义。因此，我们要研究美，不仅要从认识论角度考察，还要从价值论角度考察，否则很难揭示美的真正本质。

在现代汉语中，"美"字最早见于甲骨文，由"羊"和"大"组成。《说文解字》中揭示："美，甘也。从羊从大，羊在六畜，主给膳也。美与善同意。"所以，后人作注云："羊大则美"。意思就是羊长的大而肥美，可以满足人的饮食需要，要有实用价值，所以善就是美，美就是善。

到了今天，"美"的含义除了美、善同义之外，还有了几种意思：一是感官得到了快感和舒适感。如人的胜利的强烈需求突然得到满足便会有"美极了""太美了"等说法，人们往往用"美"来表达生理需求得到满足的程度；二是高度的伦理评价和精神赞许。如对个人或群体的言论、思想、行为、作风、业绩等，表示称赞，给予极高评价，往往用"美"，比如"心灵美""行为美""语言美"。《论语》中的"五美"："惠而不费，功而不怨，欲而不贪，泰而不骄，威而不猛"，就是用美作为伦理评判的一种形式。三是对审美对象做审美评价。如对自然美、艺术美的欣赏,很多场合用"美",如"优美""壮美""秀美";当然,我们在欣赏文学作品或者某件艺术作品时,不能完全用美来评判。

一、没有美是万万不能的

如果我们无法确切地、没有争议地定义美,不如从"我们为什么追求美"谈起。人们对美的追求是一种本能,或者说是一种进化。庄子说"然则人之所以为人者,非特以二足而无毛也,以其有辨也",但其实,"二足"——直立却是人之为人的一大特征,并且这一特征标志着人类具有审美的伊始。

人类的诞生是一种精确的偶然,人类从爬行进化为直立,更是一种奇迹——直立并不是如此简单的事。可以想象,在漫长的历史过程中,初始直立的人类无法快速奔跑,走路摇摇晃晃,很容易受到猛兽的袭击,根本不利于人类的生存,并且站立的人类随着进化也产生了很多动物没有的风险,比如腰椎疾病、心血管疾病等等。我们的老祖先们为什么要"愚蠢"地选择直立行走呢?生物学家到现在也无法解释这个原因,就如同我们不能解释猴子和黑熊为什么不能像人类一样站立。

看来我们不能不承认,人的诞生确实是一种神奇、一种奇迹。不过,还有一种现象的繁盛,却更为神奇,更是奇迹,这就是爱美之心的诞生。如果说人的诞生几乎是不可想象的,那么,爱美之心的诞生就更是不可想象的了。现在,所有的学者都承认,爱美之心是与人类的诞生同步的。西方学者艾伦·温诺就发现:"尽管艺术活动对于人类生存没有明显的价值,所有已知的人类社会却一直从事于某种形式的艺术活动。"马斯洛则说得更加明确:"审美需要的冲动在每种文化、每个时代里都会出现,这种现象甚至可以追溯到原始的穴居人时代。"并曾经有过莫名的困惑:"艺术活动并不只是有闲阶级的奢侈品,而是人类活动内容中非常重要的组成部分。事实上,即使在一个人必须把他的大部分精力用于不折不扣的生存斗争的情形下,也不曾放弃过艺术创作活动。"可是,"艺术行为提出了许多令人迷惑的问题。比如,为什么有那么强大的动力促使人去从事一项无助于物质生存的活动?"

的确,人类为什么非要追求美呢?在严酷的进化环境中,大自然对所有动物的要求非常严苛,任何多余或缺失的环节都会使一个物种被淘汰。例如,科学家发现,蜂窝使用的材料是最经济的,底部是三个内角相同的菱形;再如不同人种性状的差异也是因为地区的差异,北欧人的鼻子高耸狭长是为了加热呼进的冷空气,而非洲人的鼻子宽短鼻翼较大是为了尽快散热。人类的进化第一要义是保证生存,任何奢侈的可能应该是绝对不会存在的。所以人类对美的追求是很危险、很奢侈的,但是毫无疑问的是,美的产生存在的只有一种可能,就是美是生命过程中的必须,不,完全应该说,是必须的必须。换句话说,美不是万能的,但是,没有美却是万万不能的。也就是因为"万万不能",所以,人类在进化过程中才不惜千辛万苦地一定要把爱美之心进化出来。

二、爱美之心,人皆有之

以上,我们可以发现,人们对美的追求——展开审美活动是危险的,但是人类为什么要赌上自己的生存而进化出这种审美的"特定性"来呢?这就需要从审美活动的根源谈起。

根源,不同于起源,也许我们能够针对审美活动的起源追溯至原始人山洞的图腾,考证到公元前几几年,但是,从时间看,人类有文字描述的历史只有区区几千年,只是世界存在时间的万分之四;从空间看,人类有文字描述的历史仅仅只是个别地区,我们无法掌握更全面的材料,因此,非要去谈审美活动的起源,我们就必然会陷入以偏概全的困境,同样不能全面地解释关于美的定义。而我们探讨审美是为什么发生的,也就是根源问题则是给我们提供了一个新的认识角度。

既然审美的产生如同人类诞生一样重要,就说明审美与人类在进化过程的迫切需要有关,而且,一定是性命攸关。为了解释这一点,我们可以从快感的产生获得一些启发。快感,一般而言就是趋利避害、趋生避死,可以看作是生物对自己的一种保护本能。自然界存在的三种生命形态:植物、动物和人类。这其中,植物既没有快感,也没有美感。但是,当从植物进化到动物的时候,就出现了快感。当然,动物是没有美感的。但是,从动物一旦进化到人,也就又出现了美感。显然,在这样的有序的进化链条里,一定蕴含着某种奥秘。秘密何在呢?——快感。我们人类也同样具备快感,因此,我们不难体会到这种自我保护的存在与重要。凡是对生命有利的,快感就会用快乐来吸引靠近,凡是对生命不利的,快感就会用不快来提醒你躲避。比如手碰到了火,不快感会让你躲避它,如果吃到了身体需要的食物,快感会要求你再次选择。不难想象,这种本能对于动物的进化起着重要作用。它们的出现,本身就是自然选择的产物。是否有一种喜与厌之类的情绪倾向,是一切生命体与无机自然界的根本区别。

但是，尽管快感的趋利避害，趋生避死的功能非常重要，但是快感还有着更为重要的功能。这就是对于进化过程中的冒险、创新、牺牲、奉献等行为的鼓励。不难想象，在动物的进化过程中，一定是充满了变数，也充满了风险，何去何从？一切都是未知的。很多的事情，对于动物个体来说，未必是好事，但是对于种群来说却是必需的；也有些事情，对于动物来说是有助于自己生存的，但是对于种群来说，却恰恰不利于生存。可是，这一切又如何加以判断？就是理性高度发展的人也无法做到，何况是动物。那么，动物该如何去选择呢？——快感，就在为他们导航。对于动物来说，快感不但是一种自我保护，而且是一种自我鼓励。生存无异赌博，而快感，则鼓励着自己去选择正确的方向，鼓励生命去与懒惰抗争，主动突破生命的疆域，迎接环境的挑战，以避免被严酷的进化历程所淘汰。有时，它鼓励的甚至是一种"化作春泥更护花"的自我牺牲精神，为了生存，不得不如此，过分的自私只能走向灭亡，故快感要去鼓励一种无私的牺牲。而快感或痛感的消失则是生命力衰竭的象征。我们看到，人类进化正是在用快感和恶感作为指挥棒来指导人类和动物的行为。我们可以发现这样一个逻辑：什么东西对于趋利避害、趋生避死乃至创新、进化、牺牲、奉献有益，动物与人类就会对什么东西有快感，而不是什么东西自身能够产生快感，动物与人类才对什么东西有快感，反过来说，什么东西对于趋利避害、趋生避死乃至创新、进化、牺牲、奉献有害，动物与人类就会对什么东西有不快感，而不是什么东西自身能够产生不快感，动物与人类才会有不快感。

美感则与快感具有同一性。美感所追求的都是在人类生活里有益于进化的东西。美感就是用自己的肯定与否定来推动着人类去实现它或者回避它。因此，关于美感，我们可以用一个最为简单的表述来把它讲清楚：凡是人类乐于接受的、乐于接近的、乐于欣赏的，就是人类的美感所肯定的；凡是人类不乐于接受的、不乐于接近的、不乐于欣赏的，就是人类的美感所否定的。比如，黄金分割，在自然与人类进化中，只有符合黄金分割的才能够进化起来，这是人们早就获知的规律。所以，人类的眼睛早已训练有素，看到任何一个物体，只要可以上下等分的，就一定是看到符合黄金分割的上下等分的物体才格外舒服。换言之，凡是符合黄金分割的上下等分的物体，人们才乐于接受、乐于接近、乐于欣赏，但是其中的原因还是在于，它所携带的遗传基因更符合进化的方向。

但美感又与快感有所不同，美感之所以取代快感，并不是偶然的。其中的关键，就在于它是一种特殊的自我鼓励。具体来说，假如快感主要是对身体、生理的创新、进化、牺牲、奉献的自我鼓励，那么美感则主要是对精神、心理的创新、进化、牺牲、奉献的一种自我鼓励。美感的诞生是对快感的进一步的拓展，快感是身体、生理的进化，美感则是精神、心理的进化。

心理学家一般会把人类社会的发展分为两个时代，第一个时代，面对的主要是身体的、生理的问题，第二个时代，面对的主要是精神的、心理的问题。显然，精神的、心理的问题较之身体的、生理的问题要远为复杂。而正是生命自身选择了审美活动，生命自身只有在审美活动中才找到了自己，才更加具有了人的意义。因为，无论我们说人类的进化给人类带来了多少危险的可能，但不难发现人类进化的一个最直接也最简单的动机就是"和动物不一样"，而对美感的追求正是人类超越动物的一大标志。

除了站立、无毛等等，人类区别动物一个关键就是"意识"，这也是区别快感与美感的关键。当生命的需要的表现不再是直接通过生命活动，而是通过"意识"；当"意识"不再是反映，而且更是本体；当对生命"有利"这一现象不再是由"本能"而是由"意识"来决定；当对象也开始成为精神享受的对象；美感，才开始诞生。换句话说，如果没有将自己看作人的意识，没有将自我对象化的意识，美感就根本无从谈起。美感让人类有了与动物特定性不同的非特定性，人并不具备动物天生就具有的能力，比如鸟会飞、鱼会游，老鼠天生会打洞。海德格尔说人是被抛弃到这个世界上的，这就意味着，人必须去不断创造自己的"完善"，不断克服自己的"缺陷"和"匮乏"。人类必须借助于超生命的存在方式才有可能生存。正是生命功能的缺乏与生命需要的矛盾使得人类产生了一种超生命功能的需要。结果，就必然出现这样的一幕：人类只有满足了超生命的需要才能够满足生命的需要。对于人类而言，第二需要是第一需要的基础前提。因此人类的生命存在与物质活动必然是同构、同一的。在这个意义上，我们应该看到，人类并非只是接受了知识的"动物"。因为动物，只能把对象体会为某种功能，但是却绝不可能把对象体会为具有不同功能的"功能中立"之物。蜘蛛对于落在网上的苍蝇是认识的，但是对落在地上的苍蝇却一无所知。把整体事物从特定功能中分离出来，把事物的部分从它在整体中所扮演的角色中分离出来，对于动物，都是不可能的。然而，这一切对于人类来说，则是完全可能的。最终，人也就使自己区别于动物，人不再仅仅是一种有限的存在，而且更是唯一一种不甘于有限的存在。未完成性、无限可能性、自我超越性、不确定性、开放性和创造性，则成为人之为人的全新的规定。向世界敞开，就成为人类的第二天性，或者说，成为人类所独具的先天性。

如此，人从为了需要开始创造，到为了创造而有所需要，再到创造就是需要，最终人类超越了动物。在这个意义上，我们可以认识到人类的诞生多么的艰难，其中人类就是用美感鼓励着自己，在万分的艰难中，坚定不移地朝向正确的方向。这，就是从快感到美感的全部过程，其中也蕴含着人类进化的全部神奇与奇迹。

三、美是人类文明的基础

可是，现在的问题是，在人类脱离了原始时期以后，人类与动物不同，已经是一个既成的事实，换言之，人类当年的赌博现在已经完全实现了，人类已经确实通过爱美之心使得自己超越了动物，现在谁都不会再在人与动物之间画等号了。可是，我们为什么还要爱美呢？过去是"爱美之心，人才有之"，现在已是"爱美之心，人皆有之"。这岂不是说，在人类进化过程中所进行着的那场既伟大又惊心动魄的美的赌博，直到现在也还仍旧在继续进行之中。正常人类社会秩序中的人们，有人会作恶——可以不追求道德上的善；有人会造假——可以不追求科学上的真；但是没有人不喜欢美。我们不难发现，无论好人坏人、学文习理、有无知识，皆追求美学意义上美。

也许不仅人如此，连人类所创作出的"神"也具有相同的本能。《荷马史诗》中"金苹果的故事"不失为一个好例子。希腊有名的勇敢战士比洛斯王，娶海王女儿施缔丝为妻，结婚当天，盛设婚宴，邀请凡间不少名士和天上所有的大小神都来参加，但是唯独没有邀请妒忌女神与战争之神所生下的女儿复仇女神爱丽丝参加。爱丽丝得知此事，异常恼怒，发誓要向参加婚宴的神与人们复仇。果不其然，婚宴当天，天空中掉下一个金苹果，上面刻有"赠给最美丽的美人"。这个苹果掀起了轩然大波。天后赫拉当即表示这个苹果非自己莫属，可是在座的爱神维纳斯和正义女神雅典娜也不甘示弱。眼见争执不下，天神宙斯也无法在自己的妻子和女儿中间决出胜负，于是他把这次判决权交给了世界上最美丽的男子——身处特洛伊城的帕里斯。于是三位女神都向帕里斯开出了优渥的条件，赫拉许诺帕里斯让他做一个富裕强大国家的王，雅典娜承诺帮助帕里斯战胜世仇希腊人，而维纳斯洞悉了帕里斯的心愿，她答应把世界上最美的女人献给帕里斯。不出所料的是，具有爱美之心的帕里斯选择了把金苹果给了维纳斯。这个故事生动地给我们展示了对美的追求对于人类来说何等重要。不仅如此，这个故事结局依旧与美有关系。

世界上最美的女人海伦被帕里斯从斯巴达掳到了特洛伊，斯巴达的国王非常生气，于是联合自己的哥哥阿伽门农和一些希腊的国王向特洛伊开战，一方面为了讨回海伦,一方面趁机掠夺富饶的特洛伊,这就是著名的特洛伊战争。这长达10年的征战本应该天怒人怨、民怨沸腾,但事实似乎略有不同。《伊利亚特》中写到在战争的第十年,守卫城楼的特洛伊老兵见到海伦,一时惊为天人,"众人议论道:'好一位标致的美人!难怪,为了她,特洛伊人和胫甲坚固的阿凯亚人经年奋战,含辛茹苦——谁能责备他们呢?她的长相就像不死的女神,简直像极了!……'而普里阿摩斯则亮开嗓门,对海伦喊道:'过来吧,亲爱的孩子,坐在我的面前,看看离别多年的前夫,还有你的乡亲和朋友。我没有责怪你;在我看来,该受责备的是神,是他们把我拖入了这场对抗阿凯亚人的悲苦战争。'"我们不深究《伊利亚特》背后历史属性,但荷马这段对海伦之美的描述,不正是对"爱美之心,人皆有之"的最好注脚。

从神话回到生活,追求美也是人的一种本能。比如,著名的心理学家马斯洛说道:"从最严格的生物学意义上,人类对于美的需要正像人类需要钙一样,美使得人类更为健康"。他还说"对美的剥夺也能引起疾病"。审美方面非常敏感的人在丑的环境中会变得抑郁不安。二战时期一位犹太精神病学家叫作弗兰克,他在集中营里度过了二战时期,他失去了妻子、孩子,还有一部倾注了毕生心血的手稿。但是,弗兰克却在巨大的悲痛中挺了过来,并没有在集中营里死去。那么,原因何在呢?他曾自陈,那完全就是由于对美的迷恋。一天傍晚,所有的难友都已经捧着汤碗疲累万分地坐在茅舍内的地板上休息。突然,一个难友冲进屋里叫大家跑到集合场上去看夕阳。大伙儿到了屋外一看,西天一片酡红,朵朵云彩不断变幻出无数的形状与颜色,整个天空一时间绚烂之极,生动万分。面对此情此景,所有的难友都屏息良久,最后,一个俘虏才慨然一叹:"这世界怎么会这么美啊!"而这个美丽的世界,也就正是弗兰克战胜苦难的精神源泉。

还有我们熟悉的中国学者孔子,他有一句赞美韶乐的名言"三月不知肉味"。肉,对于先秦时期的人来说是很重要的,不仅因为它营养丰富,更因为它滋味爽口,而孔子讲学的学费正是肉干,就是所谓的"束修"。有一次孔子出使齐国,因为齐国是姜太公属地,是韶乐的正统流传之地,而且又恰逢齐王举行盛大的宗庙祭祀,结果,孔子有幸听到了当时最美妙的音乐——韶乐。孔子喜爱至极,便发出了"三月不知肉味!"的赞叹。孔子选择了当时最重要的食物——肉作为音乐美的喻体,而孔子对于美的看重,恰恰就在这句话中被体现得淋漓尽致。"不图为乐之至于斯也",孔子的感受,也正是我们的感受。

还有无数事例说明了，美就像"空气"和"爱"一样不可缺少，美和人息息相关，因为美是人生理、心理、精神的共同追求。总而言之，用一句话来总结，在中国，是叫作"爱美之心，人皆有之"，在西方，是叫作："自从爱神降生了，人们就有了美的爱好，从美的爱好诞生了人、神所享受的一切幸福。"（柏拉图）显然，对于美的追求，就是如此的不可或缺。

第二节 爱美也应知美

美处在生活的每一个细节，但并不代表身在其中就能认识美、感受美、体会美，那么使人们能够掌握认识美方法的美育也就十分重要，通过美育能使人更充分地实现感性愉悦，达到一种理想实现，甚至成为一群人的文化建构，因此，美育成为连接着感性与理性、个人与社会、自然与文化的重要桥梁。

在远古中国，美育就以乐教的形式出现了。早在尧舜禹时期，就有了美育："帝曰：夔，命汝典乐，教胄子，直而温，宽而栗，刚而无虐，简而无傲，诗言志，歌永言，声依永，律和声，八音克谐，无相夺论，神人以和。夔曰：於，予击石拊石。百兽率舞。"（《尚书·尧典》）这段话讲的是尧的部落要求用一种诗、乐、舞合一的仪式来教育族人，通过表演过程中的音乐、舞蹈、诗歌的和谐而达到一种和谐的理想人格，最后达到人神合一。到了近代，王国维、蔡元培等人也都倡导过美育，甚至主张"以美育代宗教"；20世纪80年代，周扬在《关于美学研究工作的谈话》中一再呼吁和主张推进美育的研究和实践，明确指出："我们要提高整个中华民族的科学文化水平，加速实现我国社会主义现代化建设……要培养全面发展的社会主义新人。……一个人要全面发展，不能缺少技术教育，也不能缺少美育。在现代化教育中，没有美育是不成的。"

可见，我们的美育实践具有很长的历史。不过，美育作为一门应用理论学科的产生，也是近代才出现的。

一、美也是可以学习的

美育就是美的教育的简称吗？其实不然，在美育作为一门学科或一种活动的界定上，有过多种说法。或称"审美教育""艺术教育"或者"美感教育""情感教育"等等。这些说法都从不同的角度表现出了美育的性质、特征和功能。

第一位提出美育的人是德国美学家席勒,他在《美育书简》中从"完美人性"的角度系统深刻的阐述了美育。他认为人的天性中有两种相反的要求:一个是感性需要支配的"感性冲动",另一个是受客观规律限制的"理性冲动",完美的人性应该是两者的统一。只不过在工业时代,人性异化,两种冲动被分裂开来。所以,席勒指出,需要有第三种冲动,"游戏冲动"——人的一种自由自觉的活动来克服感性冲动,从自然的必要性方面强加给人的限制;又可以克服"理性冲动",从道德的必要性方面给人以限制,使人具有完美人性。而这种自由自觉的活动就是审美。所以,席勒激励主张通过美育来培养理想的人、完美的人、全面和谐发展的人。这种看法破除了古希腊时期单纯把美育作为道德教育的特殊方式或者补充手段的狭隘观点,并且对后来世界各国的美育理论产生了很大影响。

其中培养"完美人性"这一要素是各国美育理论的共识。但是,人要成为完美的人,单靠美育是远远不够,应该多种教育并重。比如,王国维在《论教育之宗旨》一文中写到教育的宗旨是在于通过"体育"和"心育"(包括智育、德育、美育)而培养"完全之人物",因而定义美育为:"美育者一方面使人情感发达,以达完美之域;一方面又为德育与智育之手段。"这说明王国维先生认识到美育与其他教育的相辅相成的关系,但是它忽略了美育的独立意义和价值。

蔡元培先生则在这一观点之上进行了修正和简化,他认为"美育者,应用美学之理论教育,以陶养情操为目的者也"。强调了美育的情感陶冶的作用之外,也明确地指出美育是一种独立的教育形式。

从历史上对美育的界定,我们可以得到几点启示:美育具有通过情感陶冶使人成为完全的人的养成功能;美育与德育、智育、体育等相互联系又有区别,是具有独立性的教育活动;美育的实施必须应用美学理论和各种审美现象。

黑格尔曾说:"审美带有令人解放的性质。"它之所以能"令人解放",是因为这种教育在形式上是自由的,生动活泼的,寓教于乐,因而最容易启迪人们的心灵,引起精神上的升华。它与其他文明教育不同,就拿与美育最接近的德育来说,尽管也是对人的素质教育,但它是以理服人的,它要调整人与人、人与社会之间的关系,它要用社会要求、道德准则来约束人,远没有美育这样自由、生动。

1. 美育具有生动的形象性

德育是道德观念的教育,注重理论的说教;智育是以系统的科学知识和技能武装人，运用概念、判断、推理，培养人的抽象思维能力；美育则不然，它的施教过程总是和一定的审美对象相联系，寓教育于美的形象之中。车尔尼雪夫斯基曾说："形象在美的领域中占着统治地位。"无论是自然美、社会美或者艺术美，都离不开具体的形象。泰山的雄伟、黄山的奇特、西湖的妩媚，漓江的秀雅，这些都具有自然美的形象性；助人为乐，见义勇为，文明礼貌，谦虚谨慎，这些社会美也总是以一定的外部形象表现出来的；悠扬的乐曲，精美的雕塑，绚丽的图画，优美的舞姿，这都具有艺术美的形象性。美的对象总是以它具体生动的形象呈献在欣赏者的面前，深深地留在他们的脑海里，达到净化灵魂，提高境界，丰富知识，陶冶情操的教育目的。所以形象感人是美育最显著的特征。

当然，美育的过程并不排斥理性的因素，没有一定的理性指导，美育就不能从根本上提高人的素质，从而产生巨大的社会意义。审美教育一方面用大量的形象物质作为施教的材料，同时也要帮助人们学会用美的规律和美的形式观照客观对象，以达到从根本上提高审美能力的目的。

2. 美育具有较强的情感性

美育主要是培养人们对美的热爱、对丑的憎恶，使人在感情上受到陶冶。所以在美育过程中始终以美的形象为对象，以情感活动为中介，引起受教育者在情感上的激荡，产生对客观事物喜、怒、爱、憎的审美态度和审美评价，进而认识事物的本质和生活的真理，达到理、智、情的统一。审美活动中的情感是一种纯洁高尚的情感，它不同于带有强烈功利目的、利害关系或占有关系的日常意识。审美感受的开始，往往意味着日常意识的中断，人们通过对美的对象的观照，获得精神的满足或慰藉。在欧·亨利的小说《最后一片叶子》中，一片被老画家画在墙上的黄叶，竟激发了身染重病的女画家生命的热情，使她有了战胜疾病的力量。一片黄叶，如果以日常功利目的去观照，它几乎没有任何意义。如果以审美的目光去观照它，那么就会发现在它身上蕴含的力量，发现它的生命力，从而给人以启迪。所以审美教育是以高尚的情感来不断地熏陶和净化人的心灵的。当然，美的情感需要美的事物自身的魅力去唤起。但审美主体喜欢什么，接受什么，主要是凭个人的心理需要和兴趣爱好。所以美育采取的是一种自由的、情感的方式，往往是在对艺术作品的欣赏中，在对大自然的游历中，在社会生活实践中实施教育，在实践中唤起人们对美好事物的情感。以情动人，理在情中，是美育的又一特征。

3. 美育寓教育于娱乐之中

寓教于乐是美育的又一显著特征。这种教育常常使受教育者身心都处在愉快自由的状态之中，潜移默化地接受教育。美育是靠美的本身所具有的魅力和诱惑力，使人受到感动和教育。人们在美的事物的感染之下，不知不觉地认识到审美对象所表现的事物的本质，从而接受它。人们在欣赏美的时候，直接的效果是美的情感体验，但是在情感的体验中却暗含着理性的认识，不论是对美的热爱还是对丑的憎恶，都基于一定的理解。尽管我们在欣赏美时好像是不假思索，但是在这种"直感"的形式中已经包含了平时所积累的对事物的理解。比如，人们进剧场，目的不是为了受教育，而是去娱乐，去找美的享受。当观众看完《哈姆雷特》，含着眼泪离开剧场的时候，他是自愿的。不管自觉不自觉，他在感情上受到了教育。哈姆雷特为了理想和抱负牺牲了自己的生命，被认为是崇高的，他对爱情的执着和对友谊的珍重，被认为是值得效法的；克劳迪斯用卑鄙的手段取得王位，被认为是邪恶的，他的死被认为是罪有应得。这样，在欣赏剧目的过程中，人们的感情得到净化，自觉地将崇高善良作为自己的人格标准，使人变得更加完美了。

因此，美育是以陶冶感情、培养情操为特征，以生动的形象为手段，通过富有个性爱好的自由形式，潜移默化促进人的全面发展的一种教育形式。

二、美育的任务

这里又产生了一个新问题，为什么还要接受美育呢？难道人之为人的对美的追求还不够吗？到底肩负什么重要任务呢？

1. 研究和促进人的全面发展，培养符合时代需要的人才

人们热爱生活，懂得人生，努力追求"真、善、美"有机交融的境界，使自身成为理想与感性和谐统一"完整的人"，一个新人，这是美育的根本任务。美是"真"与"善"的特殊结晶，包含真与善的内容，所以美育始终与真，即对象的规律性相联系；与善，主体的目的性相联系，是主体的情感肯定体验。所以，美育是能够促进人的全面发展。

人的全面发展，就是人的理性与感性的全方位协调发展，由片面的人发展成为"完整的人""自由的人"。工业时代，人的发展受到了束缚与限制，逐渐片面、异化，人与工具、机器同状，正如马克思说："劳动创造了美，却使劳动者成为畸形。"但是，作为一个完整的人，则需要优化的道德结构，即通过外界环境的教育熏陶和自我的道德完善与人格修养，实现个体与社会

的和谐统一；其次要有最佳的智能结构，即要努力培养最适宜于创造与应用的知识结构和能力要素，"博"与"专"要恰当结合，两者要相辅相成、相得益彰；健康的心理结构，知、情、意诸方面的心理要素，包括感知、想象、理解、情感、意志等，都能得到协调统一，保障身心健康；要有完善的审美能力结构，分辨善恶美丑，做到真善弃恶，并在审美过程中获得美的精神享受。这些都需要通过美育在内的多种途径，培养与锻炼人的审美能力，提高感受美、体验美、领悟美、表现美的水平，实现培养理性与感性新人的教育。

2. 树立正确的审美观，培养健康的审美意识

所谓"审美观"就是人的世界观、人生观在审美实践中的体现，是人们辨别、评判美丑的基本观点。人们对外部世界的真、善、美三个不同方面的认识，则分别构成了真理观、伦理观和审美观。这三者是相互交叉的，既有联系又有区别，都是世界观的有机组成部分。审美观的正确与否、进步与否、高尚与否，不仅涉及对美、丑的看法，而且也影响到对人生、对世界的看法。现实的社会生活中不只有美，还有很多丑和恶，如果没有正确的审美观，就会混淆美、丑，或者以丑为美，反映到个体上就是堕落、犯罪等行为。可见，树立正确的审美观，对人生、对社会都有巨大的影响。

在审美观主导下的审美意识，是在审美活动的基础上产生的对于美的感受、体验和欣赏与创造的思想、观念、倾向、好尚和情感的综合。既有主体对审美感受、审美经验的总结和概括，也有对审美理论与知识的掌握与应用，并非美的东西人人都能感受到美，也并非丑的东西人人能感受到丑，原因是审美标准不同，审美趣味就不一样。如同鲁迅所说，每个人看《红楼梦》感受都不一样，"经学家看到《易》，道学家看见淫，才子看见缠绵，革命家看见革命精神，流言家看见宫闱秘事……"这是审美标准不同、审美意识差异造成的。

3. 进行"有所为、有所不为"的教育，养成自觉遵守社会行为准则的审美习惯

审美，求真，如科技美；求善，如精神美等等。善，就是伦理、道德，一般是指人的行为准则或者规范的综合，是根据社会生活的共同需求概括出来调节人与人、人与自然关系的行为准则，它受制于一定的经济关系，并依靠人们的内心信念和特殊的社会手段（主要是社会舆论）维系，是以善恶为评价标准的道德规范、人格意志、心理意识和行为方式的综合。符合道德的

行为是善的行为,也是美的行为。这是"有所为"所要进行的正面道德教育。同时美育还要进行"耻育"教育,进行"有所不为"的教育。清代学者顾炎武说:"不廉,此无所不取;不耻,则无所不为。"古人云,君子有所为,有所不为。因为人生活在大千世界中,有各种各样的需要,也有各种各样的机遇,但有些能为,该为,有些则不能为,不该为,该为而为的,是善的、美的行为;不该为而为的,就是丑的、恶的行为。如在文学作品中,有先进的正面人物,其行为就应该学习;腐朽的反面人物,其行为就不能学习。比如营造一个清洁、美丽、舒适的公共环境,是符合人们功能的审美需求。整洁、优美的环境能引人崇"美"尚"和",心情舒畅,精神振奋。在优美的环境的熏陶下,就会培育出品格美好的人。中国古代"孟母三迁"的故事、凤凰"非梧桐不栖,非醴泉不饮"的传说,都是讲环境对人的重要性。因此,该为则为,不该为则不为,是美育中相辅相成的行为准则。人们遵守行为规范,持之以恒,就会形成审美习惯。

4. 培养与增强感受美、鉴赏美与创造美的能力

没有美是万万不能,但是能否感受美、体验美,能够鉴赏美、创造美,却是因人的审美能力而异的。欣赏美,需要相应的道德审美情操、需要感受形式的机能。欣赏任何形式的美,都要有与之相应的审美能力。否则美的东西即使摆在你的面前,你也会熟视无睹、无动于衷。因此,培养与增强审美能力,则是美育最现实、最具体的任务。那么,如何培养与增强人的审美能力呢?我们认为,一是要掌握必要的审美的、艺术的理论知识。包括艺术史、美学理论、审美经验谈等等。现代思想家波普说:"没有理论的解释,观察仍然是盲目的——不提供任何信息。"确实,理论不是无足轻重的。有关美的理论知识,是从审美实践中总结出来的,虽然抽象程度高低不同,但都有某些规律性的意义,因此能够指导人的审美实践,或有益于审美实践。理论的高度意味着对审美和艺术问题的理解的深度,是衡量一个人的审美修养、能力的重要方面。没有必要的理论修养,审美的深度与广度必然受到限制。二是要在实践中掌握技巧、方法,增强能力。所谓"操千曲而后晓声,观千剑而后识器";"施用累能""科用类能";意思都是要强调在反复实践中逐渐积累人的能力,都是要强调多听、多看、多实践。只有将理论与实践紧密结合,具备理论与实践两种素质,方可达到理想境界。如歌德,不仅写出了一批不朽的世界名著,他的美学理论著作《歌德谈话录》在世界美学史上也是光芒永驻;如茅盾,成为我国兼长篇小说创作与文学评论的文豪,有赖于其深厚的文学知识修养和哲学美学修养。

三、美育与大学生

《现代汉语词典》对美育的解释说明了中小学美育（普通美育）与大学美育最大的区别之处，即中小学美育（普通美育）较多是通过艺术教育进行的，大学美育是美育的高深阶段，不能仅仅通过艺术审美来提高大学生的审美意识，还要运用社会审美、自然审美以及学科审美来培养大学生，这样才能使大学生更加深刻的理解美的本质。

通过以上的分析，我们可以对大学美育做这样一个设定：大学美育就是在美学理论的指导下，对各种美的物质载体进行全面赏析的一种社会实践活动。我们要通过美育培养大学生的什么能力呢？

1. 提高审美修养，培养良好的道德情操，塑造完美人格，提高创造力

审美修养，是指一个人的审美意识在长期的审美实践中所达到的一定水平和逐渐养成的对待美好事物的正确态度。大学生作为社会主义现代化建设的预备人才，社会主义精神文明的创造者和传播者，重视加强审美修养，提高个人的审美能力和创造美的能力，不仅是时代的要求，也是大学生自身发展的需要。

大学生作为青年中最富有生气、文化素质较高的一部分，思想活跃，感情强烈，想象力特别丰富，对美的爱好尤其炽热。爱美是青年人的天性。美就是人追求的一种人生价值和理想。人类社会之所以能由原始社会一直进步到现在，就是由于人不满足于自然，而要改造自然，有所创造。只有这样，人类才能不断地提高自己，推动社会的进步。苏联教育家苏霍姆斯基说过："美是一种心灵的体操——它使人们的心灵正直、良心纯洁、情感和信念端正。美是一面镜子，你在这面镜子里可以照见你自己，从而对自己采取这样或那样的态度。"审美修养与道德修养虽然不同，但是相互作用的。美以善为前提，完善才有美。唤起了美的情感，也就唤醒了善的觉悟，善的觉醒，反过来又会自觉地去追求一切美好的东西。具备了较高的审美修养和审美能力，就能自觉地吸收和积累人类丰富的审美经验，拿美来浸润自己的心灵，培养融美于心的习惯，使自己敏捷地感受到文艺作品或自然界的美，并很快地将它们吸收到自己的心灵里，使自己的性格也变得高尚优美。在审美过程中，社会生活或艺术作品中人物优秀的品德，高尚的情操，可以直接成为自己学习的榜样，使自己也成为优秀高尚的人。

所谓完美的人格，是指在个人生理素质的基础上，通过审美或其他实践活动，形成广泛的兴趣和爱好，具备较强的社会适应能力、高雅的气质和坚

强的性格,表现出个人独特的魅力。在现实生活中审美修养与道德、学识、精神、体魄等方面的修养有着密切的联系。大学生正处在青年时期,他们风华正茂,本身便是美的象征。然而青年人也往往不定型,正处在奋斗和追求之时的青年羡慕的是健、力与美,渴望具备健康的体魄与优美的身姿,他们厌恶无聊、空虚、单调的生活,希望生活充满惊心动魄。他们希望有美妙的音乐、优秀的文学作品、丰富的文体活动来充实自己的生活。这种对美好生活的追求是可贵的,但这一切都需要在正确的审美修养指导下实现。如果青年加强审美修养,可以懂得什么是美,什么是丑,什么是高尚,什么是卑鄙,从而在感情上接受健康、高尚的审美观,那就能按照美的规律造就自身,使自己成为一个比较完美的人。

青年处在人生中思想最活跃的时期,多少灿烂的艺术之花出自青年之手,多少美的奇迹来自青年的创造。较高的审美修养,也是青年进行美的创造的必要前提。翻开古今中外科学史,不难发现,即使是自然科学家,往往也都具有很高的审美修养。我国著名的桥梁专家茅以升,上中学时就偏爱语文,尤其喜欢游记。祖国的"水秀山青、湖光塔影"等自然景观不仅陶冶了他的情操,也培养了他的审美感受力。在他后来从事桥梁建造事业中,这种较高的审美修养使他设计的桥梁有很高的审美价值,也为他的《钱塘江桥》《中国桥梁史》《武汉长江大桥》等著述的写作奠定了坚实的基础。科学的发展总是以想象为先导的,而想象则是以对美的审视和追求为基础的。人的素质越高,想象力越丰富,导致创造的可能性就越大。想象力越强烈,就越富有创造性,提出的设想就越有科学意义。丰富的想象力会激活知识,举一反三,导致认识上的飞跃,出现创造性灵感。马克思对人类美好生活的追求,激发他研究人类社会,从而创建了科学共产主义学说;曹雪芹对美好爱情的追求,创作出宝黛悲剧;齐白石对自然美的热爱,使他画的虾出神入化。因此大学生应该重视审美修养,以丰富自己的想象力,提高形象思维能力,并使形象思维的方法融入科学思维之中,使科学的发现和创造获得新的活力,为社会贡献自己的聪明才智。

2. 把握审美感受,培养审美想象力,积累审美经验,提高审美趣味

审美感受,是审美主体在审美活动中所产生的极其复杂的心理活动和心理过程,它包含着感知、想象、情感、理解等基本因素,这些因素相互作用,贯穿于审美活动的全过程。审美活动首先以感知为基础。人要感受客观对象的美,就必须以直接的感知方式去接触对象的色彩、线条、形状、声音等。不感知美的对象的外部特征与状貌,就不能得到情感体验,引不起美

感。站在泰山之巅，看到从云海中喷薄而出的红日，这时我们才能感到大自然的壮美；听着贝多芬的《田园》交响曲，我们才能感到节奏和旋律为我们创造的美的音乐田园一切美的事物，都必须通过形象才能被人感知，从而产生美感。

  人们由对客观对象外部特征与状貌的感知到产生美感，重要的心理环节是想象。美的事物是客观存在，有的人能感受它，有的人却视而不见，这种差别主要来自想象能力的高低。一棵古树根，在有的人看来毫无美感，但根雕艺术家却在它自然形态的基础上加以想象，发现了它造型固有的美，通过艺术家的再创造，成为精美的艺术品。人在反映客观事物时，不仅能感知事物的形体，而且还能在头脑中创造出新的形象，这种创造新形象的能力就是想象。想象在审美活动和艺术创造活动中有着十分重要的作用。面对漫天飞雪，岑参想象到的是"忽如一夜春风来，千树万树梨花开"。面对庐山飞瀑，李白却觉"飞流直下三千尺，疑是银河落九天"。白居易听琵琶演奏，感到美不胜收，于是这样来比喻曲调之美："大弦嘈嘈如急雨，小弦切切如私语。嘈嘈切切错杂弹，大珠小珠落玉盘。间关莺语花底滑，幽咽泉流冰下难。冰泉冷涩弦凝绝，凝绝不通声暂歇。别有幽愁暗恨生，此时无声胜有声。银瓶乍破水浆迸，铁骑突出刀枪鸣。曲终收拨当心画，四弦一声如裂帛。"诗人在审美过程中将自己得到的愉悦感受，通过想象联想，创造出了一系列新的形象，从而提高了审美的情趣。

  但是这种想象力产生的动力却是情感。白居易之所以在听曲时能够激发如此丰富的想象，与他的"同是天涯沦落人，相逢何必曾相识"的悲凉心情是分不开的。审美心理的一个突出特点就是它带有浓厚的感情因素。刘勰在《文心雕龙》中讲"登山则情满于山，观海则意溢于海"，杜甫讲"感时花溅泪，恨别鸟惊心"，都形象地表达了审美活动中伴随对客体的感知而引起的情感波动。审美中的情感活动，与想象的因素密不可分。一方面，审美中的情感因素通过想象而自由地扩展和抒发，白居易听琵琶曲时，"凝绝不通声暂歇"，曲调已停，诗人却感到"别有幽愁暗恨生，此时无声胜有声"。这时的"幽愁暗恨"，却是诗人由于联想到自己当时遭贬江州的遭遇而诱发的情感；另一方面，审美中的情感因素又给想象因素提供了动力和方向。白居易因上书请雪国耻被贬，这种激愤之情使他在听曲时联想到了"银瓶乍破""铁骑突出"这样的激烈场面，但对当局的失望，又使他心痛欲裂，于是有了"四弦一声如裂帛"的终曲。在审美活动中，情感给想象插上了腾飞的翅膀，想象载情感而飞翔。审美活动中情感的产生，又与理解因素有着密切的关系。白居易之所以能在听琵琶曲时"青衫湿",是由于他听懂了曲中倾诉的情感。文艺复兴时期人们之所以欣赏《哈姆雷特》,是人们看懂了此剧中表现的人文主义的力量。这个"听懂""看懂"就包含了"理解"的成分。理解是审美活动中不可缺少的组成部分。因为美的事物不仅具有感性的形式和生动的形象,而且还有内在的本质和深刻的意蕴。因此,在欣赏美的过程中,必然包含着对事物的比较、评价、体验等理性因素,必然是理性判断和情感体验的结合。人们将松竹梅称为"岁寒三友",一方面是由于它们不怕严寒、不避风雪的自然属性,但更重要的是人们理解了它们身上所表现出的内蕴力量。正因为有了这种理解,人们才从各种自然形态中发现了许许多多的美好。孔子喜欢松柏,因为"岁寒知松柏之后凋",可用松柏喻人的高风亮节。宋周敦颐喜爱莲花,是因为它"出淤泥而不染,濯清涟而不妖,中通外直,不蔓不枝,香远益清,亭亭净植",用莲表现了自己的洁身自好的品格。审美心理就是感性和理性的统一,是在感性形式中包含了理性认识的内容。总之,审美感受是一个复杂的心理过程,它始于对审美对象的感知,随之而起的是想象和情感。审美感受中也有思维活动,但思想和认识是融化在感情中的。因此情感是审美感受中突出的心理现象,审美感受可以说是一种情感判断,它是人类高级的精神享受。

青年是人生的一个特殊阶段,具有生理、心理上的独特性。而大学生在社会生活中又有着特殊的地位,他们进入知识的较高层次,思维能力强,道德观念日见明确,志趣性格逐渐形成,自我意识日益强化,审美观也日趋稳定,这就使他们的审美意识显示出许多特征。南宋词人辛弃疾曾写过一首《丑奴儿》,词中写道:"少年不知愁滋味,爱上层楼;爱上层楼,为赋新词强说愁。而今识尽愁滋味,欲说还休;欲说还休,却道天凉好个秋。"词中道出了他青年时代与中年时代不同的审美感受。

大学生的审美感受的特殊性主要表现在敏感、浪漫、强烈、独特几个方面:首先,敏感性。大学生思维活跃、敏捷,充满青春活力和激情,对新鲜、美好的事物充满渴望,使他们极容易被美的事物所吸引、所感动,其审美意识有很强的敏感性。这种敏感性是由认识能力的加强、文化修养的提高和自我意识的增强决定的。其次,浪漫性。大学生审美意识的浪漫性是由文化素养的提高,青年时期对未来的憧憬与富于想象决定的。文化修养的提高培养了大学生们的浪漫情怀。再次,强烈性。大学生审美感受的强烈性,是由青年时期的心理、生理特点决定的,尤其是强烈的感官反应。最后,独特性。这是由他们自我意识的增强、大胆的探索精神和丰富的想象力决定的。

青年离开家庭进入大学,普遍有了强烈的"成人感"。自我意识增强,自尊心强烈,独立思考的能力提高,使他们对周围的一切都有了自己的看法。

所以,大学生更应该自觉地扬长避短,培养自己灵敏的审美感知能力,训练自己感受美的眼睛和欣赏音乐的耳朵,积累自己的审美经验,提高自己的审美趣味,使自己成为一个"审美的人"。

第三节 军人与美育

作为军校的大学生,还有一个重要身份就是"军人"。作为新时代高素质军人,应该对军人自身美的塑造有着更自觉的要求。在市场经济大潮冲击下,有些人的价值观念发生了偏移,有的人不理解军人职业的神圣意义,把军人艰苦朴素嘲笑为"穷酸",把军人风纪严整看作是"呆板",把军人自我牺牲看作"傻帽"。有些人认为军人生活十分单调枯燥,直线加方块,无美可言。他们不懂得军人美的特殊标准。军人也是人,当然也爱美,但军人有自己的独特的美的世界。军人是同整个社会休戚相关的社会成员,又是执行特殊职能、具有特殊素养和特殊生活方式的社会群体。因此,军人美既遵循美的一般规律,又有自己的特殊规范和侧重点。世界上的美是无限多样、和谐统一的。在和平建设时期,那火热高亢的现代化进行曲和优美的田园诗、浪漫曲后面,还有着如千古冰川雪原那般庄严凝重的军队号角的旋律,有军鼓军乐那撼人心魄的深沉节奏。

军人美的塑造离不开实践,而这实践绝不是仅指简单的衣食住行,不是要我们把主要精力都放在讲究衣着、修饰容貌、布置住房等这样的层次上,而是要在军事生活实践中树立美好的理想、情操,养成优良的品质,具备充实的知识才能。当然,这一切又都表现在做好每一个队列动作,掌握每一个技术操作要领,遵守每一项制度规定,完成每一项任务等等方面。对美的追求要瞄准人生的远大目标,同时又坚持从本职工作做起。在军事生活实践中,点点滴滴无处不求美。军事生活是军人陶冶美的熔炉。

一位志愿选择走进大沙漠中的国防科研基地的女军人写道:"我和所有的年轻人一样,敬仰故宫的雄伟、西子湖的秀丽,憧憬海阔天空的诗情、林荫小道的画意,21岁拥有的一切,我都渴望得到。可当我面对圆明园的残缺,耳边又响起卢沟桥头的枪声和南京数十万屈死者的哀号。我肩头的责任又要求我迎着强劲的西北风,坚定地走向那沙漠。"这种沙漠红柳风格的美,是我们时代美的精华。军人那走向边疆、走向艰苦岗位的脚步,理应走得更潇洒,更豪迈,更英姿飒爽。

一、军校美育的意义

为了学员以后更好地踏上岗位,走好军旅生涯每一步,大学美育是必不可少的一门课。它是培养部队全面发展人才的一个重要组成部分。对军人进行审美教育从社会的普遍性和个体的特殊性来看都是十分必要的。

(1) 对军人进行审美教育是促进青年军人生理、心理健康成长的需要。我们的学员和战士大都是 20 岁左右的青年人,这个年龄段正是精力充沛,思想活跃时期。他们对美的渴求更是异常的强烈,他们不愿别人过多地干涉自己,试图按自己主观上对美的理解去感受美、理解美、追求美。这样就难免带有盲目性和自发性,因此,审美教育就显得尤为重要。只有对广大战士、学员循循善诱地进行审美教育,才能使他们明辨是非标准,划清美丑界限,增强鉴别能力。否则,若任其受外界影响,难免良莠不分。如有的人就认为武打凶杀和黄色录像看起来刺激、有味,社会上一些人的大吃大喝、生活腐化是有派头等,这些都表明进行美育是刻不容缓的。

(2) 对军人进行审美教育是适应部队思想政治工作的新特点的要求。当代思想政治工作是建立在现代心理学、社会学、伦理学、美学、哲学等学科基础之上的一门综合性应用学科。近年来,心理学、教育学等研究成果已经被广大基层干部所接受并加以运用。随着部队兵员成分的变化和思想政治工作面临的新情况,美学的研究成果必然会受到重视而引入到部队的思想政治工作中来,作为重要内容渗透到部队工作的方方面面。我们部队的兵员成分与以往相比发生了很大的变化,他们成长在我国改革开放的发展时期,文化程度比较高,视野相对也比较开阔,多多少少受外来文化思潮的影响。在这种情况下,就要求我们各级领导干部不能局限在以往的工作方式和方法上,而应该具体问题具体分析解决,不仅要掌握必要的心理学、伦理学、教育学、文史及现代科学知识,还需要学习美学方面的知识,随时随地对部队进行审美方面的教育。否则,在新的形势下,思想政治工作就会显得软弱无力。

(3) 对军人进行审美教育进行美育也是部队正规化建设的需要。在部队的正规化建设中,应把美育贯穿其中,使大家认识正规化建设和对美的需要和追求是一致的,从而激发出极大的积极性、主动性和创造性,自觉投身到部队正规化建设中去。在正规化中蕴含了许多美学原则,我们从整齐的阅兵队伍中,从震撼大地的齐刷刷的脚步中,从洪亮的口号声中,从亮闪闪的钢盔、钢枪、刺刀上,从干净利落得体的军装上,从一排排英姿勃勃的军人身上,看到了不可征服、所向无敌的英雄气概,感受到了阳刚之美,得到了美的享受。

(4)美育是提高军人的文化水平,促进我军现代化建设的需要。从部队现状来看,总体的文化水平有所提高,但也有不少人文化水平不太高,对高科技知识掌握不够,在美育方面更是欠缺。有的人面对人类宝贵的文化遗产知之不多,有相当一部分人不了解曹雪芹、关汉卿,不知道莎士比亚、达·芬奇,却对一些低级趣味的东西顶礼膜拜;有的人常身处于美景中,引不起共鸣,没有感受、没有收获。在生活中,欣赏艺术,领略自然风光,都需要美学知识的修养,人的各方面知识水平越高获得的美感也就越丰富。因此,搞好美育,就能使干部、战士的文化艺术修养和知识水平得以提高,促进我军现代化建设。

二、军校美育的途径

军校美育必须遵循军事教育规律和军事人才成长规律,根据军校美育工作的特点,建立美育工作管理体制,把美育贯穿于院校教育的全过程,落实在教学、管理、后勤服务等各个环节上,与学员的学习生活紧密结合起来。院校教育的各个方面都要主动承担起美育的责任,自觉把美育渗透到各自工作中,发挥各自的审美育人作用。

首先,课堂教学是实施美育的主渠道。① 要充分发挥大学语文、英语等文化基础课的美育功能,结合不同教学内容,大力挖掘其中的审美因素,把知识传授与审美教育统一起来。② 要按照不同学科的特点,搞好学科美育渗透,促进各类学科课程与美育的有机结合,引导学员在更高层次上掌握知识、发现真理、提高能力。要有选择地开设一些美学方面的选修课,规定学员必须达到一定的学分。

其次,第二课堂是实施美育的有效补充。美育是生动、具体的,只靠课堂讲授不够。第二课堂在时间和空间上是课堂教学的延伸,在内容和形式上是对课堂教学的深化和创新。更为重要的是,在第二课堂教学中,由于学员是以极大的热情直接参与到审美教育中来,这对学员增强审美体验、提高创造美的能力大有裨益。因此,应加强对第二课堂的指导与管理,规范第二课堂计划和制度,并在组织上给予一定保证。开展第二课堂美育有以下几种形式:一是培养学员兴趣爱好,成立各类兴趣小组,引导学员参加各种科学协会和社团活动。如计算机、英语、集邮、摄影、美术、音乐等协会,科研兴趣小组，文娱社团等。二是举办专题讲座。学校应有计划、有目的、有组织地开展一系列讲座。讲座内容可以是需要学员一般了解的美学基础知识，也可以是各门类艺术课程的具体问题。三是举办丰富多彩的文体活动。主要是举办各种文艺演出、演讲活动、大型体育活动和艺术、电视电影的鉴赏活动等，使学员受到美的陶冶，提高审美和创造美的能力。四是参加社会实践。利用假期、实习、课程见习等活动，让学员多接触社会，多了解部队，从实践中增强分析问题、判断问题和解决问题的能力。

再次，提高学员队干部审美修养。军校教育者应当具备扎实的马列主义基础理论知识和必备的文理科辅助知识，具有广泛的兴趣爱好、丰富的情感和智慧、坚强的意志力和高超的工作艺术，使学员感受到教育者的人格美，最终实现潜移默化的美育效果。具有教育者和管理者双重身份的学员队干部，他们在美育工作中的作用也不容忽视。从现实情况看，军校学员的管理采用的是学员队建制管理形式。学员一入校就与队干部朝夕相处，队干部的言行对学员的成长起着极其重要的作用。因此提高学员队干部自身的审美修养和对美育重要性的认识至关重要。学校必须高度重视选拔、培养学员队干部，要对学员队干部进行美学培训，系统开设心理学、教育学、管理学、美学等课程，以提高其整体素质。

最后，加大物质投入，建设良好的校园文化环境。军校学员长期处于校园中，他们的成长除了课堂知识外，更多是通过各种校园文化活动的锻炼，发展特长，完善自我，陶冶情操，净化心灵。因此，校园文化对学员的成长过程潜存着不可低估的作用。对学员的美育仅通过课堂教学和一般的读书学习是远远不够的，应重视硬件设施的建立、更新和改造，创造良好的审美教育、审美创作和审美实践环境。近年来，军校文化基础设施建设有了较大的改善，但是由于资金投入不足，文化设施的陈旧老化问题仍然比较突出，相当一部分设施还比较落后，远远不能满足新时期学员审美实践和审美创作的需要。因此，只有因地制宜下大力气建设高水平的文化基础设施，才能使军校形成良好的文化环境，为搞好军校美育工作提供必要保障。

三、基层部队美育的途径

在部队开展审美教育，就要向官兵讲授必要的美学知识，并有计划有目的地开展各类群体或个体的审美活动，提高官兵感受美、鉴赏美、创造美的能力，从而丰富精神文化生活，促进部队的全面建设。

（1）把审美文化渗透到各项文化活动中去，培养干部、战士的高尚情趣。业余时间应组织学员、战士积极开展丰富多彩的活动。根据驻地的条件，可以通过自然进行美育。自然界的一切对人的身心发育都有极大的影响，有的学者指出，美丽的风景对青年心灵产生的影响之大，甚至是教育家都难以匹敌的。自然美千姿百态，变化无穷。美的种种形式——对称、平衡、节奏、和谐、有机统一等等，首先是从自然美抽象出来的。美的感性因素、色彩、音响、气味等也真切地存在于自然之中。与自然美接触，我们可感受到美最质朴最丰富的形态，受到多方面的感染和熏陶，从而开阔视野，加深对祖国的热爱之情。还可通过艺术美的方式进行美育。如举办合唱、演唱会和各种文学艺术讲座，举办书法、绘画、摄影展览，开展多种形式的书评、影评、讲演比赛或辩论等等，使人的身心得到平衡的发展，激发向上的力量。

（2）把审美文化贯穿到部队的教育训练和行政管理工作中去，努力提高干部战士的军政素质。在部队的教育训练和行政管理中同样包含审美文化建设的内容。拿执行条令条例来说，按照"一日生活条例化"的要求，部队必须令行禁止，严格按条例规定办事如果把纪律教育和审美教育结合起来，学员、战士就会乐于接受，效果也好得多。比如，有的青年军人对《内务条令》规定的军人发型和着装有抵触情绪。许多单位只做简单的规定，强调一定要执行，这样看起来是按规定执行了，但思想不一定想得通。如果结合条令讲一下直观的美感对象——军容美这一内容，讲清一个人的发型服饰美，只有与自己的身份、职业、性别、年龄、体形、环境相协调、和谐，才会产生美，否则只会适得其反。进而认识到军人的短发，体现了军人特有的勇武之美、阳刚之美。这样，既可以提高大家的审美情趣，加强了审美文化修养，又可以提高其执行条例规定的自觉性。军队强调执行纪律和整齐划一，这也是同美密切相连的。纪律能创造出军营的形式美，整齐划一，比例均衡，节奏和谐都是形式美的法则。纪律就是有意识地根据这些法则，去创造军人特有的美。在军队中，不论是整体严整的军容美，还是个体的着装、仪表和风度美，实质上都是纪律创造出来的。这是力量的美、行为的美，表现出了人民军队的集体美和心灵美，反映了我军的精神风貌，也反映了我军的战斗力。

（3）积极美化营区营房，创造多姿多彩的形态美。美化营区环境，既反映了部队的精神风貌，又大力发展了军营的审美文化。就军人生活的大环境而言，驻守在海岛、边防、山区、沙漠、江湖之畔、名胜古迹、城市农村，在祖国的每一个角落，都会看到军人美化的每一寸土地，都会感受到美。比如，在一些远离大陆的海岛，军人要在海岛安营扎寨，他们为了美化环境，用大陆带去的一捧捧土种菜、种花，用贝壳和石子点缀营区，把一片片不毛之地打扮得生机盎然，像花园一样美丽。就军人生活的小环境而言，包括室内环境和室外环境，好的环境和美的环境，可收到陶冶心灵，爽人耳目，振奋精神，增进健康之效。环境如何，在一定程度上标志着人的文明程度和精神状态。军人生活环境的美，不能追求富丽堂皇的陈设，豪华奢侈的排场，而要从部队建设实际出发，以朴素、大方、整洁、美观的审美观点，净化、美化自己所处的环境，人们长期在经过美化的环境中工作、学习和生活，就会从自身创造的美好环境中享受和谐最佳的审美愉悦。美的陶冶如春风化雨，点滴滋润，逐渐形成一种美好的、积极的心理定式，它对人的全部精神生活，甚至对人的一生都会长期发生作用。

第二章 西方美育思想概述

在人类史上,无论是东方还是西方,人类文明的发展基本上是同步的。因为人类在进化过程中,大脑的发育是相同的,人的思维也是一样的。人类要求文明进步、爱美和希望美好是人类共同的愿望。中国古代的文明和古希腊的文明基本上是同时诞生的。例如中国春秋战国时期的哲学思想与古希腊时期的哲学思想也是相一致的。中国的孔孟思想强调以道德为核心的人文思想,而古希腊早期哲学家苏格拉底提出了"美德就是知识",同样是以道德作为人类精神活动的思想基础。他们的哲学思想对后来美育的形成和发展起到了十分重要的作用。因此,当代大学生要做到以美育人和以美修身,不能不了解东西方美育思想的形成和发展,只有从哲学的高度来认识美育,做到发现美、认识美和创造美,才能够给自己开创一个美好的未来。

第一节 从苏格拉底到席勒看西方美育思想

一、苏格拉底"美德就是知识"

苏格拉底(公元前469年—公元前399年)是古希腊唯心主义哲学家和美学家,他的哲学思想曾经被古罗马一位哲学家称誉为"他把哲学从天上拿到了地下"。他把对美学的研究由此前的毕达哥拉斯、赫拉克利特和德谟克利特的从自然科学的观点去考查美发展为理性的观点上考查美。他认为美的东西就是善的东西。他说:"每一件东西对于他的目的服务得很好,就是善的和美的,服务得不好,则是恶的和丑的。"① 说:"即使修克西斯给我看他亲手画得漂亮女人的肖像,他所给我的快乐,也抵不上我默想眼前一个女人的美德时所得到快乐的一半。"这充分说明,苏格拉底把美德看成是真正的美,是无与伦比的最高的善和美。如果把他的美学思想与此前的毕达哥拉斯等的审美思想相比,前者主要是强调自然美的因素和审美活动的感性直观,

---

① 周辅成,西方伦理学名著选辑,商务印书馆,1964年版297页。

第二章 西方美育思想概述

而后者更突出的是审美活动中的社会因素和理性因素。

苏格拉底所谓"美德即知识"既不是自然的物理的知识,也不是自然的数量的知识,而是整个世界的理念的知识、善的知识和"自我"的知识。他认为,没有人不希望得到善、得到幸福,对善的期望是为一些人所共有的美德。一个人做坏事一定是他的良知受到了蒙蔽,以致把坏事误认为是善事。如果一个人能认识到灵魂的堕落所造成的损失,明白物质上的享受或表面上的财权所带给人外在的好处与带给人灵魂的好处相比,显得一文不值,他就不会行恶。换言之,如果做坏事的人误以为他所做的事能带给他善与幸福,他不是真心行恶的。他认为,一切"罪恶都源于无知",对于那些懂得美德的人都是有知识的人,而对于那些不懂得美德的人都是无知的人。这就是他的"美德就是知识"的思想基础。在此基础上,他强调了对那些不懂得美德的人施以教育,使之成为真正懂得美的人。这就是西方早期美育的思想基础。

苏格拉底的美育思想核心是美、善同一的,有其一定的片面性,但他突出了审美的社会伦理价值,具有鲜明的人文主义倾向;他强调了理性在审美活动中的作用,提出以智慧、知识来区分善恶美丑,否定所谓神示的灵感和动物式的直觉的作用。苏格拉底是古希腊美学、美育思想走向高峰的中介和桥梁,柏拉图、亚里士多德是他的集大成者,使之系统化,更富于理想形态。

苏格拉底虽然不是倾向于自然的审美者,但他并不否定自然美的价值作用。相传雅典城里最美丽的妓女莫雷斯被宗教圣徒们因有伤风化被处以绞刑时,当时最受市民们尊敬和崇拜的智者苏格拉底快速穿过围观的人群,来到莫雷斯的绞刑架下。苏格拉底的到来让所有的人都感到吃惊,人们不知道他到底要干什么。只见苏格拉底向人群深深地鞠了一躬,然后揭去妓女莫雷斯身上的黑色披风,妓女莫雷斯那完美无瑕的美丽的裸体呈现在围观者和圣徒们的面前,让所有的人都惊呆了:莫雷斯的裸体在灿烂的阳光下闪耀着动人心魄的美丽!"天啦,这简直是上帝的创造,是完美无缺的人体艺术,杀了她实在太可惜了!"人群里有人发出呼喊。苏格拉底什么话也没说,而是快速离开了莫雷斯,人群里又有人开始呼喊:"放了她,放了她!"于是,宗教圣徒们的圣心动摇了,他们谁也不愿亲手绞杀这样一个美丽的裸体。妓女莫雷斯逃过了这一劫难,是美学家苏格拉底救了她。

这虽然是一个传说,但从那时开始,人体艺术已成为人们心目中的圣洁、高尚的美。

苏格拉底之后，他的学生柏拉图继承了他的哲学思想，但柏拉图并不像他的老师那样仅限于人的道德领域，而是扩展到人的认识领域和社会政治领域。

二、柏拉图"知识即理念"的美育思想

柏拉图（公元前427年—公元前347年），是古希腊最大的唯心主义哲学家、美学家和教育家。他出身于奴隶主贵族家庭，20岁时受到苏格拉底的影响，不久即投其门下，受教长达8年，成为苏格拉底最优秀的学生。苏格拉底被当权的贵族民主派处死后，柏拉图离开雅典，游历埃及、意大利等地，考察文物制度，从事讲学活动。直到公元前388年，他40岁时，才返回雅典，创办影响很大的"阿加德米"学园，一面收徒讲学，一面著书立说，培养出大批哲人、学者，亚里士多德就是其中一个。他活了81岁，一生用对话体的形式写了40篇左右的著作，文体优美，语言生动，充满"苏格拉底式的辩证法，"内容涉及哲学、政治、教育、美学思想。他的美学论文有《大希庇阿斯》，其余涉及美学和美育方面问题的有《伊安》《高吉阿斯》《普罗塔哥拉斯》《会饮》《斐德若》《理想国》等篇。

柏拉图的美学思想在西方美学史上是一个新的开始。他认为，人是由肉体和灵魂构成的，而人的灵魂又分为理性、激情、欲望三个部分。其中理性最高，激情次之，欲望最低。人的欲望是受理性制约的，而激情则是欲望和理性的中介，激情只能服从于理性，而不能被个体的欲望所利用；激情只有在理性的引导下，人生才能获得积极向上的动力。柏拉图十分重视教育的德化作用，认为受过良好的教育的人能使理性完全统治自己的激情和欲望，使自己成为真正的主人。他的"知识就是理念"中理念实际上就是人的美德意识。人只有按照理性、激情、欲望这三种等级从属关系实现三者的和谐，就是美的和正义的。与人的理性、激情、欲望相对应另三个方面的德行是节制、勇敢、智慧。只有这三种德行各司其职，和谐一致，人的灵魂才会得到更大的改善，才能实现人生的最高目的。

柏拉图强调，教育应培育人的心灵和谐之美。他说："我们不是应该寻找一些有本领的艺术家，把自然的优美方面描绘出来，使我们的青年像住在风和日丽的地带一样，四围一切都对健康有益，天天耳濡目染于优美的作品，像从一种清幽境界呼吸一阵清风，来呼吸它们的好影响，使他们不知不

觉地从小就培养起对美的爱好,并且培养起融美于心灵的习惯吗?"① 柏拉图认为,培养人对美的认识,应该从小就开始培养,让青少年在一种美的环境中接受潜移默化的影响,使他们真正能够认识到美感和爱美。他说:"一切事都是开头至关重要,尤其是对于年幼的,你明白吧?因为年幼的时候,性格正在形成,任何印象都留下深刻的影响。"② 因此,柏拉图根据儿童性格形成的特点,认为及早培养儿童对美的认识,对他们日后形成美好个性具有重要的意义。他的这一认识是符合儿童发展规律的。

从而可以看出,柏拉图的美育思想是建立在他的客观唯心主义哲学体系基础之上的,具有强烈的政治倾向性。他重视美育的目的在于为奴隶主贵族阶级培养理想的统治者和维护者。对古希腊艺术人文主义传统的一概否定,表现出他保守的、反民主的政治立场。但是,他重视审美教育对培养美善统一、身心和谐的人的重要作用,主张以健康的、高尚的、美好的艺术作品教育青少年,反对用丑恶的、颓废的、不健康的东西毒害他们的心灵、强调理智在审美教育中的主导地位,无疑是有积极意义的,可资借鉴的。柏拉图美育思想中无论是积极的方面,还是消极的方面,对于后来西方的美育与实践,都产生了很大的影响。可以说,他以自己辛勤的学术工作和对理想不懈地追求,为自己修建了一座质朴而雄伟的纪念碑。罗素说:"柏拉图和亚里士多德是古代、中古和近代一切哲学家中最有影响的人。"

三、亚里士多德"德性即中道"的美德观

亚里士多德(公元前384—公元前322年),古希腊最伟大的哲学家、思想家,西方美学、美育思想的奠基者。亚里士多德出生于马其顿的斯塔吉拉,其父尼葛马可是马其顿的宫廷御医,他18岁时来到雅典,进入柏拉图的学园学习,并成了柏拉图的得意的学生。他跟着柏拉图学习和工作20余年,直到柏拉图去世后,他离开雅典并进行漫游,曾任幼年亚历山大的老师。公元前335年他回到雅典,并在昌克昂创办了自己的学校,人称"逍遥学派"。在亚里士多德回到雅典创办学校后的前323年,显赫一时的亚历山大突然病故,雅典发生一场反马其顿运动,由于亚里士多德曾经担任过亚里山大的老师,有亲马其顿之嫌,因而遭到指控和通缉。公元前322年,亚历士多德逃离雅典,于同年死于优卑亚岛,时年63岁。

---

① 柏拉图文艺对话集.商务印书馆,1985年版.第8卷68页。
② 同上。

亚里士多德是古希腊哲学的集大成者，是一个伟大的百科全书式的作者，据说其著作多达400多种。他的美学、美育思想主要反映在他的《诗学》《修辞学》《形而上学》《物理学》《伦理学》《政治学》等著作中，特别是《诗学》，是西方第一部系统的美学、文艺理论著作。俄国美育思想家车尔尼雪夫斯基说："亚里士多德是第一个以独立体系阐明美学概念的人，他的概念竟雄霸了2000余年"；"诗学是一篇最重要的美学论文，也是迄至前世纪末一切美学概念的依据。"[①] 从而可以说明，亚历士多德在西方美学和美育思想发展史上占有崇高的地位。

亚里士多德虽然是柏拉图的学生，但他却对柏拉图的唯心主义"理念论"持批判态度，认为世界万物不是抽象的、绝对"理念"的产物，而是客观的真实的存在。在他那里，美的"理念"也是不存在的，美存在于具体的事物之中，他认为，事物的秩序、匀称、和谐、明确就是美。他说："一个美的事物——一个活东西或一个某些部分组成之物不但它的各部分应有一定的安排，而且它的体积也应有一定的大小；因为美要依靠体积与安排，一个非常小的活东西不能美，因为我们的观察处于不可及的时间内，以致模糊不清；一个非常大的活东西，例如一个千里长的活东西，也不能美，因为不能一览而尽，看不出它的整一性。"[②] 他虽然把美看成事物的形式，但美的客观真实性、多样统一性是毋庸置疑的。

在论美育对人的感性和理性的认识方面，柏拉图从"理念论"出发，导致感性和理性相互对立。他主张艺术教育要以理性来控制、压抑人的情感欲望，只有把人性中的"卑劣部分"排除干净，人才能够进入理想的审美境界。因此，审美教育主要是理性教育。而亚里士多德则重视审美教育的情感作用，主张通过情感的陶冶、净化，发挥理智的节制、协调作用，使人性得以全面和谐地发展，而不是把艺术教育作为实现政治、伦理目的的手段。他把人分为肉体和灵魂两部分，灵魂又分为非理性和理性两部分。前者主要表现为情感、欲望，后者主要表现为思维、理性和道德意志。两者都是人性所固有的，因此，人只有把感性和理性统一起来，情感受到理性节制转化为行动，才能获得幸福，形成完美的人格。

在谈到人类的幸福时，亚里士多德与他的老师也有不同的认识。柏拉图把"理念"作为一种美德，认为"理念"就是幸福。而亚里士多德则提出了

---

① 美学论文选，人民文学出版社，1982年版，124页，129页。
② 亚里士多德，诗学，人民文学出版社，1986年版，第25，26页。

"幸福就是最高的善",善就是美。他说:"美是一种善,其所以引起快感正因为它是善。"而亚里士多德所指的幸福又是什么呢?幸福就是由习惯的良好行为带来的愉快的精神状态。他认为,人类的一切活动的目的一般都在于幸福。但是,决定幸福状况的标准不在于主观感觉而在于生命活动的客观性。因此,"幸福"在于生存本身的美好和完善。"善"就是理性活动,而与它的功能协调的理性活动就是善行。并且把"美好生活"和"善良行为"当作幸福,所有人都为了这一目的而行动。他说:"培养心灵应兼备愉悦和高尚的要素;幸福的心灵是这两种要来合成的心灵。"

亚里士多德就像中国的孔子一样,主张"中庸之道"。他在谈到"什么样是德行"时指出:"德行处理情感和行动,处理得过度是错,处理得不及,要被谴责,唯有适中才对,并被称赞——那么,德行就必定是一种志在求适中的中道。"同时,"我们必须注意,过度与不及,均足以败坏德行……唯有适度可以产生、增进、保持体力和健康,节制、勇敢及其他德行,也正是这样"。① 所以,"德行乃是一种中道""过度和不及属于恶,中道属于善"。② 比如说,勇敢是中庸,因此是美德。亚里士多德所提倡的幸福和善实际上就是高扬人的德行精神。他在《致尤德莫斯》那首挽歌中表达了对老师柏拉图的怀念和崇敬,他把柏拉图称之为"坏人甚至没有权力去颂扬,以自己的一生和教导表明怎样同时既幸福又善良"的一个人。他认为柏拉图一生从事的教育表明,他就是一个有着高尚美德的人。

从古希腊哲学到中世纪的德国古典哲学,经过了 2 000 多年的历史变迁,西方的唯心主义哲学已经发展到了最高阶段,其内涵的伦理思想也以其特有的思辨范畴体系形式、广阔而深邃的丰富内容,在人类伦理思想发展史上产生重要影响。其中,康德把他的"善良意志"作为审美的最高境界。

四、康德"德行与幸福"的美育思想

康德(1724—1804),是德国古典美学、美育的奠基者,也是18世纪西欧理性主义伦理思想的集大成者。他出生于东普鲁士的哥尼斯堡一个普通的马鞍匠家庭。幼年受过严格的宗教教育。1740 年进入哥尼斯堡大学学习神学和自然科学,毕业后当了九年的家庭教师。1755 年获得哥尼斯堡大学的硕士学位,后在该校任教,并做过该校校长。康德是一个不喜欢外出的人,

---

① 周辅成,西方伦理学名著选辑,商务印书馆,1964 年版,第 297 页。
② 同上。

他一生几乎足不出哥尼斯堡，一直沉浸在哲学的思辨之中。他在哲学问题上洞隐发微，独辟路径，是思想领域的勇敢开拓者，他的科学思想，远远超出了他的时代，成为18世纪最杰出的思想家之一。

康德思想发展以1770年为标志，分为前后两个时期。前期主要研究自然科学，但也开始注意到了美学、美育问题。他的第一篇美学论文《对美感和崇高感的观察》，运用英国经验主义的美学观点，对审美情感问题做了初步探讨，表现出把审美活动与伦理原则统一起来的思想倾向。后期为了构建一个完整的先验唯心主义哲学体系，他在完成了《纯粹理性批判》和《实践理性批判》之后，又写出了《判断力批判》，把审美判断作为这个体系的重要环节进行了系统的论述。在1789年出版的《实用人类学》中，他再一次论及审美情感与艺术鉴赏问题。在西方美学、美育史上，康德第一次把审美活动作为一种独立的精神活动，同认知活动、伦理活动区别开来，揭示了审美教育的相对独立的性质和功能。

康德深信自己的理论建树有重大意义，有人曾把他的"三大批判"的第一部《纯粹理性批判》比作哥白尼在天文学上的重大发现。诗人海涅说他的著作在德国"开始了一次精神革命"，谢林称他的理论是"伟大发现的种子"，黑格尔评价他的思想既是近代哲学的"转折点"，又是近代美学的"出发点"，马克思深刻指出，要把"康德的哲学看成是法国革命的德国理论"。历史表明，康德的哲学思想和美学思想对后世有深刻影响。

康德所处的时代，德国文学艺术日趋繁荣，人们普遍对美学问题十分关心。不过，康德对美学的兴趣，完全是为了完成他一生所构想的哲学体系。他的"三大批判"的"批判"，是指审查、考辨和讨论之意。因为在当时，人们很重视"理性"的权威，康德决心对理性认识能力的问题进行认真的探讨。他把世界分成两大部分：一是"自在之物"，一是"现象界"。他认为自在之物不可知，它不受必然律的支配，是自由的；现象界就是人们周围的自然界，它是不自由的，受必然律的支配。这就像大家居住在一个小岛上，能够认识的只限于这座小岛，小岛以外的汪洋大海，就不得而知了。虽然如此，人们还是想理解那不可知的自物体，办法是依靠自由意志去信仰它。他的第一批判《纯粹理性批判》，就是专门研究人们凭借"理解力"去认识现象界的必然性；第二批判《实践理性批判》，专门研究人们凭借自由意志去信仰自物体的自由性。从心理学的角度来讲，第一批判是研究人在认识方面的心理功能究竟有多大，第二批判是研究人在意志方面的心理功能有多大。在他看来，二者都应该由"先验的法规"综合起来。当他分别考察了认识领域和意志领域里的先验综合问题以后,清醒地认识到:理解力对自然界必然性的认识,理性(实践理性)对精神界自由性的确信,各自成为一个独立封闭的体系,仿佛两者之间有一条不可跨越的鸿沟。康德在写了第二批判的第二年,便出版了《判断力批判》,《判断力批判》分为"导论""审美判断力的批判"和"目的论判断力的批判"三大部分。与美学关系最密切的是前两部分。其中"审美判断力批判"又分为"审美判断力的分析"与"审美判断力的辩证论"两部分,而"审美判断力的分析"又分为"美的分析"与"崇高的分析"。此书的总意图是想探讨这样一个问题:既然在理论认识领域里和道德意志领域里已经明察了应该建立先验的综合判断,那么,在情感领域里能否同样建立先验的综合判断?具体来说,对于快与不快的情感的判断,能否具有普遍性和必然性?同样是肯定的。他指出经验主义美学混淆美感与快感,理性主义美学混淆美与完善,都没有把握住美自身的物质;同时,他又认为上述两种对立的美学观又各有其片面的正确性,企图通过"批判"将它们统一起来,这样就形成了他关于理想美在于感性与理性的统一的观点。康德空前强调了美自身的特性,强调了审美是一个独立的领域,在把握复杂的美的现象时其思想趋向辩证,这是他在美学史上所做的重要贡献。

康德《实践理性批判》中说:"在这个世界内,或是就是在这世界以外,除了好的意志之外,没有什么东西可以无限制地被认为好的可能。智力、机警、判断力以及它理智上的材力(无论它叫做什么),或是勇气、果断、坚韧,属于气质上的,无疑地从许多方面看上好的,是人喜欢有的;可是,假如运用这些优点的意志,就是所谓品格不是好的,那么,这些天赋才性也会变成极其恶毒极害人的东西。"康德认为,一个人善良和美德更为重要,一个有才能的人,一个机智勇敢的人,如果不懂得善良和美德,他们的天赋反而使他们变得更加恶毒,对社会造成更大的破坏力。康德在强调善良意志的同时,还把"德行与幸福"作为他的思想核心。他认为,在德语中德行(Tugend)来自 Taguen(有能力),因此,德行就是力量,就是坚强,缺德(Untugend)和软弱是同义语。坚强作为一种道德力量,是人们最大的、真正的光荣战功。它同时也是真正的智慧,也是实践的智慧。一个人只有获得了德行,他才是自由的、健康的、富足的。德行是做人之所能得到的最高的也是最美的东西。

康德在谈到审美与道德的关系时提出了"美是道德的象征"。他认为,"人的最高目标和最高境界是道德境界,而自然向人的生成是一种合目的性的运动。这一合目的性运动又必须通过审美的协调才能实现。因此,审美的目的最终服务于道德的目的,为人类走向自由奠定基础。"康德一生从事教育工作,他的美学、美育思想几乎贯穿着他的整个哲学思想,对西方美学、美育的发展产生了重要的影响。

五、席勒:第一个言美育的人

席勒(1759—1805),德国著名的剧作家、诗人和美学家。他出生于一个生活贫困的军医家庭,7岁入拉丁文学校,后来到斯图加特军事学院学习法律,不久改学医学。1780年大学毕业后当了一名军医。他兴越广泛,学习勤奋,不但在专业上有所造诣,而且还认真钻研了哲学、美学、心理学、伦理学和文学等,尤其喜爱莎士比亚、歌德的剧本、诗歌,并在文学创作上获得了巨大的成功。为了反对德国封建专制统治,他在军队里秘密创作了剧本《强盗》,塑造了一个向社会公开宣战的豪侠的青年形象,发出了"德国应该成为一个共和国"的呐喊。剧本经过上演即大获成功,激起了观众的强烈共鸣,他为此而受到了两个星期的禁闭处分。不久,他逃离了军队,开始从事文学创作,先后发表了《阴谋与爱情》《尼德兰独立史》等剧本著作。1789年,经歌德推荐,他担任了耶拿大学历史系教授。1792年,他的剧本《海盗》公演后对革命产生的重要影响,被法国国民大会授予为"法兰西共和国荣誉公民"称号。当他看到法国统治者在胜利之后又对人民进行镇压和屠杀时,他对法国大革命产生了不满和失望,从而脱离现实斗争、转向对哲学的沉思,"逃向康德的理想"。他吸收了康德的思想,同时,又深受康德的影响,致使他在哲理与诗情的矛盾中徘徊。此后,他除了创作一些剧本和诗歌外,主要从事教学和美育学研究,撰写了不少美学、美育方面的论文和著作。主要有《论美书简》《美育书简》《论崇高》《论朴素的诗与伤感的诗》等,其中以《美育书简》最为重要,对美育的形成和发展产生了重要的影响。因此,人们把《美育书简》称之为"第一部美育的宣言书"。

以至于人们认为,在德国古典美学的发展中,席勒占有一个独特的位置。席勒的美学思想,仿佛构成了从康德的《判断力批判》到黑格尔的《美学》之间的中间环节,也是从康德到黑格尔转变过程中的一个桥梁。

席勒的美育思想,集中地表现在他的《美育书简》中。该书简共27封,最初是写给丹麦王子奥克斯丁堡公爵的,首尾紧密相连,形成了一个严密的思想体系。他原是针对法国革命和德国现实而写作的,然而却采用了十分抽象的思辨形式。他指出了法国革命并没有带来人的解放和自由,而是使人走向了另一种奴役状态。他认为改革社会、实现自由的必由之路不是政治革命,而是审美教育。他说:"通过美,人们才可以走到自由之前。"他将古希腊社会与近代社会进行对比,认为古希腊人具有一种完美的人性,而近代由于严密分工和国家机器的作怪,人就把自己变成了一个个断片,再也没法发展他生存的和谐。他就像康德一样,把本来统一的东西截然分成对立的两面,说人有两种相反的因素:不变的"人身"和多变的"情境",相应地有两种相反的冲动,即"感性冲动"与"理性冲动"(形式冲动)。前者要"把我们自身以内的必然的东西转化成为现实",后者"使我们自身以外的实在的东西服从必然规律"。要使这两种"脉动"结合起来,就要培养"情感的功能"和"理性的功能"。只有把"感性"和"理性"结合起来,让感性服从于理性,人才可以融身于社会,才是真正审美的人。他说:"人在他的物质(身体)状态里,只服从自然的力量;在他的审美状态里,他摆脱掉自然的力量;在他的道德状态(理性状态)里,他控制着自然力量。"① 由此可见,审美状态是一个中间状态,是人从感觉的被动状态到思想和意志的主动状态所不可缺少的一架桥梁。因此,他又说:"如果要把感性的人变成理性的人,唯一的途径是先使他成为审美的人。"② 席勒是在接触了康德的著作之后,开始了对美学问题的认真研究。康德关于本体与现象、理性与感性对立的范畴的区分,以及把美与人的情感自由、道德精神相联系的观点,都成了席勒美学思想的出发点。同时,他也深受歌德美学思想的影响,对康德的二律背反的观点进行了纠正,因而试图将主观与客观、理性与感性调动起来。这对谢林和黑格尔的美学思想,产生了一定的影响。席勒如同中国的庄子,希望通过自己的哲学思想去影响和改造社会。庄子提倡以仁施政,而席勒则希望通过美育来提高人类的理性道德以期达到改造社会的目的。他认为,改革社会、实现自由的必由之路不是政治革命,而是审美教育。他说:"我们为了在经验中解决政治问题,就必须通过审美教育的途径,因为正是通过美,人们才可以达到自由。"③ 席勒的审美教育的真正含义是以美育德,他强调了美育中的理性作用。他说:"力量的国度只能通过自然驯服自然的方式使社会成为可能。伦理的国度只能通过使个人意志服从公共意志的方式使社会(在道德上)成为必要。只有审美的国度才能使社会成为现实,因为它通过个体的本性去实现整体的意志。"④ 实际上,"在席勒那里,美或审美

---

① 席勒,美育书简,中国文联出版公司,1992年版,45,46页。
② 同上。
③ 同上。
④ 同上。

是道德人或理性人实现的工具，又同样是道德人或理性人所追求的目标"。①席勒是一位真正的提倡以美育德的思想教育家和哲学家，他还说："任何一个民族中审美文化的高度和极大普遍性与政治的自由和公民的道德、美的习俗与善的道德、行为的光辉与行为的真理都是携手并肩而行的。"② 在这里，席勒深刻地阐明了真善美是统一的，又告诉我们提高一个民族的审美文化素质和道德素质是何等重要！

席勒是第一个提出"美育"的，他就像启蒙运动时期德国著名哲学家、美学家鲍姆嘉通（1714—1762）一样，鲍姆嘉通第一个把美学从哲学里分离出来，而席勒是第一个把美育从美学里分离出来的人。在他那里，感性的东西是一种非理性因素，必须用审美的理性来加以制约。

从以上可以看出，西方一些著名的哲学家们无论是古典唯心主义者还是后来的唯物论者，他们无一不看重美育和德育对人类发展的作用。尤其是对后来的德国教育家赫尔巴特的学校德育观以及杜威提倡的道德意识和道德行为美的统一的教育思想产生了深刻的影响。

第二节 马克思主义的美育思想

卡尔·马克思（1818—1883）是全世界无产阶级的革命导师，马克思主义的创始人。马克思出生于德国普鲁士邦莱茵省特里尔城一个犹太血统的律师家庭。由于受到父亲思想的影响，1835年10月马克思入波恩大学学习法律，一年后转入柏林大学法律系，1841年大学毕业后便投身于革命斗争，逐步完成了世界观的转变。马克思的一生是不断追求真理的一生，为了共产主义事业，为了完成共产主义的划时代文献的写作，他以最坚强的毅力战胜了疾病的折磨和贫穷带来的困扰，写下了大量理论著作。主要有《共产党宣言》《1844年经济学——哲学手稿》《1848年到1850年的法兰西阶级斗争》《政治经济学批判》《资本论》等。由于极端贫困的生活和繁重的工作，加上反动派的不断迫害，马克思的身体受到了严重的损害，1883年3月12日，马克思因病逝世，终年65岁。马克思著作收集在《马克思恩格斯全集》中。弗里德里希·恩格斯（1820—1895）是国际无产阶级的伟大导师，马克思主义的创始人之一。恩格斯出生于德国普鲁士邦莱茵省巴门市一个工厂主

---

① 席勒，美育书简，中国文联出版公司，1992年版，45，46页。
② 同上。

的家庭。恩格斯自幼聪明好学，悟性极高。恩格斯的父亲是个思想偏狭的人，恩格斯中学还没有毕业，父亲便让他经商，想及早锻炼他的经商才干，以便子承父业。恩格斯在反抗无效后便开始学习经商活动。1842—1844年，恩格斯在英国的曼彻斯特父亲与人合办的一家公司工作期间，开始接受一些唯物主义和革命民主主义思想，完成了由一个唯心主义到唯物主义、由革命民主主义到共产主义的转变。1844年，恩格斯在回德国途经巴黎时认识了马克思（此前他已与马克思通过信），从此开始了两位伟人的伟大合作。两人在共同奋斗的道路上建立了深厚的友谊。马克思逝世后，恩格斯又担负起了整理和出版《资本论》第二卷和三卷的艰巨工作，以及国际工人运动领导者和顾问的重任。1895年8月5日，恩格斯与世长辞，终年75岁。

恩格斯是一位伟大的天才人物，他精通哲学、政治学、军事学、人类学、社会学、自然科学等多个领域，除精通德、法、英三国语言外，还熟练掌握20多种语言，并有700多万字的著作留给后世。马克思称他为"天才"。奥地利社会民主党创始人维克多·阿德勒说："他博学多才，见多识广。他有高深的哲学造诣，他不仅掌握了经济学的知识，而且掌握了广泛的历史知识，尤其是比较语言学和自然科学的知识。同时他还有现代商人和工厂主的全部实际本能。他经常自嘲说，他一生中没有经过任何考试。然而，这个人是多么的善于学习啊！"[①] 恩格斯的一生是为全人类解放事业英勇奋斗的一生。他以自己的思想和行动表明了一个马克思主义者应有的人生理想、人生态度，体现了一个马克思主义者应有的人生价值。科学总结并发扬光大了他的人生哲学思想，无疑对当代大学生树立正确的人生观、价值观和审美观具有巨大的指导意义。

一、马克思主义的美育思想是全面发展学说的重要组成部分

马克思主义是历史发展的必然产物。19世纪40年代，资本主义生产方式在欧洲得到迅速发展，资产阶级在许多国家掌握了政权，成为统治阶级，无产阶级和资产阶级的矛盾日益尖锐起来。工人阶级形成巨大政治力量登上历史舞台，为自身和人类的解放事业进行了英勇的斗争。马克思、恩格斯深刻研究和总结了工人运动的斗争经验，吸收和改造了2 000多年来人类思想和文化发展中一切有价位的东西，揭示了社会发展的客观规律，指明了社会主义必然取代资本主义的历史前景，从而创立了马克思主义的科学体系，他

---

① 智慧的明灯，人民文学出版社，1983年版，第125页。

们的美学、美育思想是这个科学体系的有机组成部分。

在马克思主义的经典著作中,与现代美育关系甚为密切、对现代美育研究具有直接的指导意义的,是关于人的全面发展学说。马克思主义的创始人在论述美学和教育学的基本问题时,常常是从人的全面发展观出发的。例如,马克思关于审美活动是人通过感觉对其本质力量的直接而全面地占有的论述,关于从人类生产活动的整体性质引出"人也按照美的规律来塑造"的思想,关于人类的思维、艺术、宗教和精神实践的方式把握世界的论述,恩格斯关于在共产主义社会,通过教育使年轻人摆脱现代这种分工为每个人造成的片面性的思想等等,都贯穿着人的全面发展的主线。这些都有与现代美育学的研究提供了直接的指导思想和方法论。同时,马克思主义关于人的全面发展理论也是我国当前素质教育思想的哲学基础。例如,把教育的根本目的设定为育人,主张通过教育来全面开展受教育者的各种潜能并防止学生的片面发展,针对当前教育中存在的突出问题而提出的创新教育观念等等,都是从马克思主义关于人的全面发展学说出发的。因此,马克思主义关于人的全面发展学说是当前我国美育研究的哲学基础。尽管马克思和恩格斯在他们的著作中没有直接提出美育,但在他的"全面和谐的自由发展"中始终贯穿着美育的思想,而这一思想成了全面发展学说的重要组成部分。

马克思、恩格斯都是文学、艺术和审美能力极高的伟人,他们在年青时代就酷爱文学艺术,并尝试过文学创作。具有丰富的审美经验。马克思曾阅读过大量的古典文学作品,写过诗歌和剧本。在他上中学时写的小诗《查理大帝》就体现出一个少年对美的追求和热爱。他写道:

美创造出来的一切,
对人的心灵最亲热。
……一种喜悦之情,
一种钦佩。
提示我们:
他已经给予人类,
一个启蒙的美丽的花冠,
这是他夺自野蛮的时代。

这就是说,人要创造美、享受美,获取"美丽的花冠",必须通过同丑恶、野兽的社会势力的斗争来实现。青年时代的恩格斯同样是一位美和艺术的爱好者。他喜欢旅游,对自然美有着敏锐的感受力;他写诗、绘画、创作剧本,他甚至说:"文学迟早是属于青年的。"他当时已经对文学艺术的精神愉悦和道德教育的作用有着明确的认识。马克思、恩格斯虽然从事的是人类解放的伟大事业,但他们却一直关注着文学和艺术对社会的影响。19世纪50年代,是马克思、恩格斯文艺思想发展的一个重要时期,他们经常开展对文学艺术的讨论,并写出了不少评论文章。例如马克思、恩格斯致德国作家斐迪·拉萨尔的信,就剧本《济金根》开展评论,到后来恩格斯多次致信当时的作家和社会名流,就他们的小说和剧本开展讨论,用辩证唯物主义的观点对他们的作品进行分析和评论,如《致敏·考茨基》《致玛·哈克奈斯》《致保尔·恩斯特》等都成为文艺评论的经典名篇。这充分说明马克思、恩格斯在文学艺术上的高深造诣。在此期间,马克思、恩格斯的世界观也发生了根本的转变,他们构建了辩证唯物主义和历史唯物主义的科学体系。他们虽然没有写出系统的专门的美学著作,但这并不意味着他们没有注意和研究美学、美育问题。这些问题大都渗透和融合在他们的哲学、经济学、历史学和科学社会主义著作之中。这些表面看来是零散的、没有系统的见解,实际上却贯穿着统一的、完整的科学世界观。

培养人成为全面发展的人,是审美教育的根本任务。怎样才是全面发展的人?如何实现这一任务?在美育思想史上,不少美学家、教育家做过有益的探索、深入的思考和美好的展望。但是,他们由于历史的、阶级的、思想的局限,脱离人的物质生产活动以由此形成的人与人的生产关系,只是从人的自然本性或纯粹理性去考察人的本质,因而陷入了历史唯心主义和审美乌托邦,没有能够科学地揭示审美教育在人的全面发展中的地位和作用。马克思、恩格斯根据历史唯物主义的基本原理,在批判继承历史上优秀美育思想遗产的基础上,第一次揭示了人类审美活动的本质及其产生、发展的历史根源,提出教育与生产劳动相结合的原理,同时把人的全面发展、审美能力的高度发达同消灭资本主义、实现共产主义理想联系起来,科学地回答了美育的根本问题,集中到一点,就是按照"美的规律"培养全面发展的、与传统观念彻底决裂的一代共产主义新人。马克思、恩格斯的美学、美育思想开创了美育思想史上的新纪元,为社会主义审美教育奠定了科学理论基础,具有鲜明的实践性、战斗性和强大的生命力,指出了进步人类美育实践的正确道路和发展方向。由此可以看出,美育在马克思主义人的全面发展学说中占据有重要的地位和作用。

二、按照"美的规律"塑造全面发展的人

人类在生存发展过程中总是在不断地追求美、创造美,并用美来进行自

我完善。但是,美的东西并不一定都是漂亮的东西,换言之,美的东西必然是好的东西。只要用美来建造生活、来完善自我,按照"美的规律"来塑造自身,人才可能是全面发展的。这就像人们形容的那样,每个健康的人都有一双美丽好看的眼睛,但不是每人都有一双审美的眼光。这种能够看透事物内部规律的眼光是从实践中学习和积累来的,而不是凭空想象得来的。比如人们看到了一种美的材质,然后按照美的规律去加工和塑造它,使它成为一种感人的美的形象,这就是美的眼光。眼光就是智慧。人只有具备了智慧的眼光,才能够按照美的规律来进行塑造。那么,古人又是如何看待美与审美的呢?"在德国古典美学中,席勒从抽象的人性出发,把审美活动看成感性与理性统一的自由活动,其中虽有辩证法的合理因素,但却是历史唯心主义的。黑格尔试图用实践的观点考察人的审美活动的根源,但他讲的,'实践'不是人类物质生产的活动,而是'绝对理念'外化于现实的抽象精神活动,这是一种客观唯心主义的观点。费尔巴哈虽然与唯心主义者不同,认为美感是美的反映,但他对事物只是从客体的、直观的方面去理解,而没有从主体的、实践方面去把握审美活动的本质,表现出他的唯物主义美学思想是形而上学的、人本主义的。"① 马克思、恩格斯根据社会实践的观点,吸取了德国古典美学中的合理因素,第一次科学地论证了人类审美活动与社会实践的关系,提出了"劳动创造了美"的著名论断,从而把美育建立在唯物史观的基础上,开拓了审美教育与生产劳动相结合的新局面。马克思在《1844年经济学——哲学手稿》中专门论述了人类通过劳动创造美的必然规律。马克思指出:"动物只是按照它所属的那个种的尺度和需要来建造,而人则懂得按照任何一个种的尺度来进行生产,并且懂得怎样处处把内在的尺度运用到对象上去,因此,人也按照美的规律来建造。"这是马克思对"劳动创造了美"这一重要命题的进一步说明。也就是说,动物是按照它的所同的种的本能和直接的肉体需要来建造,例如蜜蜂营巢,蜘蛛织网。人却能按照任何一种动物的尺度去生产,人会按照蜜蜂的尺度去营巢,也可以按照蜘蛛的尺度去织网等等。不仅如此,人还能驾驭事物的内部规律,并同时把自己内在的尺度运用到对象上去。在马克思看来,这也就是人能够按照美的规律来建造。人的内在尺度不同于动物所属的种的尺度。人类的生产劳动,是要把自然物改造成为合乎人的目的和需要的对象,这个劳动过程就是马克思所说的"把内在的尺度运用到对象上去"。这时的主体是人,"内在的尺度"就是指

---

① 1844年经济学—哲学手稿,人民文学出版社,46页。

人这个主体在改造对象时用以规划劳动对象的尺度，人据此制定生产过程以及产品的蓝图。这种人的"内在尺度"是在认识了劳动资料和劳动对象的性质和特征之后形成的。也就是说，人通过对对象的能够构成美的特性的认识来实现美的造型。马克思正是从建造成造型的角度来探讨美的规律的，所以，所谓美的规律，在这里是指造型的规律或造型美的规律。正是因为美的规律是造型的规律，所以人在从事物质生产或艺术生产时，人作为生产的主体就有一个运用何种尺度、制定什么样的标准和蓝图的问题。人在生产中根据一定的目的，选择、确定"物种的尺度"和"内在的尺度"，人把这两种尺度加以综合，运用于产品的生产。因此，所谓美的规律，存在于上述两种尺度之中。这里需要说明的是，马克思在《1844年经济学—哲学手稿》中谈到的主要是人在物质生产中的造型或造型美的问题，即人按美的规律来生产美的产品的问题，并不是客观世界的美都是劳动创造的，也并不是说凡是劳动创造的一切都必然是美的。劳动创造了美，就是人类社会中之所以存在美的事物的总根源说。

马克思主义关于"劳动创造了美"的学说，不同于马克思主义以前的一切唯物主义。在马克思之前，包括费尔巴哈的唯物主义的主要缺点，是对事物、现实、感性只是从客体的或者直观的形式去理解，而不是把它当作人和感性活动，当作实践去理解。马克思说："所以，结果竟是这样，和唯物主义相反，唯心主义却发现了能动的方面，但只是抽象地发展了，因为唯心主义当然是不知道真正现实的、感性的活动本身。"机械唯物主义美学（包括费尔巴哈的美学）对现实的感性世界只是从直观的形式去理解，而不是从它作为人的感性活动即实践去理解，因此，这种美学虽然承认美的客观性，但不知道美是人类实践活动的产物。唯心主义美学从主观的能动方面去理解感性的现实世界，但它所强调的人的主观方面，只是指人的意识或精神而并不是人这个主体的实践活动。由此可见，旧唯物主义美学和唯心主义美学都是不懂得从人的实践活动方面去探讨美的根源及其本质的。马克思主义美学及其美育的突出贡献就在于它第一次从人类的实践方面去探讨美的根源和本质。这就是马克思主义对美学及美育的认识不同于前人的本质特征，也是人类对美的认识的最高级体现。

从以上可以看出，世界上一切事物的发生和发展都有一定的规律，这种规律就是尺度，动物的尺度是繁衍它的种类，而人的尺度则是要不断地创造美。从客观上讲，人类通过劳动来建造美，从主观上来讲，人类在不断地创造客观环境美的同时，还要不断进行自身的美化，这种自身的美化是"真"

"善""美"在人身上的最佳体现。这也是一种尺度,任何人都不能超越这一尺度去另行其是,否则就不能成其为具有社会属性的人了。这就是马克思主义关于"劳动创造了美"和按照"美的规律"塑造人从而促进人的全面发展的重要思想内涵。

三、关于马克思主义人生价值观的审美含义

马克思主义关于人的教育思想的精髓在于按照"美的规律"塑造全面发展的人,这就给人的生存价值观制定了一个审美尺度:按照"美的规律"塑造人的自身,包括人的思想和观念。在马克思主义以前,一些思想家们没有科学地提示人的本质,因而也不能正确阐明人的价值。他们离开社会关系、社会需要、社会实践来研究人的价值,始终未能揭示人生价值的真谛。马克思主义以科学的本质论为基础,全面阐明了马克思主义的人生价值观。

（1）马克思主义认为,人生价值是从一定的社会关系中产生的。所谓人生价值说到底就是人生活对社会发展的意义。马克思指出:"'人'？如果这里指的是'一般的人',这个范畴,那么他根本没有'任何'需要;如果指的是孤立地站在自然面前的人,那么他应该看作是一种非群居的动物;如果这是一个生活在不论哪种社会形式中的人……那么出发点是,应该具有社会人的一定性质,即他的生活的那个社会的一定性质,因为在这里,生产,即他获取生活资料的过程,已经具有这样或那样的社会性质。"[①] 这就是说,人们要生存,就必须解决吃、穿、住、行等的问题,必须进行生产。而生产一开始就是社会性的,是具有审美意义的活动。马克思主义不是孤立地看待个人与社会,而是提出了"人是一切社会关系的总和",认为个人与社会的关系存在着两个方面的含义:一方面是个人必须依赖社会而存在,个人离开了社会就不能存在,当然也就谈不上个人对社会发展的意义和价值;另一方面,社会又是由个人构成的,社会必须依靠个人、群体的实践活动才能够存在和发展。个人价值的实现是通过社会评价而体现出来的,所以说,人生价值是从个人同社会的关系中产生的。正是根据马克思关于个人与社会关系的辩证论述,我们得出了社会主义社会看待人生价值的两个方面的规定,即社会对个人的尊重和满足,个人对社会的责任和贡献。在当代教育思想中,有人认为,在市场经济条件下的教育应侧重于"人本主义"教育思想,重视以发展学生自身能力为主的教育模式,不应该强调受教育者必须为社会做贡

---

① 1844年经济学—哲学手稿,人民文学出版社社,第46页。

献。其实这种认识是片面的,也是错误的。很多人把社会理解成为"政治",而社会却是一个广义的概念,例如教育培养人的美好品德,大公无私、助人为乐、见义勇为、扶危济困,为人民服务、乐于做一些公益事业等美好品格就是马克思主义美育思想的重要范畴。具有这样品格的人才可能为社会服务,这一美德精神是任何时代的教育都应该提倡的,而不是"人本主义"教育就不要提倡个人必须为社会服务。

(2) 实现全人类的解放是崇高的价值目标。人生在世,会有很多的价值目标,如学习目标、工作目标、职业目标、家庭目标、道德目标、生活目标、成就目标等等。而在这些具体的目标背后,支配着人们去解决为什么如此生活的最高目标和最终目标,即人生的价值目标。崇高的价值目标是人生之路的灯塔,它指引着人生向前的方向,在起点上规定着人生的价值可能有多大;崇高的价值目标是鼓舞人百折不挠、奋勇向前的精神支柱,是促使人生价值不断升华的强大的精神驱动力;崇高的价值目标是人生保持旺盛的生命力、具有坚定意志的根据,它激励着人不畏险阻、开拓进取和矢志不渝地坚强努力。

马克思主义认为,实践是创造人生价值的唯一途径。与马克思主义相反,一切旧唯物主义者们从物质论出发,用物质去解释意识,去解释人。以实践为基本特征的马克思主义观点和以往的一切旧哲学的观点具有本质的区别,它"从现实的、有生命的个人出发,把意识仅仅看作是他们的意识","始终站在现实的历史的基础上,不是从观念出发来解释实践,而是从物质实践出发来解释观念的东西"。这是唯一的科学的世界观和方法论。马克思、恩格斯从当时社会的实际出发,看到了资本主义大工业生产带来的专业化分工和"奴隶式的职业等级制度",劳动生产只是劳动者谋生的手段,完全丧失了诗意的吸引力。劳动者变成了机器的零件和附属品,身心遭受到了严重的摧残和损害,造成片面的畸形发展。马克思说:"劳动为富人生产了珍品,却为劳动者生产了赤贫。劳动创造了宫殿,却为劳动者创造了贫民窟。劳动创造了美,却使劳动者成为畸形。"正是在这样的社会背景之下,马克思、恩格斯对无产阶级的广大人民倾注了强烈的同情心,而代表无产阶级的强大力量必将代替资产阶级,"资产阶级的灭亡和无产阶级的胜利是同样不可避免的。"因此,马克思主义把实现无产阶级和人类的解放作为共产主义奋斗的崇高目标。马克思主义的这一光辉思想是从当时社会的实际出发的,在人类社会发展史上具有空前的历史意义。

人类社会文明的发展是一个长期的发展过程,马克思主义的共产主义社会对于现实社会而言还是一个长期的发展过程。而我国社会主义的初级阶段实行的是市场经济体制,提倡让部分人先富起来,然后带动大多数人致富,而"无产阶级"只能是现实社会的一种"精神",这种"精神"是保证人类美好向善、团结协作、共同进步的精神动力。在没有阶级和剥削的社会里,每个人都是自由的;人只有在自由的社会里,个人才能够得到自由和谐的发展。因此,实现共产主义和自由是人类最崇高的价值追求,人只有在共产主义社会里,才能够体现出自身的审美价值。

(3) 乐观主义的人生态度。马克思主义把人类的生存分别归属于3个领域,即认识、实践和审美。审美是一种情感活动,也是一种感觉方式(体验方式),这种体验是一种心理活动领域,从审美角度来看待人生,人生应该是乐观的。马克思主义认为,人在任何艰难困苦的环境里都应该保持乐观的态度。乐观能使人奋进,使人看到希望和光明。马克思是这样,毛泽东也是这样。例如在中国革命处在低潮时期的1936年,毛泽东同志被确定领导地位之后,他始终保持乐观的人生态度,带领中国工农红军,摆脱国民党几十万大军的围追阻截,在部队一些干部中出现情绪低落和悲观失望时,他提出了"星星之火,可以燎原"的著名论断,使人们看到了革命胜利的希望和美好的未来。

"审美是一种感受,所以审美活动中的自我实现主要在心理领域,是人的情感本质的实现。对现实生存来说,审美中的自我实现(即审美的自由解放)是现实生活的理想,是一种自由的象征。但是,审美还有其更基本的价值与功能,那就是它开创了生存的情感之维,实现了个性情感的创造性表现与升华。"[①] 乐观是一种审美情感的感受,人只要具有坚强的意志力,内心里寄托希望和美好,他们都应该是乐观的;而人只有在失去生存的希望之后,他们的内心世界才是悲观的。"现代美育学需要把从属于认识或实践意义的情感还原为个体生存意义上的情感。情感不仅具有主体对客体、个体对社会的意义,而且具有对自我的意义。它是个体对自我的感受,这种感受形成了个体的一种心境,一种孤独的生存状况。一个人的愉快、崇敬、狂欢、痛苦、焦急、悲哀等内心体验,个体情感的压抑或满足、敏锐或麻木、丰富或枯竭对于他的生存质量均有十分重要的意义。个体生存的完美不仅仅在于他有道德、有智力、有健康的身体,也不仅仅在于他有财富、有权力、有名誉,而且还在于有丰富的情感需要和满足,有敏锐的生存感受。一个情感麻

[①] 杜卫,美育论,教育科学出版社,2000年版,第22,23页。

第二章 西方美育思想概述

木、枯竭或压抑的人,即使其他方面十分满足,他的个体人格也不会全面发展的,其生存也不会完满、幸福。"① 马克思所追求的是为了全人类的解放事业,他把所有的情感都倾注在这一人类最伟大的事业之上,虽然他经受着贫穷和疾病缠身的痛苦,但他却始终是乐观的。威廉·李卜克内西说:"对付残酷的贫困,只有一个唯一的办法,那就是笑,谁要是因为穷而郁郁不乐,那就是贫穷已把他抓住,把他吞噬下去了。"② 事实上,马克思是为了他的信仰和对共产主义理想的追求而甘愿贫穷的,这充分体现了他的伟大人格和精神,他自己曾经说过:如果明天我愿意去找一个有收入的职业,而不为我们的事业而工作的话,那么明天我就能结束这种状况。正因为马克思具有这样的乐观的人生态度,他才不至于被贫穷和困难所屈服。

马克思、恩格斯是人类哲学史上最伟大的人物之一,他们开创了人类哲学史上从唯心主义到唯物主义的员完美的哲学体系。对于当代大学生来说,我们不能认为马克思主义的思想是过时了的,它永远是指导我们建设社会主义精神文明和物质文明的核心思想,对教育培养德、智、体、美全面发展的现代化建设人才具有重要的指导作用。

---

① 杜卫,美育论,教育科学出版社,2000年版,第22,23页。
② 石仲泉,马克思与燕妮,河北人民出版社,1980年版,84页。

第三章　中国美育思想概述

中国是一个有着五千年文明史的国家，素有"礼仪之邦"的美称，而中国人对美的认识则可以追溯到上古时代。从五万年前的山顶洞人的被挖掘和考证，他们在尸体旁撒上红色的铁矿粉，以及把石器工具的制作从不定型、不规则到光滑和讲究美感，并注意在工具上加上一些装饰物等，这些遗留至今的红粉、石斧和骨串等无疑不是出于山顶洞人对美的追求。我国古代人在陶器制作上是举世瞩目的，而彩陶上的花纹更引起人们的强烈兴趣，其中有一部分是从原始社会部落的图腾演化而来。随着社会的发展和文字的出现，人们对美的认识更加明确了，如"食必常饱然后求美，衣必常暖然后求丽"。这就是说，人类在满足生存的基本需要之后，然后想到的就是美。到了春秋战国时期，随着建筑、音乐、艺术的发展，美已被看作可以被视觉、听觉所感知的具体形象，人们把美作为满足人类精神需要的不可缺少的重要需求，并把美育作为教书育人的重要手段。

第一节　以孔子为代表的儒家学派的美育思想

一、孔子提倡以"美德育人"的美育思想

孔子（公元前551—公元前479），春秋末年思想家、教育家，中国儒家学派的创始人。以孔子为代表的儒家思想在我国教育思想史上占有极其重要的地位。儒家思想是我国传统文化的主流，而"仁义""道德"是其思想的核心。孔子一生从事教育，他的"礼教"思想里包含着美育思想。有人提出：真正拉开中国美育史帷幕的是春秋战国时期的孔子。一方面，他对前此时代的美育活动进行了理性的思考和反省；另一方面，他对美育的原则性论述又成了中国古代美育的基本规范。他的美育思想成为中国古典美育的根本精神，奠定了中国美育数千年的基本方向，至今仍对中国美育的发展有重大的影响。孔子提倡"以美德育人"，强调美育的道德教化作用，他的思想对后世的美育和德育产生了深远的影响。孔子的美育思想主要反映在以下几个

方面。

（一）主张美与善的统一，强调美育的道德教化功能

美与善的统一是先秦美学思想的一个十分显著的特点，也是它的美育思想的重要特征。孔子在《论语》中论及美时，主要涉及道德方面的论述，如"君子成人之美，不成人之恶"。在孔子那里，美与善是统一的，他认为，美不能离开善，美必须服从于善，符合于善，美感实际上就是善。在孔子看来，审美与人的道德情感和情操品德是联系在一起的，把审美教育看作是进行道德教育的一种辅助手段和工具，通过审美教育，使受教育者弃恶从善，由审美境界升华到道德境界。这些都是孔子论美育的中心思想。

孔子的美善同一思想是从"里仁为美"思想发出的。"仁"是孔子整个思想的核心，所谓"里仁为美"就是要求把"礼"所规定的上下等级、尊卑老幼等的秩序变成人性内在欲求，成为人们发自内心的自觉行动。"仁"是君子修养的最高境界，人只有使自己的一切思想行为均符合于"仁"，把外在的社会道德规范变成自己内心自觉的要求，才称得上是君子。"仁"由外在强制的东西转化为内在自觉的要求的时候，就是"美"。"美"在这里主要表现为对善的赞赏和肯定。美实际上是善。由此可以看出，孔子的美善统一思想也是中国传统的美德思想，它对当代美育产生了重要影响。

（二）注重美育对完美人格的塑造，培养"文质彬彬"的君子

孔子重视美与善的高度统一，使他把美育工作的重心放在了对个体人格的塑造上了。他认为，教育的过程是"兴于诗，立于礼。成于乐"（《秦伯》），就是通过学诗来激发内心的美好情感。这是因为诗生动形象、贴近生活、贴近人，容易激发人的情感。孔子意识到只有把礼从一切说教中转换成深入人心的审美艺术和审美形象，才能让人自觉地用美的言行来要求自己。孔子以及先秦诸子都十分重视对人格的塑造，他们把如何做人的问题作为他们哲学思想的核心，因此，人们常称孔孟哲学为做人的哲学。如何做人呢？除了懂得仁、义、礼、智、信外，那就是"彬彬有礼"。在孔子看来，彬彬有礼才是君子，是君子就更应该彬彬有礼。他说："质胜文则野，文胜质则史。文质彬彬，然后君子。"（《雍也》）人有仁义之道的"质"，而无礼乐修养的"文"，或者反过来，有礼乐修养的"文"，而无仁义之道的"质"都不能称之为君子，只有文质兼备，才德并茂，才称得上是君子。然而这种文质彬彬的君子并不是天生就有的，必须是经过后天的修养和教育。教育的根本任务就是培养和造就理想人格，因此，孔子十分重视教育，自然也很重视美育。他认为教育的核心就是要让人知道如何以"礼"做人。他说:"不学礼,无以立"(《季化》),"不知礼,无以立也。"(《尧曰》)人只有遵从于礼,才能称得上是君子而自立于世。孔子还认为,做人要知道"乐",他的"成于乐"具有一定的广义性,是一个人积极心理活动的反映,例如积极向上、信心、乐学、快乐等等。一个成人的君子必须学习乐,君子修身如果不学习乐,那就不可能成为一个完全的人。而乐之所以有如此重要的作用,是因为乐可以改变人的性情,感发人的意志,使人自觉地接受和实行人道。孔子的感发于"诗",立足于"礼",完成于"乐",是以美育始,以美育终,贯之以礼,这便是孔子培养君子人格的全过程。孔子不仅以"诗教"和"乐教"来培养"仁人君子",而且还以自然山水的品格来与人的道德情操相联系,相比拟,这是最早的"比德"思想。孔子说:"知者乐水,仁者乐山。"在孔子看来,山具有与"仁者"的美德相类似的特征,故"仁者乐山"。至于"智者乐水",《韩诗外传》卷三云:"夫智者何以乐水也?曰:夫水者,缘理而行,不适小闲,似有智者;动而下之,似有礼者;蹈深不疑,似有勇者;障防而清,似有知命者;历险致远,卒成不毁,似有德者。天地以成,群物以生,国家以宁,万事以平,物品以正。此智者可以乐水也。"孔子正是以山水的品格与"君子"的品德相比较,通过自然美来塑造人性美。孔子实施美育的最终目的就是要培养具有修养的文质彬彬的君子。他把美育看成是人性修养的重要一环,是塑造理想人格的重要途径。

(三) 强调礼乐育人,主张中和之美

孔子提倡人或音乐都应该"尽善尽美"。在人应以"仁爱"为"尽善尽美";在音乐,应以弹奏出的和谐之音使人愉悦心动者为"尽善尽美",他把典范的韶乐视之为"尽善尽美"。据说孔子是一个十分喜爱音乐的人,而把音乐内容中的善作为美育的重要手段来教育他的学生。据《论语》上的记载,孔子在齐闻韶乐,三月不知肉味。意思是肉味虽然鲜美,但与韶乐比起来简直算不了什么。他说:"不图为乐之至于斯也","子谓韶,尽美矣,又尽善也。谓武,尽美矣,未尽善也。"(《论语·八佾》)孔子认为韶乐中既表现了圣人的德行事物,又表现出一个初生儿的天真圣洁。孔子酷爱韶乐,而不喜欢郑声,他认为郑声太刺激,不够质朴,不够文质彬彬,不能唤起心灵中美好和谐的情感,因而在晚年花费了极大的精力去"正乐"。所谓"正乐",就是使当时未加整理的音乐加以重新整理,使其符合韶武雅颂之音。

孔子认为音乐不仅可以悦耳,更重要的是能够陶冶人的道德情操,因此他把音乐作为政治修身的一个重要内容。刘宝楠在《论语正义》中说:"乐以治性，故能成性，成性亦修身也"。乐之所以有如此之大的威力，是因为它对人之德行的培育不是靠外在的强制，而是靠内心真实情感的自觉和自愿。孔子是一个提倡复古的人，认为周礼是值得人们认真效法的。因为周朝的礼乐制度规范了混乱的社会，而得以"正名"。所以，当子路向孔子请教为政之道时，他说："必也正名乎！……名不正则言不顺，言不顺则事不成，事不成则礼乐不兴，礼乐不兴则刑罚不中，刑罚不中则民无所措手足。"（《子路》）孔子认为，如果没有完整而全面的名分规定和行为规则，人们就会迷路失踪、手足无措，即所谓"不以礼节之，亦不可行也"。（《而学》）反之，倘若人人都依礼而行，依礼而取，那么，就不会有越规作乱和相互争夺行为的出现，就能够形成上下有别、贵贱有等、第幼有序、君臣有义的社会秩序，整个社会就能上下相安、礼让无争，以致实现孔子天下大治和长治久安的理想社会。

孔子在强调礼乐育人的同时，还十分重视做人的中和之美。孔子特别重视做人的"中庸之道"。他说："中庸之为德也，其至乎！民鲜久矣。"（《庸也》）他认为中庸是一种品德，在人民中间已经很少看到了。所谓"中庸"就是做人既不要过分，也不要不及，体现着一种恰到好处之美。

孔子一生从事教育事业，他所创立的儒家学说其实就是教育如何做人的哲学。孔子教育思想的核心是礼教，而礼教思想中包含着许多守旧的成分，他的"克己复礼"就是守旧思想的重要体现。但是，孔子教育思想里面也有很多创新的成分，例如他提出的"因材施教"和"寓教于乐"以及诗教中的"兴、观、群、怨"等就是从美育角度提出的创新思想。孔子的"有教无类、因材施教、学思结合、启发诱导、温故知新、举一反三、言行一致、教学相长、学而不厌、诲人不倦等教育、教学原则和方法，鼓励学生'当仁不让于师'，'过则勿惮改'，严于律己，薄于责人，规定'文、行、忠、信'，'礼、乐、射、御、书、数'为教育内容。"孔子教人以"知书达理"，提倡发挥学生的主观能动性，鼓励学生"当仁不让于师""过则勿惮改"等思想对今天的教育尤其是美育仍具有重要的指导作用。

二、孟子追求完美人格

孟子（约公元前372—公元前289），战国时思想家，邹（今山东邹县东南）人。他继承了孔子的仁学审美教育思想，并在培养完美人性和崇高人格方面有所扩展。孟子主张"充实之美"。他从性善论出发，认为人的本性是善的，"人皆可以为尧舜"。现实社会中的人，之所以有好坏善恶之分，一是因为人由于受了恶劣环境的影响，而由善变恶，人失去了原本的善性。再是因为人不学好，自暴自弃。要使人保持善的本性，最根本的方法就是要进行自身修养，即独善其身，养"浩然之气"。"求则得之，舍则失之"（《告子》），得之则为人，失之则为禽兽。只要个人通过自觉的努力，就可以养成"浩然之气"的人格精神，成为具有高尚人格的仁人志士和真君子。所谓"浩然之气"就是做人要有博大的胸怀、坚强的意志、大丈夫的人格，以及光明磊落和富有同情心等。孟子提出了"充实之谓美"的主张。所谓"充实"，指的是个体通过自觉地努力，把人所固有的仁义美善的本性"扩而充之"，使之贯注充实于人的形体的各个方面，如容貌、眼睛、躯体、动作等，使人的形体"生色""增辉"，使自然的形体具有高尚的道德意义，从而成为直观的东西。在这里，孟子把善的充实看作是美，认为只有把善的东西发扬光大才算美。实施审美教育，实际上就是对人的善性加以锤炼升华的一种途径和手段，也是培养人的"浩然之气"使人的道德修养达到充实完美的一种精神境界。

　　孟子对人格美有其独特的见解，认为"大丈夫人格"就是人格美的特征。他的大丈夫人格就是："富贵不能淫，贫贱不能移，威武不能屈，此之谓大丈夫！"（《滕文公下》）古往今来，人们一直把孟子的这段话作为审美人格的做人准则。事实上，孟子的这段话具有丰富的内涵，里面包含着人的意志、毅力、堂堂正正做人、铮铮铁骨而立、不畏惧任何困难、任何时候都不出卖国格和人格等等具有审美特点的人格特征。这对于培养当代大学生的审美人格意志具有重要的指导意义。另一个方面，孟子提倡通过磨炼意志培养人的独立人格精神。他说："天降大任与斯人也，必先苦其心志，劳其筋骨，饿其体肤，空乏其身，行拂乱其所为，所以动心忍性，曾益其所不能。人恒过，然后能改；……然后知生于忧患而死于安乐也。"（《告子下》）事实也是如此，古往今来，历史上许多人都是在艰苦的环境里经受磨炼而得以成才的，这里同样包含许多的审美内涵。

　　孟子提倡"仁政"，同时也主张"乐教"。孟子的"仁政"体现在他的"与民同乐"思想之上。他从"人之初，性本善"的观点出发，认为人具有共同的生理和心理结构机能，因此就有着共同的审美要求和审美感受。他说："凡同类者，举相似也，何独至于人而疑之。圣人与我同类者。"既然"圣人与我同类者"，"尧舜与人同"，那么，"圣人"与普通人也就会有相同的审美感受，由此，他提出了帝王也要"与民同乐"的思想。孟子具有较强的"民本"思想，他说："民为贵，社稷次之，君为轻。"（《尽心下》）孟子的这一民贵思想在君权高于一切的社会里是十分难能可贵的。他以"与民同乐"思想达到沟通帝王与民众的情感，使君民和谐一致的目的，从而体现了美育的社会政治功能。孟子认为，君子有三件值得高兴的事，即："父母俱存，兄弟无故，一乐也；仰不愧于天，俯不怍于人，二乐也；得天下英才而教育之，三乐也。"（《尽心上》）他还强调："乐民之乐者，民亦乐其乐；忧民之忧者，民亦忧其忧"，（《梁惠王上》）"乐以天下，忧以天下，然而不王者，未之有也。"（同上）前者体现了孟子对家庭幸福之乐的认识，以及人生不做任何亏心事，光明磊落，重视人才的培养，以美育人，这是非常值得高兴和快乐的事；后者则是他真正的"民乐"思想。孟子的这种高尚的人生苦乐观和民乐思想是值得肯定的，这与当代的一些腐败分子的享乐思想是有着本质区别的。

除此之外，孟子十分推崇孔子的"诗教"和"乐教"思想。他说："乐之实，乐斯二者，乐则生矣，生则恶可已也？恶可已，则不知足之蹈之，手之舞之。"（《离娄章句上》）他认为"仁言不如仁声之入人深也，善政不如善教之得民也。善政，民畏之；善教，民爱之；善政得民财，善教得民心"。（同上）所谓"善教"，其中就包含着"诗教"和"乐教"。具有形象审美特征的"诗教"和"乐教"比起其他政治伦理道德的教育更具有感人的力量，它更加深入人心，更受人喜爱，也就会收到更好的教化效果。

三、荀子提倡"化性起伪"的美育思想

荀子（约公元前313—公元前238），战国后期思想家，也是孔子仁学审美教育思想的继承者。荀子和孟子的思想虽然都是出于孔子，但他们就人的本性的认识是有区别的。孟子认为人性本善，而荀子却认为人性本恶。如果把孟子归属于唯心主义的思想家，而荀子的思想在某些方面却带有唯物论的倾向；荀子是一个朴素唯物论者，我们可从他的思想中看出。正因为他的思想中有着唯物论的成分，他与孟子在对孔子仁学思想的认识上也有一定的区别。他不是重于内在心理"仁"的培养，而是着重于外在规范的"礼"的教育；不是着重于个体人格的塑造，而是着重于群体规范的约束。他认为人天生性恶，而教育的目的就在于以礼养欲，以礼养情，变性恶为性善。他说："人生而有欲，欲而不得，则不能无求；求而无度量分界，则不能无争。争则乱，乱则穷。先王恶其乱也，故制礼仪以分之，以养人之欲，给人之求。""故礼者，养也。刍豢稻粱，五味调香，所以养口也；椒兰芬苾，所以养鼻也；雕琢刻镂，黼黻文章，所以养目也；钟鼓、管磬、琴瑟、竽笙，所以养

耳也；疏房、檖貌、越席、床笫、几筵，所以养体也。故礼者，养也。""恭敬辞让之所以安养也""礼义文理之所以养性也"（《荀子·礼论》）荀子从人的生理本能出发，强调了不是禁欲，也不是取消感性欲求，更不是让人纵欲，而是用礼义文理去滋养、去规范感性欲求，使之既合情，又合理，既有益于个体，又有益于群体。荀子认为，人性本恶，可人往往表现出来善，这些其实是一种"伪善"。他说："人性之恶，其善者伪也。"（《性恶》）具体说来，就是："今人之性，生而有好利焉，顺是，故争夺生而辞让亡焉；生而有疾恶焉，顺是，故残贼生而忠信亡焉；生而有耳目之欲，有好声色焉，顺是，故淫乱生而礼义文理亡焉。然则从人之性，顺人之情，必出于争夺，合于犯分乱理而归于暴。"（同上）在荀子看来，人有"饥而欲饱，寒而欲暖，劳而欲休"（同上）的生理需求和"目好色，耳好声，口好味，心好利，骨体肤好愉佚"（同上）的自然本能，如果顺人之性而不加以引导和限制，就必然产生恶的后果。由于人性恶而"不能自美"，所以教育的任务就是"化性而起伪"。所谓"化性"，就是改变人类恶的本性，其实质在于节制人的欲望和引导它向有利于社会的美的方面发展。

荀子与孟子一样，十分推崇孔子的"诗教"和"乐教"，他把"诗"和"乐"看成是"言志""明道"的重要手段。诗和乐所抒发的情感都必须在理性的制约之下，以理制情，以理节欲，否则，纵性则淫，纵欲则乱。他说："夫乐者，乐也，人性之所不能免也，故不能无乐""乐则不能无形，形而不为道，则不能无乱。先王恶其乱也，故制《雅》《颂》之声以道貌岸然之，使其声足以乐而不流，使其文足以辨而不思，使其曲直、繁省、廉肉、节奏，足以感动人之善心，使夫邪污之气，无由直接焉""夫声乐之入人也深，其化人也速，故先王谨为之文……贵礼乐而贱邪音。"（《乐论》）这充分说明，荀子虽然主张人生性恶，却十分重视审美教育，通过审美感化而达到"化性起伪"和"扬善惩恶"的目的。

荀子虽然主张人性恶，但他却认为人身上有很多美的特点，这些美的特点主要体现在"义"字之上。他说："水火有气而无生，草木有生而无知，禽兽有知而无义；人有气有生有知亦有义，故最为天下贵也。"（《王制》）他认为德和善都是义的表现形式，主张"崇德扬善"精神就是"扬人之美"，因此，他认为那些阿谀逢迎之徒是最不美的无义之徒。他说："君子崇人之德。扬人之美感，非谄谀也；正义直指，举夫之过，非毁疵也；言已之光美拟于舜禹参与天地，非夸也；与时屈伸，柔若蒲苇，非慑怯也；刚强猛毅，靡所不信，非骄暴也；以义变应，当曲直故也。"（《不苟》）荀子在这些主张里贯穿着求实和美学精神,并区分了行为正误的界线。他提倡崇人之德、扬人之美,并把这和谄谀区分开来,这就更有利于发扬美德。他提倡正义直指、举人之过,并把这与诋毁他人区别开来,这就鼓舞了一切刚正不阿之士,肯定了他们的善行的正义性质。荀子的这些思想都是值得提倡的传统美德。

荀子不仅继承了孔孟的哲学思想,而且在审美教育上进行了超越和创新,尤其是他的无神论思想,他从唯物主义观点出发,对流行于当时的有鬼论思想和"相面"等迷信活动进行了批判。他指出,天地间并没有鬼神,之所以有人认为有鬼甚至于有人说见到过鬼,那是因为:"凡观物有疑,心中不定,则外物不清,则未可定然否也……凡人之有鬼也,心以其感忽之间疑玄之时下之。"(《解蔽》)荀子这种无神论思想在那种封建迷信盛行的年代里实在是难能可贵。

儒家思想的核心是"仁义",它对美育的贡献主要是通过以美"比德"来体现的,因为美即是善,善就代表着美好。这一思想作为中国传统文化的精髓一直延续至今,是当代德育和美育思想的核心。因此,当代大学生不能不了解儒家的美育思想。

第二节 道家哲学对自然美的追求

在中国古代哲学史上,道家学说与儒家学说是两个影响最大而又直接对立的学说。虽然儒家学说在历史的发展中一直占主导地位,但道家学说也同样在人们的心目中产生着一定的影响,尤其是在人们的思想观念上形成了两种不同的人生观和审美观。在中国"历史上,道家文化曾强势过儒家。汉初自不待言,魏晋南北朝乃至隋唐,道家文化都声势浩大。对此,著名学者张岱年先生认为,纵观中国文化,儒道两家学说是中国古代哲学的核心部分,同时也是中国固有文化的主要思想基础。尽管如此,学界普遍认为,总体上看,道家文化属于隐逸文化。道家主张天道自然无为,否认上帝和鬼神主宰一切,认为'道法自然'。人效法道,亦应'为无为',顺其自然。政治理想主张'小国寡民''无为而治'。强调'绝圣弃知''常使民无知无欲'。追求个人精神的自由,认为只要'虚静恬淡,寂寞无为',物我两忘,就可成为追逐自在的'真人。'"道家文化在哲学层面和人格精神层面对中国文化影响极大。在社会功用方面,道家崇尚消极颓废的人生哲学,往往被一些失意人士所钟爱。在教育方面,它以自然无为之道为其学说的核心,以把握道之全体为教育理想。虽然道家提倡的是一种消极的人生哲学,但它反对战争、反对统治阶级权贵对普通老百姓的剥削、反对人与人之间的纷争和欺诈,提倡和平相处,不争名夺利以及追求真诚、朴实自然的思想仍然具有积极的审美意义,依然是当代大学生应该提倡的做人哲学。

一、老子"返璞归真,无为自然"的美育思想

老子(生卒年月不详),又名老聃,楚国苦县(今河南鹿邑)人,春秋末年的思想家,道家学说创始人。老子与孔子都生活在我国从氏族制社会进入奴隶社会时期。在这个时期,精神文明和物质文明都有了一定的发展,但是,由于阶级的形成和对立造成了社会矛盾的激烈冲突,如战争给社会带来的动荡不安,广大劳动人民处在水深火热之中,社会上邪恶和犯罪猖獗。面对这样的社会文明所带来的矛盾,孔子和老子采取了两种不同的人生态度。孔子认为,应该以礼教、道德来教育人民遵守社会秩序,保持良好的社会美德,要使受教育者知道如何通过奋斗和用知识改变自己的命运,并强调了美与善的统一。而老子却站在与孔子相反的立场上,反对社会的文明进步,认为社会上的邪恶和战争都是社会文明所带来的恶果;人与人之间的不平等,一切贵族阶级利用手中掌握的权力来欺压剥削劳动人民,人与人之间所表现出来的虚伪、尔虞我诈等都是为了满足功名利禄和欲望所造成的。因此他认为孔子的思想是伪善的。他说:"信言不美,美言不信;善者不辩,辩者不善;知者不博,博者不知;圣人不积,既以这人己愈有;既以与人己愈多;天之道,利而不害;圣人之道,为而不争。"(《老子·八十一章》)这就是说,真实可信的言辞是不美的,美的言辞是不真实可信的;有道德的人是不善言辩和表白的,而善于言辩表白之人不一定是有道德的;真正有知识的人不卖弄,卖弄自己懂得多的人不是真有知识;道高的人是不存占有之心的,而是尽力照顾别人,他自己也感到满足,他尽力给予别人,自己反而更丰富。自然规律是让万事万物都得到好处,而不伤害它们。道德高尚的人的行为准则是,做什么事都不与别人争夺。在老子看来,现实生活中的美和真、善是分割对立的。如何才能使美和真、善达到和谐统一呢?在老子看来只有借助于"道"。老子把道看成是万事万物的本源,道无所不在,无处不至,符合于"道"的就是真、善、美的,违背"道"就是假、恶、丑的,这就是规律。

老子追求自然的本真之美,但他却违背了人的自然本性,要求人们"寡欲""禁欲",提倡"少私寡欲"。他认为声色之美令人"目盲""耳聋""发

狂",因而他主张"无知无欲"。然而实际上,他的"美真合一""天人合一""道法自然"的思想,是强调声色之美的质朴、纯真和适度,强调审美的非功利性和超越性。他把人们的视线引导到更加广阔的大自然领域,注重自然美的美学教育,使人们在顺应自然、欣赏自然、与自然沟通协和中得到感悟、受到启迪。这样,就把审美教育从儒家学派更多地局限于狭隘的社会政治和伦理道德范围,扩展到大自然的领域,使审美教育向更深更广的方向发展。

由于老子生活在社会的底层,对广大劳动人民倾注着深厚的同情心。他主张的"无为"在某种意义上并不完全是让人不要有任何作为,他认为人与人之间的明争暗斗主要是争名夺利所造成的,他告诫那些权贵们不要做对不起人民的事,再高贵的人他们的祖先也还是劳动人民。因此,他把宇宙万物的本体看作是"道"或"无"。"道"是创造一切事物的母力,超绝对时空的绝对存在,是永远不可感知的精神实体。"道"也可以理解为宇宙间的一切自然规律和法则的总体。从某种意义上讲,"道"就是与歪门邪道相对立的"正道",人应该走正道而不能走斜道之意。这就不能把老子的思想看成是完全不让人有所作为了。因此可以看出,老子的美育思想是从自然主义和人本论出发的,他把儒家的所谓仁义礼看成是套在人身上束缚人的自然本性的枷锁,仁义礼是最虚伪的东西,是害人之物。他说:"夫礼者,忠信之薄,而乱之首。"老子反对礼教而重视感情,有强烈的平民主义思想,他看不惯人与人之间的争名夺利,痛恨用战争进行掠夺,给人民带来深重的灾难。他的审美标准和做人准则是一种逆向思维,是与儒家思想背道而驰的。他认为,儒家的礼教的根本是等级差别,有差别就有名利之争,争名夺利是战祸的根源。如穷者争富、卑者欲尊、贱者求贵等等。因此,必须抛弃礼教,取消贫穷、尊卑、贵贱的差别,才能避免争夺,才能恢复淳朴的本性而使人人相安无事。这就是老子提倡返璞归真的逆向思维的真正目的。如果把老子的审美教育思想作为一个做人的标准来衡量,下列的个性特征才是符合做人的审美标准的。

(1) 热爱劳动人民,对劳动人民有较强的同情心;急老百姓之所急,想老百姓之所想,实实在在为老百姓办事。

(2) 不争名夺利,勿争强好胜;不要把自己看得太高贵,贵以贱为本,做人要讲信誉。

(3) 无为而治,与世无争。

无为是与有为相对立的,是老子与孔子思想直接相对立的主要思想。老子的无为思想有两重意思：一种是针对统治者来说的，统治者不要做违人民意愿和对人民有伤害的事情，例如发动战争来取得天下，必然要给人民带来伤害；另一种是针对个人本身来说的，教人不要老想着有所作为，认为孔子的"学而优则仕"，求取功名，跻身到上层社会而成为贵人的思想是违背人性的，是造成人与人之间不能和平共处、争纷不断的主要原因。在老子看来，有无为思想，不过意刻求自己，不做伤害他人的事情，保持着超然物外、与世无争的平静心态才是道德的、美的。

（4）回归自然、返璞归真。自然、归真是老子的一种理想人生境界。老子认为，人不应该受到过多的人为干扰，让他们在自然界中自由发展，自生自灭，才是符合自然界和人类发展规律的。老子的回归自然实际上是无为思想的体现，也是为了逃避现实给人们精神和生活上带来的苦难。他反对国家向人民征税，希望人民能在自己的土地上自耕自种，过着安闲自得的生活；他反对奢侈之风，提倡艰苦朴素，认为富有和欲望都是祸害，人生不带来，死不带去，没有必要为满足欲望和利益与他人争斗，他甚至认为原始蛮荒时代的生活才是人们所向往的。

（5）做人要谦虚谨慎，不敢为天下先。老子认为，谦虚是人应该保持的美好品德。他说："我有三宝，持而保之。一曰慈，二曰俭，三曰不敢为天下先，故能成器长。"（《老子·六十三章》）从这段话中可以看出，老子把慈善、勤俭和谦虚看成是最高尚的人。

（6）"贵柔""守静""不争"是老子所要求的做人的基本准则。老子认为，人应该保持柔、静和不争的美好品德，一个具有美德修养的人，定是一个理智和冷静思考问题的人，是一个不争强好胜的人。在做人与处世上，他主张以柔克刚，以静制动。他说："天下之至柔，驰骋天下之至坚。无有入无间。"（《老子·六十章》）这段话的意思是，最柔弱的东西可以在坚硬的东西之间任意穿行（如水在石缝隙间穿行），无形的东西可以随意进入没有间隙的物体。为了证明柔生强死的现象，他说："人之生也柔弱，其死也坚强。草木之生也柔脆，其死也枯槁。故坚强者死之徒。是以兵强则灭，木强则折。强大处下，柔弱处上。"（《六十七章》）老子的贵柔和不争思想给人一种哲学上的启示，具有一定的禅学意义，不失为做人处世的至理之言。

老子以回归自然和返璞归真来达到逃避现实的思想虽然给后世带来一些消极影响，但却对后世做人之道、保持艰苦朴素的优良传统、不嫉妒、少争纷、乐于助人的美好品德产生了重要的影响。

老子死后的200多年间，研究儒学者众多，研究道家学说者却较少。庄子继承了老子的思想，并进一步完善了道家学说。

二、庄子"乐而忘忧"的美育思想

庄子（公元前369—公元前289），战国时思想家，宋国蒙（今安徽蒙城，一说是河南商丘市东北）人。庄子是一个自然主义者，他认为人所展现的美是真正意义上的自然人。但从他的一些言论中可以看出，他并不是一个真正意义上的自然主义者，他的思想中包含着反自然主义的成分。因为人的自然本性是有知有欲的，而庄子却希望通过相应的种种教育使人们达到无知无欲的"真人"境界。庄子的教育思想与老子一样，同样是"反向教育"或"静化教育"，但在教育观念上却有别于老子。在先秦时期，由于政治风云变幻和社会的动荡不安把绝大多数思想家的目光引向社会政治领域，他们的思想大都立足于政治领域范畴，老子也试图通过"道"的教育来影响政治。庄子别具一格地从人的自然本性出发，认为人是独立、自由、单个的自然人，对社会政治不负有任何义务，也无须从中得到权利。个人所应追求的正是挣脱各种社会关系的限制和束缚，人生的自由和幸福不是维护社会关系，而是摆脱社会关系。庄子认为，美的本质在于自然无为，美是自然生命本身合乎规律运动中所表现出来的自由，符合了自然无为的"道"，而"法天贵真"就是美，违背了自然无为的"道"，人为地破坏生命的本性、束缚人的自由的强行教化，是不利于人的发展、扰乱天下太平的做法。因此，他主张废礼乐、弃仁义，"绝圣弃智，返璞归真"。庄子的这种思想，一方面表现了他的片面性，他只看到文明社会带来的弊端，而没有看到它的进步和成就；他只看到礼教给人们的自由带来的限制和束缚，而没有看到礼乐对人的精神和情感的积极影响；只看到制礼作乐给社会带来的负面影响，却没有看到它对社会的安定和谐所起的积极作用；另一方面，也应该看到，庄子所推崇的"自然无为""法天贵真"的思想，反映了他对自然生命的热爱，对自然之美的赞赏，以及对人间真情的向往。

庄子提倡"坐忘""乐而忘忧""逍遥游"的人生境界观。他把"坐忘""乐而忘忧"看成是一种人生之美，他认为人生的痛苦和烦恼都是由于利益和欲望得不到满足而导致的结果，每个人都必须忘掉所谓的权利和欲望，始终用乐观豁达的态度来面对人生，才是解决烦恼和痛苦的唯一途径。他还认为，人不应该追求物质享受，物质也不可能给人带来真正的享受，因为人生的愉快和幸福绝非来自荣华富贵或高官厚禄的物质享受或权利占有。他说："夫富贵者苦身疾作，多积财而不得尽用，其为形也亦外矣。夫贵人者，夜以继日，思虑善否，其为形也亦外矣。"(《庄子·至乐》)由于欲望得不到满足，导致一些人痛苦不堪，久而久之造成对身体的伤害而形成疾病。已经是富贵的人也同样如此，他们都会表现出骨瘦如柴，形同枯槁。在他的人生价值观里，他鄙视荣华，敌视富贵。正因如此，当楚王聘他为相时，他却断然拒绝，甘愿过自耕自种、自食其力的清苦简朴生活。庄子鄙视世俗功利、淡泊名利和追求精神享受的清雅人生态度对中国文人产生了深刻而广泛的影响，具有积极的历史意义。

由于庄子追求自然、朴素，不受任何社会和政治的干预，自己也不去干预政治和任何人，过着逍遥自在、自得其乐的生活，因此他主张云游四方，感受自然之美，吸收山川秀美之灵气。在审美教育上庄子强调了美与真的统一，他认为人的品德不是如何去推动社会的进步，去如何实现社会的文明，而是应该保持自然的朴素之美。美德教育所要达到的目的就是朴素之美、真善之美。他认为，人是赤条条地来，死时又是赤条条地去，人在自然中就应该赤条条地生、赤条条地活，什么权利、金钱和名誉都是身外之物，这种观念、这种思想才是美育所要达到的目的。他说："百年之木，破为牺尊，青黄而纹，其断在沟中，比牺尊于沟中之断，则丑美有间矣，其失性一也。"(《天曲》)这段话的意思是百年之树，无论是把它破开制成酒器还是抛弃沟中，或是将正在成长的树砍倒进行雕刻，二者虽然丑美不同，但都是对树木的一种破坏，对自然本真之美的破坏。并且认为，这种对原始朴素之美的破坏是在犯罪。他说："夫残朴以为器，工匠之罪也。"(《马蹄》)

庄子以"返璞归真""淡泊名利"以及"乐而忘忧"作为审美人生观，提倡真与美的统一，为后世一些文人学者所推崇。如历代诗人李白的"清水出芙蓉，天然去雕饰"，清代画家郑板桥的"难得糊涂"以及后人提出的"淡泊明志""宁静致远""知足常乐"等都是受到老庄思想的影响。道家哲学崇尚自然美，注重自然美对人的性情的陶冶和净化（审美感化），并作为一种有别于儒家审美教育的另一种审美教育思想流传于后世。

道家学说以其一定的合理因素和精神实质对后世产生了重要的影响，但它给社会带来的消极因素也是明显的。它回避现实，反对文明进步，追求脱离现实社会的所谓自由是根本行不通的。因此，道家的教育哲学不可能取代儒家教育思想在现实社会中所具有的地位。特别是当前的素质教育，儒家的传统美育思想对个人的成才和发展仍然具有不可替代的作用。

第三节 我国近现代美育思想

鸦片战争之后,由于清王朝的腐朽和衰败,帝国主义列强对中国的入侵和瓜分,迫使中国政府签订下一系列丧权辱国的条约,中国处在内忧外患的危急之中。在这种危急时刻,一些爱国人士和文人学者终于看清了中国腐朽没落的症结——教育落后以及儒腐之学严重阻碍着国家的强盛和发展,振兴中国教育是富国强家的唯一出路。随着西学东渐,一些革新人物提出的"教育救国"思想受到广泛的重视。最著名的如梁启超、王国维、蔡元培、鲁迅等都是这一思想的代表人物。

中国是一个有着悠久历史的文明古国,中国传统文化在世界文化史中属于最先进的文化;中国地大物博,人口众多,历史上曾经出现过西汉武帝的强兵富国、唐朝的"贞观盛世"等全盛时期,涌现出许许多多的爱国主义英雄人物。而在清朝末年,由于朝廷腐败,软弱无能,泱泱大国竟然被一些弹丸之国任意凌辱,尤其是八国联军进攻中国,在中国的国土上大肆掠夺和破坏,一些爱国文人无不悲愤之极。在这种情况下,他们从教育救国论出发,大力提倡美育。在他们看来,消除愚昧,振兴民族精神,培养高尚的爱国主义人格必须依靠教育。救国先救人,救人先启蒙,通过教育来提高国民素质才是强国之本。

一、梁启超提倡美德教育就是情感教育的思想

梁启超(1873—1929)是中国近代史上一位有着广泛影响的先驱人物,也是一位启蒙教育思想家。梁启超十分重视审美教育,他把美育看成是拯救民族精神、促进社会进步的重要途径。他认为中国的腐败落后,国民的愚昧麻木,主要是国民的精神空虚、情感贫乏、道德低下,要改变这一现状,就应该从振奋国民精神入手,高扬民族文化,强化审美教育,是兴邦治国之大计。

他说:"求文明者从形质入,如行死巷,处处窒息,而更无它路可以别迥,其势必不能达目的,而尽弃前功而后已。求文明而从精神入,如导大川,一清其源,则千里直泻,沛然莫之能入也。"梁启超的所谓从精神入,实际上就是高扬民族文化精神,实行审美教育。他认为文学作品(小说)对人的精神影响至关重要,并把小说作品看成既是育德之圣旨,又是败德之祸根。他说:"吾中国人状元宰相之思想何自来乎?小说也。吾中国人佳人才

子之思想何自来乎？小说也。吾中国人江湖盗贼之思想何自来乎？小说也。吾中国人妖巫狐鬼之思想何自来乎？小说也。"由此可以看出，梁启超把优秀的小说作品作为美育的主要形式，这就是常说的文学作品即"精神食粮"之说。他说："欲兴一国之民，不可不行新一国之小说。故欲新道德，必新小说；欲新宗教，必新小说；欲新政治，必新小说；欲新风俗，必新小说；欲新学艺，必新小说；乃至欲新人心，欲新人格，必新小说。"梁启超把新小说作为美育的重要形式，并认为小说所要表现的是人的情感，而美育必须通过情感流露才能得以体现，因此美育实际上就是情感教育。他说："天下最神圣的东西莫过于情感。用理解来引导人，顶多能叫人知道哪件事应该做，哪件事怎样做法，却是被引导的人到底去做不去做，没有什么关系，有时所知的越发多，所做的倒越少。用情感来激发人，好像磁力吸铁一般，有多大分量的磁，便引多大份量的铁，丝毫容不得躲闪。所以情感这东西，可以说是一种催眠术，是人类一切动作的原动力。"但是，人的情感本身并不都是善的和美的，有善恶之分，有美丑之别，美和善的情感可以将人引向高尚的境界，而丑恶的情感可以使人庸俗和堕落。他进一步指出："情感教育的目的，不外将情感善的美的方面尽量发挥，把那丑的恶的方面渐渐压服淘汰下去。这种工作做得一分，便是人类一分的进步。"梁启超以美育就是情感教育的思想对后来的美育的形成和发展产生了重要的影响。

二、王国维追求"完全之人物"的美育思想

王国维（1877—1927）是中国近代美育的奠基者和开拓者，也是第一个提出知、德、美、体四育作为教育思想核心的人。王国维作为一位学贯中西的教育思想家，他十分关心国家的前途和命运，当他看到清朝政府的腐败，众多国民吸食鸦片，认为这是政治不修明、教育不作为而造成的社会贫穷落后、国民素质低下、精神空虚的主要原因，是国家衰亡的必然征兆。如何复兴民族精神，让全体国民振作起来，就必须依靠美育，以此培养国民的道德情感，净化国民的嗜好，从而达到拯救国民精神的目的。他说："故禁鸦片之根本之道，除修明政治、大兴教育以养成国民之知识及道德外，尤不可不于国民之感情加之意焉。其道安在？则宗教与美术二者是。前者造于下流社会，后者造于上等社会；前者之所以鼓国民之一希望，后者所以供国民之慰藉。兹二者尤我国今日所最缺乏，亦其所最需要者也。"王国维认为下层社会的国民可以通过信仰宗教来强化国民的审美意识，以达到去毒之目的；通过美术陶冶上层社会人的情操，以达到抑毒之目的。他这里所指的"美术"

并不是通常所指的美术作品,而是以美育陶冶情操、净化情感的一种手段。这就是王国维所强调的以"美育救国"的重要思想。

王国维是我国教育史上第一个明确提出美育概念并把美育列为教育方针的组成部分的思想家。他说:"美育者,一面使人之感情发达,以臻完美之域,一面又为德育和知育之手段。此又为教育者所不可不留也。"王国维认为,教育是培养完全之人物的重要手段。所谓完全人物就是知、德、美、体都能够得到发展的人。他说:"完全之人物,精神与身体必不可不为调和之发达。而精神之中又分这三部:知力、感情及意志也。对此三者而有真、美、善之理想。真者,知力之理想;美者,感情之理想;善者,意志之理想也。完全之人物,不可不备真、善、美三德。欲达此理想,于是教育之事起。教育之事亦分为三部:智育、德育(意志)、美育(情育)是也。"在王国维的教育思想中,德育上的知、情、意、行与哲学上的真、善、美是完全融为一体的。他的"完全之人物"与教育对人的全面发展是相一致的。因此,他的美育思想对中国当代教育方针的形成产生了重要的影响。

三、蔡元培提出"以美育代宗教"的思想

蔡元培(1868—1940)曾经是清朝进士,做过翰林院编修,受过正统的儒家思想教育。后留学德国,接受西方哲学思想,尤其是康德的美学思想对他影响较深,因此他也是一位兼容中国传统美德与西方哲学于一身的教育思想家。蔡元培是中国教育史上第一个提出实施"五育"的人。所谓五育即国民教育、实利主义教育、公民道德教育、世界观教育和美感教育,"皆今日之教育所不可偏废"的五种教育。蔡元培也是一位教育救国论的极力主张者,他所提出的"以美育代宗教"的思想是当时的社会所形成的。清政府灭亡后,中国依然处在半封建半殖民地社会,外国人对中国的渗透主要是利用宗教手段对中国人实施精神上的瓦解,并利用宗教的外衣向中国贩卖毒品,导致政府腐败、国民道德素质低下、精神麻木、迷信愚昧等等,这些都与宗教的传入不无关系。因此,他提出以美育取代宗教说,希望通过美育这一形式来提高人的美德修养。他说:"美育者,应用美学之理论于教育,以陶冶情感为目的者也。"所谓陶养情感有两种意思:一是道德情感,一是审美情感。他说:"纯粹之美育,所以陶养吾人之感情,使有高尚纯洁之习惯,而使人我之见,利己损人之念,以渐消沮者也。"从这段话中可以看出,他所说的美育实际上包含着德化教育。由于蔡元培有着传统的美德教育思想,他始终把德育看成是教育的重中之重,而其他四育都是为德育服务的。蔡元培

提出的"五育"思想对当代教育方针的产生和形成产生了极其重要的影响，但是他过分强调美育的社会作用，并提出以美育救国的思想也是不切实际的。他的这一思想是在席勒的"以美育治理社会"的基础上形成的。事实上，单纯的美育是不可能救国的，就如有人提出艺术救国一样，这只是一种不切实际的空想。美育只有和德育结合起来实施教育，才能起到应有之作用。

四、新文化运动的旗手鲁迅的美育思想

鲁迅（1881—1936）先生终身致力于以文艺唤起民众觉醒，以文艺推进社会的改造和进步。他认为改造中国的关键是改造国民性，改造民族精神。他所指的国民性和民族精神实际上就是国民的道德素质、独立人格和民族自信心，并希望通过以文艺形式的美育和道德教育来改善国民的奴性和树立民族自尊心，强化国民的独立人格。鲁迅曾在蔡元培任国民党教育部教育总长期间出任教育部社会教育司科长，他十分推崇蔡元培提出的以美育代宗教的思想，并积极地贯彻执行后来由于国民党政府内阁中的党派之争，蔡元培愤然辞去了教育总长职务，他所提倡的资产阶级改良主义教育夭折了，美育也在"临时教育会议"上被取消了。鲁迅强调的以美育改造国民性和民族精神有强烈的爱国主义思想。他早年在日本求学时看到这样一段电影：一个为俄国人充当间谍的中国人被日本人绑在一棵树上准备砍头示众，围观的许多中国同胞看到了这一切却"显示出麻木的神情"。鲁迅对此大为震惊，遂决定弃医从文，决心以文艺为手段，去改变久已麻木的国民精神。他在《呐喊·自序》中写道："从那一回以后，我便觉得医学并非一件紧要事，凡是愚弱的国民，即使体格如何健全，如何茁壮，也只能做毫无意义的示众的材料和看客，病死多少是不必以为不幸的。所以我们的第一要著，是要改变他们的精神，而善于改变精神的是，我那时以为当然要推文艺，于是想提倡文艺运动了。"在他看来，落后的文化及封建礼教是不可能改变国民性和振兴民族精神的。因此，全新的美育才是振兴中华民族精神的重要途径。

鲁迅试图以文艺唤醒国民，改革社会，在一定程度上夸大了文艺的社会功能，夸大了艺术教育的作用。但是，他把文艺与焕发民族精神和中国社会的改革联系起来，把艺术教育与改造人性、启示人生联系起来，对当代教育所强调的人格发展，以及素质教育中的美德教育具有重要的启示作用。

从以上可以看出，在中国近代史上，一些思想家、启蒙者和美学家的美育思想，比起古代传统美育思想有着很大的进步，它具有更大的科学性、先

进性和现代性。以上只列举了四位教育家的美育思想,他们代表着中国近代史上主要的美育思想,对后世的影响也最大。但是他们的美育理论基本是沿着"救国先救人,救人先救心,救心须去欲,去欲靠美育"的思路来立论的。他们把美育与改造人性和改造社会联系起来是有一定的积极意义的。然而,他们往往赋予美育更多的美德教育内容,让美育承担过重的社会责任,过分夸大美育的社会功能,这种美育观也是不科学的,不切实际的。

第四章　诗意地栖居：人生美

充满劳绩，但人诗意地，栖居在这片大地上。——荷尔德林

第一节　追问人生美

人类对美的追求，可以追溯到几千年前，因为对美的探寻，就是对人类自身之谜的寻找。对美的发声，从未停止。柏拉图认为，美在精神，是对永恒真理的凝视，对神性之美的仰望。中世纪的奥古斯丁和阿奎那认为，美来自上帝，因为世间一切都是上帝创造的。意大利的克罗齐主张美在主观。古希腊毕达哥拉斯认为美在于事物的均衡对称，黄金分割等形式，所以，美在客观。

原始社会时期，人类早已开始追求美。原始歌舞，神话传说，原始图腾，就是先民对美的表达。北京人的石器，有不同的形状，如尖状、球状、橄榄状；骨制品的项链、珠子。伏羲和女娲蛇身人面的形象美。特别是西安半坡出土的仰韶文化的陶盆，人面鱼纹的美是如此的和谐。美，不仅是形式，更是意义，是人类自然感情的表达，对自我的表达，对人生美的表达。

一、人之美

美学家们把美的要素分为两种：一种是内在的，即内容；另一种是外在的，即内容所借以显现出意蕴和特性的东西。人的美的要素也可以分为内在美和外在美两种。人的内在美是属于人的本质、人的精神的深层的美，外在美是借以显现人的本质、精神的外现的美。

（一）人的外在美

人的外在美是一种显性的特质。外在美的评价标准是靠人的视觉与时代的审美观决定的，包括人的人体美、姿态美、风度美等等。

1. 人体美

人体美是人的相貌、身材、肤色的美，主要由遗传自然形成，以自然性

因素为其基础，基本上属于自然美。但它并不是如太阳、月亮那样的纯粹的自然美，而是社会化了的自然美，带有社会的烙印。例如，不同时代、不同民族、不同地区、不同阶级的人对人体美有不同观念，有的以文身断发为美，有的以束腰缠足为美，有的以唇红齿白为美，有的以皮肤黝黑为美……不一而足。这些不同的审美观念必然在人体上留下不同的痕迹。

那么，什么是我们现代人认为的人体美呢？人体美是人类在长期的社会实践中进化而成的，它表现为体魄健康，五官端正，身体横向对称，纵向合乎比例，肌肤光滑而有弹性等。近年来，不少学者在研究黄金分割率与人体美关系时，发现身体健美的人的容貌和形体结构中有许多与黄金分割率关系密切的点、三角形、矩形及指数等。如肚脐是人体上下部分的黄金分割点，脐以上与脐以下的比值是0.618，喉结是头顶至脐部的黄金分割点，其上、下部分之间的比值也近似是0.618。膝关节是足底至脐之间的黄金分割点等等，人体如果比例失调或者左右不对称，就会让人感觉很别扭，毫无美感可言。希腊著名医生噶伦说："身体美确实在于各部分之间的比例对称。"我国古人认为理想的人体美应是"增之一分则太长，减之一分则太短"，适中即为美。但人体美的标准并不是只有一个尺度。男女体型各有不同的要求，世界上不同的人种、民族，因生活条件和遗传因素的不同，各有自己的人体美的标准。一般来说，人的身体各个部分，器官的大小、形状、位置、颜色等，都以本民族、本地区同性的平均值为最美。如果有人硬要搬用外民族美男美女的标准来为自己某个部位"美容"，结果只会适得其反。至于今天再看中国封建社会中的"缠足"，以追求所谓的三寸金莲，现在看来是毫无美感可言的畸形；欧洲14、15世纪的束腰风俗，致使上流社会的女子个个虚弱不堪、苍白无力，因肋骨过度受压损害内脏，以加害身体为达到某种体型的代价，更是与追求健康的人体美背道而驰。

黑格尔指出："人的躯体不是一种单纯的自然存在，而是在形状和构造上既表示它是精神的感性的自然存在，又表现出一种更高的内在生活，因此就不同于动物的躯体，尽管它和动物的躯体大体上很一致。"对于人体而言，最能反映精神的"内在生活"的是人的眼睛，故有"眼睛是心灵的窗户"之说。具有蓬勃生气的眼睛美是人体美的极重要的部分。我国古诗中写人体美便很重视写眼睛的美，如《诗经》中就有"巧笑倩兮，美目盼兮"流传千古的句子。我们在美化人的躯体的时候，不能仅仅注意骨骼、肌肉、"三围"（胸围、腰围、臀围）之类，而更要重视使人的躯体反映出健康的精神面貌。这是人的躯体美与动物的躯体美根本不同之所在。所以黑格尔认为人体美是自然美的顶峰，罗丹则认为"没有比人体的美更能激起富有感官的柔情了"。

2. 姿态美

姿态美是姿势、动作的美，是人体的具有造型性因素的静态美和动态美。由于它比人的相貌更能表现出人的精神气质，所以培根说："相貌的美高于色泽的美，而秀雅合适的动作的美又高于相貌的美，这是美的精华。"车尔尼雪夫斯基说："动作敏捷、从容，这在人的身上是令人陶醉的，因为这只有在生得好而且端正的条件下才有可能；生得不好的人既不可能有良好的步伐，也不可能有优美的动作。因此，动作的敏捷与优美是人体端正和匀称的发展的标志，他们无论在什么地方都是令人喜爱的。"姿态动作还应自然大方，扭捏作态就不可能美。

军人除了日常的言行举止姿态外，更要"站如松、坐如钟、行如风、卧如弓"的挺拔硬朗的姿态，体现军人的阳刚之气。

3. 服饰美

服饰美是服装和修饰的美。俗话说："三分长相，七分打扮"。服饰美，归根结底是为了显露和增添人体之美，因此也是人的外在美的组成部分。但并不是任何服饰都可以对人体扬美遮丑的，更不是服饰越时髦、越贵重、越豪华、越能增添美。恰恰相反，不得体的服饰往往弄巧成拙。"一切时髦的东西总会变成不时髦的。如果你一辈子追求时髦，一直追求到老，你就会变成一个受任何人轻视的花花公子。"服饰是一种文化的表征，能够反映出时代风貌和个性特征。服饰是否美，不在于是否华贵、时髦，而在于是否和人的身份、体型、气质、性格以及与所处的环境是否合适、协调。

军装的颜色、比例等和谐一致，美观大方，既体现军人的威武刚毅，又展现军人的飒爽英姿，军装的完美搭配让军人有一种伟岸挺拔的感觉。

4. 语言美

语言美也是人的外在美。语言是思想的直接显现，是心灵的外化表现。我国古语："言为心声""慧于心而秀于外"。古罗马美学家郎吉弩斯认为："就真正意义来说，美的文辞就是思想的光辉。"我国20世纪80年代开展的"五讲四美"活动提出：语言美，就是要使用和推广礼貌语言，做到"和气、文雅、谦逊"，不讲粗话、脏话，不强词夺理，不恶语伤人。俗语说得好："良言一句三冬暖，恶语伤人六月寒"因此我们在讲究人的躯体美、姿态美、服饰美的同时，更要讲究人的语言美，它更能体现人的美的形象。一个长得俊俏、衣着入时的人，如果出言不逊，马上会使他失去美感。

由于军事活动的特殊性,所以军人的语言美的特征是简练、干净、利索、刚毅,不能拖泥带水、模糊不清、吴侬软语,要体现出军人果敢的性格气质。

5. 风度美

风度美是外在美的升华,是人在长期生活中形成的风采、气度,主要是神态表情、举止行动、待人接物中显露出来的美。它偏重于修养,比较内向,但又不同于品格、情操,仍然属于外放的、感性的外在美。一个人的风度,是在一定的文化氛围中逐渐形成的,也与个人的长期生活习惯等息息相关。

风度美具有时代性、地域性等差异,故而表现出丰富多彩的多样性特征。不仅不同时代、不同地域,因为风俗习惯、文化环境等不同,对于风度美的界定存在差异,即使同一时代、地域的人们,因为所受教育以及所从事的职业不同等原因,其风度也千差万别。有智慧若定的大将风度,有睿智渊博的学者风度,有谈笑风生的外交家风度,有活泼多情的演员风度,有善解人意的大姐风度,有雷厉风行落地有声的军人气度等等。萎靡拘谨、粗野放肆,都是不可取的。温文尔雅、落落大方、稳健豪爽、雷厉风行、机智幽默、处变不惊等风度,则会给人以不同的美感。

风度美与人的姿势体态密切相关,父母老师从小也教导我们要"坐有坐相,站有站相"。为了锻炼优雅的姿态,还学习舞蹈、健美操等等。当然还体现在人的谈吐举止上。语言无趣,举止粗俗都算不上风度美。

风度美虽然是一个人外显的特质,但也是一个人行为习惯长期积淀的结果,更是一个人内在美的自然流露。一个人良好的文化修养、渊博的学识、精深独到的思辨能力等内在因素,通过富有魅力的言谈举止、服饰态度和作风等自然而然地转化为外在的形式,展现出来的就是个人的风度美。

(二) 人的内在美

人作为"宇宙的精华,万物的灵长",既会创造外物之美,成为审美主体;也会以审美的眼光塑造和反观自身,成为审美客体。莎士比亚在其名著《哈姆雷特》中,就对人之美进行了热情的礼赞:"人类是一件多么了不得的杰作!在作为上多么像个天使!在智慧上多么像个天神!"海涅说:"在一切创造物中间没有比人的心灵更美、更好的东西了。"心灵美即指内在美,是指人的内心世界的美,包括人生观和人生理想、品德和情操、学识和修养体现人格魅力的内在素质,它反映着一个人的本质。

1. 人生观和人生理想

正确的人生观和人生理想是人的内在美的核心。

各个时代、各个阶级有着各种各样的人生观和人生理想。它们究竟美不美,有个客观的社会标准,这就是看是否有利于人的创造能力的发挥和人的全面发展,是否有利于人类物质文明和精神文明的进步,是否符合大多数人民的利益和要求。大凡以天下为己任的人物都有闪烁着美的光辉的远大抱负。马克思在中学毕业时写的作文《青年选择职业的考虑》中曾指出,"人类本性是这样确定的:人只有为自己同时代人的完善、为他们的幸福而工作,他才能做到自身的完善。"大科学家爱因斯坦认为:"生命的意义在于设身处地替人着想,忧他人之忧,乐他人之乐。"在我国,战国时期孟子就提出"乐以天下,忧以天下";北宋时范仲淹又进一步提出"先天下之忧而忧,后天下之乐而乐";到 20 世纪 40 年代,刘少奇还把它作为共产党员自身修养的重要内容加以强调。可见古今中外都是赞美先人后己、为天下谋幸福的人生理想,因为它超越了"趋利避害"的生物本性而表现了人的自由、自觉的创造本质。虽然这种人生理想在各个时代、各个阶级有着各自的具体内容,但都起着推动人类社会进步的作用,因而都是美的。爱因斯坦说:"我从不把安逸和快乐看作是生活的目的本身——这种伦理基础,我叫他猪栏的理想。"贪安逸、图快乐,或许是人与动物共有的一种本能性的倾向。但社会之所以能发展、人之所以能区别于动物,就因为他有意识、有追求、有目标、有理想。因此构成人的内在美的第一要素,就是有人生的理想、目标与追求。大凡为世界、为人类、为祖国、为人民做出来贡献的人,都是立志高远、毕生追求理想的人们。比如我国杰出的无产阶级政治家周恩来、刘少奇、朱德、陈云、彭德怀等等,都是人民敬爱的国家领导人,他们为了国家的富强、民族的兴旺,奋斗不息,即使在错误路线下,遭到黑暗势力的打击、迫害、诬陷、凌辱,他们都用不同的方式表现出一个真正革命者的凛然正气。因为他们手中有真理,心中有人民,相信实践是最高的法庭,人民会做出公正的裁决。

作为肩负着祖国安危重任的军校大学生,更应该树立远大的理想和高远的追求,听从"听党指挥、能打胜仗、作风优良"的强军目标的召唤,树立军人核心价值观。

2. 品德和情操

高尚的品德和情操,也是人的内在美的重要内容。

品德是人的自觉的道德意识、道德行为，情操是由思想、感情、意志等构成的、相对稳定的心理状态。它们都受人生观的指导和制约，都通过人们的言行表现出来从而显示出心灵的状况。品德优秀、情操高尚，必定具有美的心灵。我国古代诗人屈原忧国忧民、正直高洁的德行，不与世俗同流合污的品格，为理想"虽九死其犹未悔"的节操，一直是后世学习的楷模。当前我们尤其要大力倡导文明礼貌、助人为乐、爱护公物、保护环境、遵纪守法的社会公德，爱岗敬业、诚实守信、办事公道、服务群众、奉献社会的职业道德，尊老爱幼、男女平等、夫妻和睦、勤俭持家、邻里团结的家庭美德。这对于塑造人的内在美具有十分积极的意义。

军人不仅具有一般人的品德和情操，还应具备军人特殊身份的品质，比如，服从，军人以服从命令为天职；忠勇，忠诚使命，牢记宗旨，勇敢行动，有所作为，前赴后继，是古今中外军人最优秀的，也是始终如一的品格；奉献与牺牲，军人因战争的存在而有价值，所以毛泽东同志说："随时准备拿出自己的生命去殉我们的事业。"这样的品质就是我们所传承并要发扬光大的军人内在美。

3. 学识和修养

丰富的学识和修养，也是人的内在美所不可缺少的。

特别是在科学技术迅猛发展的今天，博学多闻、聪慧能干、富有修养的人，为人们尊敬、仰慕。那些不畏崎岖、险途，勇攀科学高峰，用自己的知识为人类的文明建设做出贡献的专家、学者，其内心世界是很美的。而那些愚昧无知、孤陋寡闻、鼠目寸光、缺乏修养的人，精神面貌往往是低下的、丑陋的。日本有家书店的店堂里，挂着一幅标语："三日不读书，其言也无味，"这句话很有深意。每一个现代人，不仅要培养正确的人生观、高尚的品德，还要有开拓性的性格和创造性的思维能力，不断地丰富自己的学识、修养，这样内在美才会更加充实。培根说："读史使人明智，读诗使人灵秀，数学使人周密，哲学使人深刻，伦理学使人庄重，逻辑修辞使人善辩。凡有所学，皆成性格。"我们要不断地丰富自己的学识，提升修养。

知识无论如何都是一种不可或缺的力量。这种力量也是增添我们人生内在美的重要因素。

（三）人的内在美和外在美的关系

外在美和内在美是人的美的两个方面，但二者不是等量齐观的，不能并驾齐驱，起决定作用的还是人的内在美。

(1) 因为人的内在美体现人的本质力量,人的自由、自觉的创造能力、智慧、情感等,在内在精神美里得到最充分、最直接的体现。我们初见一个人,通常是先从他的外在形态来评价他的美丑,但进而了解了他的为人后就会从他的思想品质上来衡量他的美丑。外在美是现象,是形式,不能起主要决定作用;内在美是本质,是内容,从根本上决定了一个人是美还是丑。所以德谟克利特说:"身体的美,若不与聪明才智相结合,是某种动物性的东西。"丹纳说:"缺少精神,肉体就残缺不全,像流产的植物一样无法开花结果;一个无论如何完美的身体,必须有完美的灵魂才算完备。"

正因为如此,俊俏的躯壳不能给心术不正的人增添光彩,但内在精神美却可以弥补外在形体美的不足。德国美学家莱辛说:"美丽的灵魂,可以赋予一个并不优美的身躯以美感。"我国战国时期的荀子也说:"形象虽恶而心术善,无害为君子也;形相虽善而心术恶,害为小人也。"这里的"善""恶",就是指"美""丑"。荀子还以尧、舜、禹、汤、周公、孔子等人为例,说他们有的身材不匀称,有的容貌不漂亮,有的还是跛子,但并不妨碍他们成为具有美好品德的"圣贤";而夏桀、殷纣一类人,虽然"长巨姣美,天下之杰也,""然而身死国亡,为天下大修(耻辱)"。

(2) 内在美作为人的美的主要决定方面还表现在它对外在美产生深刻的影响。"诚于中而形于外",人的思想、情操、旨趣等内在的东西,必然要在姿态、服饰、仪表、风度、言行举止等外在形态上反映出来。黑格尔说,人总是要在"外在事物上面刻下他自己内心生活的烙印,""不仅对外在事物人是这样办的,就是对他自己,他自己的自然形态,他也不是听其自然,而要刻意地加以改变。一切装饰打扮的动机就在此.尽管它可以是很野蛮的、丑陋的,简直毁坏形体的,甚至很有害的。"心灵美好的人,一定不会放弃在一切方面对美的不懈追求,自然也包括自身的形体、姿态、服饰、语言、仪表、风度等方面。宋庆龄追随孙中山和中国共产党,为中国人民的解放和幸福献出了毕生的精力。她极为崇高的思想境界,在她的外表上也充分展现出来,让人强烈地感受到一种冰清玉洁、神圣典雅的美。《宋庆龄评传》在书的第一章里写道:"没有一个人第一次见到宋庆龄不震惊的,因为她实在太美了。美到什么程度,美到令你一时说不出话。"

(3) 内在美之所以是人的美的主要决定方面,还由于它虽然不像外在美那样一目了然,易于发现,却比外在美丰富、深刻,可以长存不灭,历久弥新。中国人说:"红颜易老。"西方人把青春美貌比做"盛夏的水果",说它"容易腐烂而难保持"。但历史上许许多多伟人,虽然早已与世长辞,他们的崇高精神却至今还在鼓舞人们为美好的理想而斗争。普希金自傲地宣称："我的灵魂在百音交响的竖琴中,将比我的遗骸活得更长久,且逃避了腐朽灭亡。"内在美作为一种美的精神,往往具有永恒的价值。一个人的思想行为愈有利于社会、他人,个人存在的社会价值就愈大、愈永恒,他也就愈高尚、愈美。

外在美是内在美的形式载体,内在美是外在美的依据渊源,我们既要具有美的内在精神,又要重视美的外在表现。

契诃夫在他的剧作《万尼亚舅舅》中说："人的一切都应当是美丽的:容貌、衣裳、心灵、思想。"既具有美的内在精神,又重视美的外在表现,努力达到内在美和外在美的高度统一,这才是我们所要追求的人的美。这种人的美,是自然美和社会美统一的最高表现形态,是现实美的最高表现形态。

二、人生的劳动创造美

劳动,是人区别于动物的标志,马克思在《资本论》中写道,劳动是"人和自然之间的过程,是人以自身的活动来引起、调整和控制人和自然之间物质变换的过程"。创造,是人在认识和改造世界的活动中发现或发明新价值的劳动。劳动和创造是互相联系着的,创造是在劳动中实现的。劳动创造构成人生美的重要内容,是由劳动创造在人生中的特殊地位及劳动创造本身的特性决定的。

劳动创造体现了真与善的统一。人类的劳动创造不同于动物的本能,它是自觉自由的、是有目的的活动。劳动创造首先就是在认识、掌握和利用客观规律的基础上进行的。劳动创造的过程,也就是求真的过程。劳动创造的结果,包括劳动产品、科学成果、艺术作品等,为社会提供了人类赖以生存和发展的物质财富和精神财富,劳动创造的结果是合目的的,是善的体现。人类的劳动创造,既合乎真,又合乎善,是真和善的统一,因而是美的。

劳动创造推动了人类文明的进步,使人的本质力量得到生动体现。一部人类文明进步的历史,就是劳动创造的历史。是劳动创造,使人猿相揖别,制造了第一批劳动工具,学会火的使用,使人类渐渐告别了蒙昧时代;通过劳动创造,人类的衣食住行不断发生变化,人类社会渐趋文明,通过劳动创造,人类揭开了越来越多的从微观世界到宏观世界的秘密,人类掌握了越来越多的自由。人类的本质力量——利用自然、改造自然的能动性,在劳动创造中得到充分体现。美是与表现人的本质力量联系在一起的,这也可以说明劳动创造是构成人生美的重要内容。

在美的世界中,美的东西无一不与劳动创造发生关系。自然美的发现与欣赏是与人类的生产劳动实践紧紧地联系在一起的。科学美和艺术美,既是劳动创造的结果,又体现在劳动创造的过程中。社会美是在人类社会关系中体现出来的,而人类在生产劳动中结成的关系是最基本的社会关系。因此,在美的世界中,无论是社会美、科学美、艺术美,还是自然美,都与劳动创造有密切的关系。离开了劳动创造,人生美就不可能存在。

人生美,每时每刻都与劳动相联系。我们学习、娱乐、工作,都是劳动的过程。正因为是劳动,我们看到世界上令人震撼的各种奇迹,我们欣赏人类的智慧和力量,我们用语言赞美人类,只有在劳动中,人生美的价值才会绝对的体现。

三、人生的社会生活美

人生的社会生活美,指的是在人生历程中,人在社会活动、生活实践和社会交往中表现出来的令人喜悦、使人感奋、召人效法的审美价值。它大致包括生活环境美、社会关系美和社会活动美。社会生活美构成人生美的内容,是因为社会生活的主体是人,社会生活的美都来自人的需要、感受和创造。

生活环境有大环境和小环境之分。大环境主要指居住社区(城市、乡镇),即人生活于其中的社会;小环境主要指工作单位、个人住所以及其他个体直接接触的生活空间。环境美包含两层意思:一个从清洁、卫生、美观、整齐方面使人感受到的美,是环境的外在美;另一方面是融洽和谐的环境氛围、良好的社会风尚,是广义上的社会生活环境美,或叫环境的内在美。

社会关系美,是指人们在各种社会关系(爱情、家庭、职业关系等)中所显示出来的道德美、理智美、人情美、纯洁美、和谐美、公正美等。例如,爱情是一种男女之间心心相印的真挚感情。在爱情关系中,男女双方忠贞不渝,情深意笃,"在天愿作比翼鸟,在地愿为连理枝",此情此意,都显示了含蓄的真诚的纯洁美的境界,同时也显示了道德美、和谐美。

社会活动美,如交际美、风度美,实际上是人的内在美和外在生活中的动态显现,例如在社会交往中的语言美、道德美,就是人的文化修养、品德修养在交往活动中的表现。

第二节　追求人生美

一、美在过程

如前所述，生命是一个过程，作为个体的人，我们的开端与结局并无不同，都是赤条条地来、赤条条地去，所不同的在于每个人所历经的过程。世界上几乎没有两个人所经历的人生过程是完全一样的。我们追求的人生之美，也就在我们的生命过程及其体验之中。

传说苏格拉底和拉克苏相约分头到一座遥远的名山去游览。多年以后，他们在中途相遇了，并且发现，那座山实在是遥不可及，即使走一辈子，也没有希望到达。拉克苏失望地说："我竭尽全力向那座山奔跑，结果什么都没有看到，真是太叫人失望了！"而苏格拉底却说："路上不是有很多美妙的风景吗？为什么不顺便欣赏一番？"拉克苏却回答说："我心中只想着目标，哪有心思去欣赏路上的风景呢？""遗憾极了，"苏格拉底说："当我们追求一个目标时，切莫忘记在追求目标的旅途中，也是处处有美景的！"

目标的到达或者完成，往往只在瞬间。如若我们只关注目标而忽略了过程，无异于缩短了我们的人生。考大学、考研究生无疑是很多人年轻时的目标，而在实现目标的过程中，我们所学到的知识、感受到的辛劳、克服困难的毅力、与同学老师交流沟通时获得的体悟等等，这些必经的过程所带给我们的收获，往往跟目标相比也毫不逊色。让我们记住苏格拉底的话吧："当我们追求一个目标时，切莫忘记在追求目标的旅途中，也是处处有美景的！"

我们身为旅人生的美好不在终点，而在途中。追求理想，追求美好事物的过程本身就是一种美丽的人生境界。

二、对真的追求

真就是事物的规律性，真是美的基础。马克思在《1844年经济学—哲学手稿》中提出了"美的规律"这样一个命题。他说："动物只是按照它所属的那个物种尺度和需要来进行塑造，而人则懂得按照任何物种的尺度来进行生产，并且随时随地都能用内在固有的尺度来衡量对象，所以人也按照美的规律来塑造。"

美的欣赏和美的创造都是有规律性的。我们都熟知的红、黄、蓝这三种颜色，按照一定的比例进行调配，就会配制出我们所需要的任何颜色，即只要掌握了其中的规律,我们就会创造出一个五彩缤纷、绚烂多姿的世界。

既然美是有规律性的,那么,对真的追求就是创造美好人生的要务。我们的一生,应该锲而不舍地追求真理,探索自然、社会和人生的奥秘。

同时,我们还应该加强个人修养,培育自己的至真品性,做一个率真坦荡、光明磊落的真诚的人,与虚伪奸诈、招摇撞骗等思想和行为做斗争,坚决捍卫"美丽之真"。

三、对善的缔造

善就是事物的合目的性,善是美的前提。所谓的合目的性,即事物对人类来说,是有价值的、有用的。鲁迅先生有云:"在一切人类所以为美的东西,就是在于他有用——为了生存而和自然以及别的社会人生的斗争上有意义的东西。"这从词源学上,即可获证。为什么古人以为"羊大为美"呢?从《说文解字》对美的解释可知,因为羊作为六畜之一,其作用主要是给人类提供鲜美的"膳食",既然如此,当然是越大越好,越大越美了。人生之美不仅表现在对于真的探寻上,也体现在经过不懈的努力,实现自我价值上,并为社会的发展和人类文明的进步做出自己的贡献,即对社会有用这样的人生才是美的,一种超越了只为个人利益而打拼的"大美"。

奥斯特洛夫斯基在其《钢铁是怎样炼成的》中有段名言:"人最宝贵的是生命,生命每个人只有一次,人的一生应该这样度过,当回忆往事的时候,他不会因为虚度年华而悔恨,也不会因为碌碌无为而羞愧;在临死的时候,他能够说,'我的整个生命和全部精力,都已经献给了世界上最壮丽的事业——为人类的解放而斗争。'"这段影响了我们几代人的广为熟知的名言,向我们诠释了这种追真求善的人生是何其壮丽,这样的一生无疑是美不胜收的。

四、超越精神

作为军人,时常置身于忙忙碌碌的学习、工作、训练中,有时会觉得劳累不堪,单调乏味。上军校读书时是教室、寝室、训练场三点一线;工作后就更加单调,变成了宿舍和训练场两点一线。随着年龄的增长,我们还会成家立业,为人父母,却难以承担起家庭和事业的双重重任。诸如两地分居使得军人在侍奉父母、培养子女上总是有心无力,再加上工作的压力等日常琐事,常让我们不复有浪漫的情怀和青春的激情,倍感"心为行役"的苦恼。其情形正如古人的一首打油诗:"书画琴棋诗酒花,当年件件不离它。而今七事都更变,柴米油盐酱醋茶。"这就是芸芸众生常常遇到的浪漫的理想和残酷的现实之间的冲突。

尽管如此,人之所以为人,在精神上往往都是具有超越性的。军人的责任感、使命感和荣誉,又让我们拥有超越现实残酷的力量。伟人之伟大,就在于他们对残酷现实的超越。倘若人们只沉溺在"柴米油盐酱醋茶"中,常常会变得庸俗不堪。德国诗人荷尔德林在其诗歌《在柔媚的湛蓝中》写道:"充满劳绩,但人诗意地,栖居在这片大地上。"充满劳绩,无疑就是生活离不开劳作与辛苦。可见古今中外,人类的一员,只要有劳动的能力,都会以不同的方式忙碌着,不管他是王公贵族还是布衣百姓。但这种辛苦的劳作,对于富有超越精神的人们,并非走向庸俗生活的陷阱,他们依旧能够"诗意地,栖居在这片大地上",执着地追求着自己的精神家园。

渴望诗意地栖居,非文人墨客的专利,只要有审美的心态和超越的精神,普通人同样可以拥有一片充满诗情画意,何况作为身负崇高使命的军旅人生。

五、审美的心态

就个体的生活态度而言,可以分为物质的和审美的两类。物质的生活态度是纯粹功利性的,只从物质利益出发,是一种"柴米油盐酱醋茶"的为物质所异化的状态,其人生往往是一种负累。而审美的人生态度是一种自然而然的自由状态,生活充满情趣,不会为外物所累,不会"心为行役",是"书画琴棋诗酒花"。当然,审美的心态并不排斥功利,因为物质始终都是社会生活的基础。虽然物质和精神都是人生不可缺的,但是,追求精神超越,渴望诗意栖居的人们,其生活态度绝不可以是物质化的。他们对生活中物质的追求是审美的,显示着一种超越的精神和生机。如晋代诗人陶渊明,选择了弃官归隐,过着躬耕自给的贫苦生活,但其精神境界却是审美的,试看其《归园田居》其三:

种豆南山下,草盛豆苗稀。晨兴理荒秽,戴月荷锄归。
道狭草木长,夕露沾我衣。衣沾不足惜,但使愿无违。

读陶渊明的诗歌,我们所感受到的不正是荷尔德林的"充满劳绩,但人诗意地栖居"这种审美的状态吗?

陶渊明式的"身劳心闲",正是中国传统文人的一种生活境界和精神追求。即使他们的物质生活并不丰富,但他们对于美的感悟和追求,并不会因为他们的物质的困顿而降低。如大诗人杜甫一生蹉跎贫困、漂泊不定,诗中却不乏像"吴楚东南坼，乾坤日夜浮"这种大气磅礴，对自然之壮美，对广褒宇宙的赞歌；也不乏像"留连戏蝶时时舞，自在娇莺恰恰啼"这种对于眼前美景的生动描述，对生命的热爱和欣赏之情的吟唱。可以说其超越苦难的审美的人生态度时时刻刻与之相伴相随。再如苏轼，其一生仕途坎坷，数遭贬谪，甚至流放到当时荒蛮的岭南等地。然而当我们读到他所写出的"老夫聊发少年狂，左牵黄，右擎苍。锦帽貂裘，千骑卷平冈。为报倾城随太守，亲射虎，看孙郎。酒酣胸胆尚开张，鬓微霜，又何妨，持节云中，何日遣冯唐？会挽雕弓如满月，西北望，射天狼"这种豪气干云的伟词，以及像"日啖荔枝三百颗，不辞长作岭南人"这种化苦难为洒脱的诗句，心中的敬佩之情便会油然而生。这样的人生境界，这种一路诗情的审美人生态度，不正是现代人所追求的"诗意栖居"的精神超越和审美理想吗？

上述文化巨子为我们做出了很好的榜样，即使是物质生活的贫乏，工作事业的挫折等等，都不会阻碍具有超越精神的人类拥有一种审美的心态。而用这种审美的心态去观照生活的辛劳，则辛劳的生活也开满了芬芳的花朵，处处美不胜收，时时收获感动。是的，心态决定一切，只有具备了这种审美的心态，人类才能虽然"充满劳绩"，但依然"诗意地，栖居在这片大地上"。

六、发现的眼睛

有了这种超越的精神和审美的心态，我们重新审视周围的世界，一定会满怀欣喜地发现，原本以为平淡的生活和司空见惯的周围的风景和人们，却原来如此丰富多彩，让我们目不暇接。

清晨，校园的花花草草上沾满晶莹的露珠，虽然我们只是匆匆走过，但其反射的太阳的光辉却在我们的心头涂抹出一道彩虹；寻觅食物的小鸟在草地上跳跃，那一声声悦耳的啼叫既是生命的韵律，也是沁彻心脾的天籁之音；树下长凳上正在聚精会神朗诵英语的同学们，向我们昭示着大好的青春年华，正是读书的美好时光；食堂的师傅们，又为我们做出了美味的早餐；教室里，老师、同学们亲切的笑脸，铃声响过，上课了，每天都能学到自己以前不知道的知识，是多么美妙的事情呀！……图书馆的书香、训练场的挥汗、广播里的音乐、寝室的整洁、熄灯后的卧谈、考试前的复习、比武胜利的快乐、生日聚会的感动、树立新目标时的严肃、化解矛盾后的轻松等等，这些校园生活的点点滴滴，只要以审美的心态去关照，则会发现我们的大学生活绝非仅仅是三点一线的单调和枯燥，而是那么的多姿多彩，回味无穷！

总之，拥有一双发现美的眼睛，我们便能在匆匆忙忙的人生旅途中领略到更多的沿途风光，从纷繁复杂的生活海洋中撷取最美丽的珍珠，在茫茫人海中收获更多的真情……

人生美是没有止境的开放的状态，让我们以超越的精神、审美的心态、善于发现的眼睛，去面对生活中的酸甜苦辣，感悟人生的无穷魅力，营造我们诗意栖居的美好家园。让我们以饱满的热情，不断完善自己的人生，不断向着完美的人生境界共同努力吧！

第三节　感受人生美

一、中国文化下的人生美

中国传统文化是儒、释、道，所以中国文化下的人生美是极富意蕴的。人生论是中国传统哲学的核心。在中国传统哲学看来，宇宙之中，人是最为宝贵的，"天地之性，人为贵"（《孝经》）。恰如冯友兰先生所言："中国文化有一个特点，就是对人的评价很高。人在宇宙中间占了很高的地位，人为万物之灵。中国的文化讲的是'人学'，着重的是人。中国哲学的特点就是发挥人学，着重讲人。无论中外古今，无论哪家的哲学，归根到底都要讲到人。不过中国的哲学特别突出地讲人。它主要讲的是人有天地参的地位，最高的地位，怎样做人才无愧于这个崇高的地位。"我们不妨一起来欣赏中国文化下的人生美。

作为道家学派的代表人物，庄子是文学家、哲学家、思想家，庄子本人是逍遥恣意的，他的人生美就在于淡然处于天地之间。庄周本是宋国的公室之后，先祖可追溯到宋国的第十一代国君宋戴公。以庄子之才学取财富高位如探囊取物，然庄周无意仕进，只在不长的时间里做过管漆园的小官。庄子的学问渊博，对当时的各学派都有研究，进行过分析批判。楚威王听说他的才学很高，派使者带着厚礼，请他去做相国。庄子笑着对楚国的使者说："千金，重利；卿相，尊位也。可你就没有看见祭祀用的牛吗？喂养它好几年，然后给它披上有花纹的锦绣，牵到祭祀祖先的太庙去充当祭品。到了这个时候，它就是想当个小猪，免受宰割，也办不到了。你赶快给我走开，不要侮辱我。我宁愿像乌龟一样在泥塘自寻快乐，也不受一国君的约束，我一辈子不做官，让我永远自由快乐。"庄子因崇尚自由而不应同宗楚威王之聘。当时诸侯混战，争霸天下，庄子不愿与统治者同流合污，便辞官隐居，潜心研究道学，隐居著书，成为先秦道家学派的代表人物之一。

庄子重道德，讲究"道法自然""天人合一"。庄子认为人活在世上须旷达处之泰然，他在自己的妻子去世后，不但没有哭，反而鼓盆而歌，他是这样对他人言"我也是人啊，哪能不悲伤。但我不能一味地受感情支配，还得冷静地想想呀。我想起从前，那时她未生，不成其为生命。更早些呢，不但不成其为生命，连胚胎也未成。更早些呢，不但未成胚胎，连魂气也没有。后来恍恍惚惚之际，阴阳二气交配，变成一缕魂气。再后来呢，魂气变成一块魄体，于是有了胚胎。再后来呢，胚胎变成幼婴，她生下来，成为独立生命。生命经历了种种苦难，又变成死亡。回顾她的一生，我联想到春夏秋冬时序的演变，多么相似哦。现在她即将从我家小屋迁往天地大屋，坦然安卧。我不唱欢送，倒去嗷嗷哭送，那就太不懂得生命原理了。这样一想，我便节哀，敲盆唱起歌来。"庄子快要死的时候，学生想用很多好东西给他做陪葬。庄子说："我以天地为棺椁，以时间为连璧，星辰为珍珠，万物是可以作为我的陪葬。我陪葬的东西难道还不够多吗？哪里还用着加上这些东西！"学生说："我恐怕乌鸦老鹰吃您的遗体。"庄子说："在地面上被老鹰吃，在下面被蚂蚁吃掉，夺过乌鸦老鹰的吃食，再交给蚂蚁，这是多么偏心啊。"庄子的人生美，就是平静的人生态度，淡然处之，与天地万物合一。

作为唐代浪漫主义诗人的代表，"诗仙"李白是积极旷达的。李白少年时代的学习范围很广泛，除儒家经典、古代文史名著外，还浏览诸子百家之书，并"好剑术"，他很早就相信当时流行的道教，喜欢隐居山林，求仙学道；同时又有建功立业的政治抱负，开元十三年（725年），李白出蜀，"仗剑去国，辞亲远游"。开始让世人了解到他。在江陵，他遇到了受三代皇帝崇敬的道士司马承祯。天台道士的司马承祯不仅学得一整套的道家法术，而且写得一手好篆，诗也飘逸如仙。玄宗对其非常尊敬，曾将他召至内殿，请教经法。李白能见到这个备受恩宠的道士，自然十分开心，还送上了自己的诗文供其审阅。李白气宇轩昂，资质不凡，司马承祯一见已十分欣赏，及至看了他的诗文，更是惊叹不已，称赞其"有仙风道骨，可与神游八极之表"，就是说他有"仙根"。封建帝王常在冬天狩猎。唐玄宗即位后，已有过多次狩猎，每次都带外国使臣同去，耀武扬威，以此震慑邻国。玄宗又有一次狩猎，正好李白也在西游，奉上《大猎赋》，博得玄宗的赏识。自此，李白在长安领略这座"万国朝拜"的帝京风光，就住在终南山的脚下。但一年过去后，李白只是被玄宗招去作诗，并没有建功立业的机会，最后被玄宗"赐金放还"。天宝三年（744年）的夏天，李白到了东都洛阳。在这里，他遇到杜甫。中国文学史上最伟大的两位诗人见面了。此时，李白已名扬全国，而杜甫风华正茂，却困守洛城。李白比杜甫年长11岁，但他并没有以自己的才名在杜甫面前倨傲；而"性豪业嗜酒""结交皆老苍"的杜甫，也没有在李白面前一味低头称颂。两人以平等的身份，建立了深厚的友情。

李白为人，旷达豪放，他一生不以功名显露，却高自期许，不畏权力，藐视权贵，曾流传着"力士脱靴""贵妃捧砚""御手调羹""龙巾拭土"的故事。他洒脱不羁的气质、傲视独立的人格，追求理想，追求自由。"仰天大笑出门去，我辈岂是蓬蒿人""人生得意须尽欢，莫使金樽空对月""天生我材必有用""飞流直下三千尺，疑是银河落九天"都是他的著名诗句。当然，我们还知道关于李白的一个小故事。据宋代祝穆《方舆胜览》载，传说李白在象耳山中读书时未有成绩就想放弃，渡过一溪，见到一名老妇磨铁杵，就问她磨来做什么，老妇回答说要磨成针。李白甚是惊讶，问她什么时候才能磨成，老妇回答说只要每天磨，早晚会磨成绣花针。于是李白悟到学习像把铁杵磨成针那样有恒心，于是回去努力读书。李白的人生美是旷达自由，积极向上，豪迈激昂。

同样，作为宋词豪放派的代表，苏轼的人生理想和态度也是历史上的浓重一笔。苏轼生性放达，为人率真，深得道家风范。好交友，好美食，创造许多饮食精品（东坡肉），好品茗，亦雅好游山林。苏轼进京考试，得到文坛领袖欧阳修的称赞，一时名声大噪。遭遇当时王安石变法，苏轼不赞成变法。至此，苏轼的仕途就一直不顺。被贬黄州、惠州、儋州（海南）。苏轼在杭州上任时，率众疏浚西湖，动用民工20余万，开除葑田，恢复旧观，并在湖水最深处建立三塔（今三潭映月）作为标志。他把挖出的淤泥集中起来，筑成一条纵贯西湖的长堤，堤有六桥相接，以便行人，后人名之曰"苏公堤"，简称"苏堤"。苏堤在春天的清晨，烟柳笼纱，波光树影，鸟鸣莺啼，"苏堤春晓"是著名的西湖十景之一。

苏轼虽一生宦海沉浮，奔波四方，但苏轼豪放旷达，胸襟开阔。他的著名词作有"人有悲欢离合，月有阴晴圆缺""大江东去浪淘尽，千古风流人物""一蓑烟雨任平生"，等等。苏轼喜好结交朋友，他和禅师佛印有来往。一日苏轼做一首诗偈"稽首天中天，毫光照大千，八风吹不动，端坐紫金莲"呈给佛印。禅师即批"放屁"二字，嘱书童携回。东坡见后大怒，立即过江责问禅师，禅师大笑："学士，学士，您不是'八风吹不动'了吗，怎又一'屁'就打过了江？"这就是苏轼的人生美，性情旷达，淡看人生，宠辱不惊。

二、西方文化下的人生美

从希腊文化的源头开始,西方人就一直在思考关于"人"的问题。大量的神话故事、雕像、戏剧,西方一直在思考人的终极问题,从斯芬克斯之谜到笛卡尔的"我思故我在",各种哲学流派的观点阐释,西方人对人生的追求,从来都是自由的。

亨利·戴维·梭罗(Henry David Thoreau,1817—1862),美国作家、哲学家。1837年毕业于哈佛大学,毕业后回到家乡以教书为业。1845年,他移居到离家乡康科德城不远的瓦尔登湖畔的次生林里,尝试过一种简单的隐居生活。他正直自由,做些与他性情相近的体力劳动来赚钱——如造一只小船或是一道篱笆,种植、接枝、测量,或是别的短期工作——而不愿长期地受雇。他有吃苦耐劳的习惯,生活上的需要又很少,又精通森林里的知识,算术又非常好,他在世界上任何地域都可以谋生,有很多闲暇时间。在瓦尔登湖畔生活期间,梭罗搭起木屋,开荒种地,写作看书,过着非常简朴、原始的生活。来到瓦尔登湖畔之后,他认为找到了一种理想的生活模式。在这两年多的时间里,梭罗自食其力,他在小木屋周围种豆、玉米和马铃薯,然后拿这些到村子里去换大米。他游泳,赛跑,溜冰,划船,与动物做朋友,坚持自己的人生。陶渊明曾说,"结庐在人境,而无车马喧。问君何能尔,心远地自偏",梭罗带着对人生的思考,对人生美的追寻于天地间悠闲地寻找答案。

这是《瓦尔登湖》中的最后一章:"春天的第一只麻雀飞来了!新的一年又在不可能更新鲜的希望之中开始了!最初听到很微弱的银色的啁啾之声传过了一部分还光秃秃的、润湿的田野,那是发自青鸟、篱雀和红翼鸫的,仿佛冬天的最后的雪花在叮当地飘落!在这样的一个时候,历史、编年纪、传说,一切启示的文字又算得了什么!小溪向春天唱赞美诗和四部曲。沼泽上的鹰隼低低地飞翔在草地上,已经在寻觅那初醒的脆弱的生物了。在所有的谷中,听得到融雪的滴答之声,而湖上的冰在迅速地溶化。小草像春火在山腰燃烧起来了,好像大地送上了一个内在的热力来迎候太阳的归来;而火焰的颜色,不是黄的,是绿的——永远的青春的象征,那草叶,像一根长长的绿色缎带,从草地上流出来流向夏季。是的,它给霜雪阻拦过,可是它不久又在向前推进,举起了去年的干草的长茎,让新的生命从下面升起来。它像小泉源的水从地下淙淙地冒出来一样。它与小溪几乎是一体的,因为在六月那些长日之中,小溪已经干涸了,这些草叶成了它的小道,多少个年代来,牛羊从这永恒的青色的溪流上饮水,到了时候,刈草的人把它们割去供给冬天的需要。那样,我们人类的生命即使绝灭,只是绝灭不了根,新的生命又会勃发出来,像绿色的草叶一般永恒。自冬天的风雪严寒到晴暖温和,从黑暗阴霾到阳光灿烂,这种转变是一切事物都曾有过的难忘的危急时刻。它的最终莅临似乎是突如其来的。突然间我的房间里充满了阳光,尽管那时候黄昏已近,天空中仍飘挂着冬。"梭罗曾言,"一个人怎么看待自己,决定了此人的命运,指向了他的归宿。我们的展望也这样,当更好的思想注入其中,它便光明起来。不管你的生命多么卑微,你要勇敢地面对生活,不用逃避,更不要用恶语诅咒它。"这正是他的人生美。

三、美在当下

面对当代的复杂社会,用善的眼睛去寻找,我们会发现美就在身边。春天的百花争艳是美的,小鸟欢笑不已,河流哗哗向前,暖暖的阳光是美的;夏天的微微凉风是美的,翠竹随着轻风舞动,小溪边有孩子欢快的笑声;秋天的菊花怒放是美的,红枫片片而落,夕阳的余晖令人心醉;冬天的皑皑白雪是美的,傲骨梅花的丝丝香气传来,火炉旁是大人们的闲谈。美就在身边,感动的美也在身边,人生美随处可寻。

2011年,感动中国将特别奖颁给了一位老人——白方礼。来自河北沧州白贾村的老人,从1987年开始,连续10多年靠自己蹬三轮的收入帮助贫困的孩子实现上学的梦想,直到他将近90岁。2005年9月23日,93岁的白方礼老人安详地离开。蹬三轮近20年,起早贪黑,风雨同行,35万元善款,圆了300个贫困孩子上学梦。2012年,在感动中国的颁奖典礼上,白方礼老人以草根助学的代表成了特别奖的得奖者之一。感动中国评选组委会以"白方礼们"的形式,对老人表示了敬意,也对和老人一样的这些默默帮助着失学儿童重返校园的人们表示敬意。在晚会上,主持人对老人评价道:"在《感动中国》走过10年的时候,请接受我们的特别敬意,白方礼们!让我们传递着鲜花,传递着温暖,带着白方礼们给我们的这种人间的温度,走进新的春天。在这新的一年当中,我们已经行走了一段时间,急匆匆的脚步里面,我们留给世界的不能只是背影,还应该有我们的期待,为了爱和幸福,让我们为我们每一个人加油!"普通的人物,伟大的事迹,美丽的人生。

2005年春节联欢晚会,舞蹈"千手观音"惊艳了所有人。邰丽华,生于一个普通家庭,因为小时候的一场高烧,从此进入无声的世界。但她勤奋刻苦,一遍遍地练习舞蹈《雀之灵》,她的优秀演出震撼了世界。2005年

《感动中国》对她的颁奖词这样写道:"从不幸的谷底到艺术的巅峰,也许你的生命本身就是一次绝美的舞蹈,于无声处,展现生命的蓬勃,在手臂间勾勒人性的高洁,一个朴素女子为我们呈现华丽的奇迹,心灵的震撼不需要语言,你在我们眼中是最美。"邰丽华的人生美,就是积极、乐观、坚强。

第四节 探寻人生的意义

一、从敬畏生命谈起

当我们说人生是美丽的,当我们用智慧的双眼来寻觅一切美好事物,憧憬成功的喜悦,享受美好的生活时,我们首先必须敬畏生命,因为这是我们感受生命的高贵与美丽的基础。否则所谓人生之美,只能是无源之水,无本之木。

法国有个叫阿尔贝特·史怀泽的人,在他的一本书中谈到敬畏生命的理解。敬畏生命本身包括顺从命运、肯定世界和人生、伦理,这三种世界观的基本要素是思想的不可分割、密切相关的成果。但是,没有一种世界观能把这三种要素统一起来。只有从敬畏生命的普遍信念出发,根据它们的本质把握这三种要素,并认为它们共同包含在这个普遍信念之中,才可能统一它们。顺从命运、肯定世界和人生决不会无视伦理,它们从属于伦理。真正懂伦理的人认为,一切生命都是神圣的,包括那些从人的立场来看显得低级的生命也是如此,只是在具体情况和必然性的强制下,他才会做出区别。一个人在沙滩上救下了一只幼小的鱼鹰。然而,现在他得决定,是让它挨饿呢,还是为了使它活下来,每天只得杀死许多小鱼。他选择了后者。但他每天也总感到有些难受,由于他的责任,这些生命成了其他生命的牺牲品。即他处于这种境况,为了保存其他生命,他必须决定牺牲哪些生命。在这种具体决定中,他意识到自己行为的主观和随意性质,并承担起对被牺牲生命的责任。敬畏生命的人,只是出于不可避免的必然性才伤害和毁灭生命,但从来不会由于疏忽而伤害和毁灭生命。在他体验到救援生命和使他避免痛苦、毁灭的欢乐时,敬畏生命的人就是一个自由人。

在我们这个美丽的星球上,一切生物都有自己生存的权利,都闪耀着生命的神圣光辉。仰视苍天,我们看见一群群自由的鸟儿在飞翔;俯视大地,我们发现无数的生灵在孜孜不倦地以自己的方式忙碌着、生活着:美丽的蝴蝶在花丛翩翩起舞,勤劳的蚂蚁排着队在搬运食物,大树的枝叶在风中沙沙作响，小草发出了嫩嫩的绿芽……在这充满无限生机的大地上，作为"宇宙的精华，万物的灵长"，我们每个人，都应以珍惜生命作为个体道德的基点，并由此出发，去探寻美丽的、丰富多彩的人生宝藏。

二、作为过程的人生

这个希腊神话中的谜语现已举世皆知："什么动物早上用四条腿走路，中午用两条腿走路，晚上用三条腿走路。"答案是"人"。然而正是这个熟悉的谜语，揭示了"人"的秘密：人是处于不断变化之中的，是一个作为过程的人，一个动态的人。这个谜语事实上是关于"人"一生状态的概写，是神话关于人生过程性的生动写照。从中我们悟出：人生是一个变动不安的过程，包括从出生到去世的分分秒秒。

相对于宇宙的广阔与漫长，作为过程的人生是渺小而又短暂的。"年年岁岁花相似，岁岁年年人不同。"然而古往今来，富有超越精神的人类，总在以各种方式探寻人生不朽的秘密。他们或想通过服食丹药，幻想能够长生不老，以获得肉体的永生；或想通过把自己的思想、作品、创造发明等长留人间，为人类造福，自己便会与这些思想、作品、创作发明一样不朽于人世，以追求人生永恒的意义和价值。

三、追问人生的意义

古往今来，人们常会问这样一个问题，人为什么活着？亦即人生的意是什么？这无疑是一个永恒的话题！

人的生命开始时就像一张白纸。珍爱生命，就得给人生赋予一定的意义，没有意义和价值支撑的人生，必定会充满困惑和迷惘。

北宋大儒张载有言："为天地立心，为生民立命，为往圣继绝学，为万世开太平。"这是我国古代儒家学者所弘扬的人生意义与价值追求，其显示出的宏愿对于今天的我们，依旧具有很高的借鉴意义。国学大师季羡林先生亦云："如果人生真有意义与价值的话，其意义与价值就在于对人类发展的承上启下、承先启后的责任感。"可见，季老的观点与传统儒者薪火相传，一脉相承。

作为天之骄子的当代军校大学生，我们也必须以积极的人生态度，确立自己的人生目标，践行当代革命军人核心价值观，实现自己生存的意义与价值，并通过不懈的努力，在人类文明和社会发展的链条上增添美丽的一环。

下面让我们一起分享一个关于生命旅程的故事。

许多年以前，一个旅行者开始了一次旅行。那是一次奇异的旅行，当他开始的时候，旅途似乎很长；但当他走过一半时，旅途又似乎很短。他沿着一条黑漆漆的路走了一会儿，结果一无所获。最后，他遇到一个长相漂亮的孩子。于是他问孩子："你在这里做什么？"孩子说："我一直都在玩呀，过来和我一起玩吧。"

但是突然有一天，旅行者失去了孩子，他一遍又一遍地叫喊，但是没有回应。因此，他继续向前走了一会儿，依然一无所获，直到最后遇到一个英俊的少年，他问男孩："你在这里干什么？"男孩答道："我一直在学习呀，你过来和我一起学习吧。"然而，在最高兴的一天，旅行者找不到男孩了，就像他失去那个孩子的时候一样，在徒劳地呼喊了几声之后，他继续自己的旅程。他走了一会儿，却一无所获，直到最后遇到一个年轻人。他问年轻人："你在这里做什么？"年轻人答道："我一直在恋爱，过来加入我一起谈恋爱吧。"但是，不久，这个年轻人也消失了，就像失去其他的朋友一样：他呼喊他回来，但是没能把他喊回来。于是他继续自己的旅程。最后他遇到一个中年绅士。于是他问中年绅士："你在这里做什么？"中年绅士答道："我一直非常忙，过来和我一起忙碌起来吧。"于是旅行者和中年绅士一起忙碌起来。绅士并不是一个人孤军奋战，还有一个与他年龄相仿的女士，她是他的妻子，还有几个孩子与他们在一起。有时，他们一下碰到好几条路，于是他们停下来。一个孩子说："父亲，我要去看大海。"另一个孩子说："父亲，我要去印度。"第三个孩子说："父亲，我要去能够找到财富的地方。"最后一个孩子说："父亲，我要去天堂。"最后，经过许多次离别之后，没有一个孩子留在他的身边，只剩下旅行者、绅士和那个女士结伴而行。他们走上了一条比其他路更黑的路。他们没有向下看，只是急着朝前赶路，这时，那位女士停了下来："亲爱的丈夫，"女士说，"有人在召唤我。"于是，她消失了。只剩下旅行者和绅士结伴而行。当旅行者拨开前面的树枝时，他的朋友也消失了，他喊了一遍又一遍，但是没有人回答他。当走出树林，他看见落日正顺着紫色的云彩落下去。一个老人坐在光秃秃的树上。他走到老人面前问道："你在这里做什么？"老人安详地笑了，回答说："我在追忆往事，过来和我一起追忆吧。"

于是旅行者就坐在老人身旁，在平静的落日中面对面坐着。他所有的朋友都从身后轻轻地走来，围在他的身边。漂亮的孩子，英俊的男孩，年轻人，父亲，母亲，还有孩子们，他们都站在这里，他从来没有失去过任何人。他爱所有的人，友善、宽容地对待他们；同样，他们也爱他，尊重他。

四、十全十美是一种理想

既然我们都希望自己的人生有意义和价值,那么同时我们也会希望自己的人生能够十全十美。"十全十美",一般解释为:"十分完美,毫无欠缺。"那么经过我们的不懈努力,我们的人生是否能达到这样的境界呢?

一般来说,集中精力把一件事办得完美无缺是可能的,但整个人生,数十甚至百余年,事事时时都能保证"十分完美,毫无欠缺",却是非常困难,甚至是不可能的。所谓的"不如意事常八九,可与人言无二三""家家有本难念的经""一节人生三节难""人有悲欢离合,月有阴晴圆缺,此事古难全"等等,说的就是人生的不完满状态。

事实上,人生从来就没有十全十美。帝王将相为权势之争而危机四伏;富商巨贾为担心失去财富和生命而忧心忡忡;流民乞丐为衣食住行而辛劳奔波;即使没有衣食之忧的普通百姓,也逃脱不了生老病死的苦谛。便是在童话故事中也是如此:白雪公主很漂亮,却不幸丧母,被后母追杀;小美人鱼长出腿后会跳舞,却不能说话,也得不到王子的爱情……

可见,尽管人人都希望拥有一个十全十美的人生,但真正完美无缺的人生只是一种理想状态,是我们追求美好生活的动力。十全十美固然让人羡慕,但生活的事实却是"不完满才是人生"。季羡林先生在长达一个世纪的人生旅途中,得出了这样的感悟:"每个人都争取一个完满的人生。然而,自古及今,海内海外,一个百分之百完满的人生是没有的。"

现实的际遇如此,人的内心世界亦如是。人的心理需求阶段呈不断发展提升的趋势,由此可知,人生是一个开放的、未完成的状态,永远不存在"完满","完满"就不是真实的人生,因为人的追求和欲望是永无止境的。

五、缺憾也是一种美

据说一个漂亮的女孩,有两颗稍稍外突的虎牙,别人并不觉得有什么缺陷,但她认为自己不够完美,于是在人面前不敢开怀大笑,甚至很少开口讲话,便找牙医把突出的牙齿矫正过来。然而在她终于敢开口大笑的时候,她又发现自己的鼻子不够挺拔,于是又去做美容手术隆鼻,接着,经过对自己的仔细审视,她认为不够完美的其他的小缺点一个个被"挖掘"出来。如此,尽管事实上她已经很漂亮了,但如若她每天都对着自己的容貌挑三拣四,不断审视的话,那所谓的"缺点"肯定是会没完没了、层出不穷的。并且随着年龄的增长,青春的容颜也会随之褪色。如果她认识不到缺憾也是一种美的话，她只能越来越苦恼，陷入追求完美的怪圈。

所谓的"金无足赤，人无完人"，人生不可避免的缺憾，你将怎样面对？毋庸置疑，在我们的生活中往往会有些无法弥补的缺憾，伴随着我们走过人生的历程。然而这些缺憾，尽管让人遗憾，却更能显示出人生的真谛。正如断臂的维纳斯，尽管无数的艺术家想方设法为她修补失去的胳膊，可是都无法让人满意。当然，这无论如何都是一种缺憾。然而这尊雕像，却依旧征服了世人挑剔的目光，让我们最终领悟到缺憾也是一种美。

有人曾写过这样一篇文章，题目是《一个美丽的故事》，其前半部分是这样的：有个塌鼻子的小男孩儿，因为两岁时得过脑炎，智力受损，学习起来很吃力。打个比方，别人写作文能写二三百字，他却只能写三五行。但即使这样的作文，他同样能写得美丽如花。

那是一次作文课，题目是《愿望》。小男孩儿极其认真地想了半天，然后极其认真地写，那作文极短，只有两句话：我有两个愿望，第一个是妈妈天天笑眯眯地看着我说，"你真聪明。"第二个是老师天天笑眯眯地看着我说，"你一点也不笨。"

就是这篇作文，深深地打动了他的老师，那位老师不仅给了他最高分，在班上带着感情朗读了这篇作文，还一笔一画地批道：你很聪明，你的作文写得非常感人。请放心，妈妈肯定会格外喜欢你的，老师肯定会格外喜欢你的，大家也肯定会格外喜欢你的。

小男孩的智力受损，显然是一个无法弥补的缺陷，但正是这个缺陷，却增添了无数的感动，让我们感受到爱的力量。原来在很多时候，缺憾也可以把我们的视线导向人世间最美好的真情，如此，缺憾也成了美的组成部分，即美的因素之一。

所谓的"塞翁失马，焉知非福"。在缺憾面前，我们换一种心态，换一个视角去看世界，就会发现，原来呈现在我们面前的风景，虽然跟我们预想或追求的不同，但却同样熠熠生辉，让我们不禁为之怦然心动。

在1996年亚特兰大奥运会上，游泳运动员蒋丞稷，获得了两个第四名，非常遗憾没有登上领奖台，但他却说了这样一句话："有时候缺憾也是一种美！"这样的胸襟和人生态度，与只获得了奖牌，却对其内涵毫无感悟相比，应该更能让我们体悟人生的真谛。

没有十全十美的人生，失去、未完成乃是人生的常态。尽管这样的现实让我们会觉得有些遗憾，但是，感谢这种际遇吧，因为正是这种不完满，给了我们每个人追求的空间和行动的渴望。反之，如果事事圆满，我们的生活完美无缺，那么，我们接下来还能干什么呢？我们的人生反而会因完美而变得空虚，无所事事！正是因为还有没实现的愿望，正是因为我们还有新的目标，我们的生命才不会被闲置。所以我们说，正是人生的不圆满，才让我们拥有追求的空间，拥有无限想象的余地。正像一张纸，唯其拥有空白，我们才可以在上面挥毫泼墨，展示出我们非同寻常的才华。

还想与大家分享一个叫罗曼·V.皮尔的人在他的《态度决定一切》这本书中的一句话：最后能感受到幸福的人，是对追求新目标保持兴趣，永远在向更高层次迈进的那些人。不少成功者常会满足地想，好不容易获得成功，终于可以安心了。可是，一旦有了这种想法，就再也感受不到成功的喜悦，也会失去向目标努力的乐趣。

第五章 和谐地生存：社会美

与自然美不同，社会美是以内容为依托的现实美。它存在于人类生活的各个领域，是与人们生活直接相连、相关的最为普泛的一种美的形式。社会是由人组成的，人是必须生活在社会中的。马克思曾指出："人是一切社会关系的总和。"所以凡是人的活动所达到的地方，就可能留下人的烙印，留下美的痕迹。美存在于人的社会生活中，社会美是最广泛、最普遍的美。社会的美都是以人的审美为核心的，人们认识世界、改造世界就是为了使整个世界变得更加人性化，更加审美化。

第一节 社会美的源泉与功能

"美是生活"，是车尔尼雪夫斯基的名言，确切地说，美是理想的生活，是人们所追求、向往的生活。在现实社会中，美与丑是交相混杂、同时并存的。所以辨别社会生活中什么是美的，是值得追求、发扬的；什么是丑的，是必须抵制、反对的，是审美教育中的重要问题。

一、物质生产是社会美的源泉

与动物不同，人有意识，能进行自觉的活动。而物质生产是人类赖以生存的最基本的、有意识的生产活动。原始人类脱离了茹毛饮血的动物世界，步入社会生活之后，最为急迫的问题仍然是通过物质生产谋求个体与族类生存所必需的物质产品。而物质产品的实际价值如何，就看他能在多大程度上满足个体与族类生活所需要的程度。在长期、反复的生产实践中，人们逐步意识到精致的生产工具有利于提高生产效率；丰硕的生产成果显示了人们的智慧与意志。所以生产过程不仅有痛苦的付出，而且还有收获的喜悦。这种物质收获的喜悦，便是人类最初的美感，最原始的社会美。

美是客体的规律性与主体的目的性相统一的、能引起情感体验的感性形式。主体的目的性也就是人的本质力量，包括了人的认识、要求、愿望、情感和意志等诸多内容。而在生产实践中，人的本质力量要体现在劳动产品中，而作为劳动结果的产品又丰富与发展着人的本质力量。所以生产实际与人的本质力量是形影相随、相辅相成的，都是现实的、发展的、不断变化的。同样人的审美活动也伴随着生产实践的发展，而不断地扩大着审美对象的范围，丰富着审美主体的"本质力量"。

生产工具是社会生产力的主要标志。旧石器、新石器标志着原始社会发展的不同阶段。铜器、铁器可以分别代表奴隶社会和封建社会两种不同的社会发展形态。蒸汽机的应用，使自由资本主义制度登上了历史舞台。现代社会也是以高科技为特征的。马克思说："科学技术是生产力。"邓小平说："科学技术是第一生产力。"这是千古不移的真理。以高科技装备起来的最现代化的"生产工具"，是衡量社会生产力的发展水平的首要标志。正是科技的发展，生产工具的改进，才使社会物质财富魔术般地涌现出来，从而为人类广泛开展审美活动提供了越来越雄厚的物质基础。

生产工具是由人创造与操作的，人也是要在一定的社会生产关系中才能从事生产活动的，所以生产力的发展还要求一定的生产关系与之相适应。最佳的生产关系就是保障并促进生产力发展的生产关系，就是保障并促进劳动者能持久地发挥创造智慧与劳动热情的生产关系。无论是革命还是改革，最终目的都是要适应与促进生产力的发展，以最大限度地满足最大多数人的物质需求和精神需求。所以由先进的生产工具为标志的物质生产是社会美的基础和源泉，社会美是伴随着物质生产的发展而不断提高的。

二、社会美的基本功能

积极倡导社会美，无论对群体还是个体，都有强烈的现实意义和恒久的审美意义。

1. 倡导社会美能促进社会的进步与发展

传统的美育，无论在东方还是西方，都局限于艺术教育的范围。作为我国第一大教育家的孔子很重视审美教育，但他的审美教育仅限于"乐"，即融音乐、舞蹈、诗歌为一体的艺术教育。而在西方，从柏拉图到黑格尔，都轻视或者否定现实的社会美。所以车尔尼雪夫斯基的"美是生活"具有划时代意义，也是积极变革社会现实的一种呼吁。因为社会美之于现实，来之于对现实社会理想的追求。而实际的社会生活又到处是丑恶与污秽，阶级的对立，战争的频仍，生活的艰辛，教育的落后，道德的沦丧，必然导致在实际生活中善恶不辨，美丑泯灭，哪有多少社会美可言？在尖锐对抗的阶级社会里，社会美只是局限于少数剥削者的日常生活范围，审美不过是剥削阶级的

"专利"。因为按美的规律美化自身及其环境，是人们的普遍要求与愿望。对美的向往，对美的追求，也伴随着科学技术的发展，社会生产力的提高，美和审美也在不断地拓展，渗透到社会生活的各个角落，所以积极倡导社会美是社会物质文明和精神文明的标志，也是社会进步、经济繁荣的象征。

2. 倡导社会美能最大限度地满足人们最广泛的审美需求

任何人都不能游离于社会之外。社会是人们最基本的生存方式，所以社会美与人们息息相关，是每一个人的向往与追求。按照马斯洛的人本主义心理学理论，人有不同层次的需要：审美需要是属于最高层次的需要内容之一。当生存、安全、友爱等较低层次需要满足以后，对审美需要、自我实现需要便被提到了迫切需要的位置。人们不仅需要高级、精致的艺术美，也需要社会环境与日常生活的审美化与艺术化。尤其是 20 世纪以来，无论是生产过程，衣食住行还是人际关系、生活环境，都在不断地提高审美地位与作用。保尔·苏利约最早提出美与实用的结合问题。他认为实用物品能够拥有一种"理性的美""机器是我们艺术的一种奇妙产品，人们始终没有对它的美，给予正确的评价。"他说"一台车、一辆汽车、一条轮船，直到飞行器，这是人的天才在发展"。与艺术大师的一幅画、一尊雕塑一样，它们有着同样的思想、智慧、合目的性，是"真正的艺术"。他要求把劳动产品提高到"真正的艺术"的高度，从而将审美范围扩大到现实生活的各个领域。由此而形成了并正在不断扩大的一个特殊行业即"审美设计"部门。各类审美设计公司如雨后春笋般地应运而生。审美设计的范围已从劳动产品发展到社会人士的各个领域。美国工业设计师指出只有把工业设计的前景发展到所有的人造环境，人们才能有希望生活在"一个优雅、宜人的美的地方"。他预言"一个为人类生活重新设计的世界正在到来"。这种实用价值、伦理价值、审美价值于一炉的社会审美设计，将使人类的生产、生活与周围环境变得更和谐，更美好。所以倡导社会美符合人的审美需要，也有利于人类从现实的必然王国向自由的审美王国的飞跃。

3. 倡导社会美，有助于丰富人们的社会生活内容，有利于人们身心健康、精神愉快，从而提高人的生活质量

随着科学技术的迅猛发展，社会必要劳动时间越来越少，而属于个人自由支配的时间则越来越多，于是如何利用自由支配的时间，就成为一个极其现实的问题。而美化自身及其环境的审美教育，不仅符合人们的需要，也有了变为现实的可能。所以"五讲四美"，不仅是社会发展的需要，也是每个

社会成员自身的需要。倡导社会美，既美化了群体的生存环境，也丰富了个体的积极健康的生活内容。苏联美学家叶果洛夫曾强调美学研究要冲破"形而上"的樊篱，要"勇敢"地深入到包括物质生产、科学技术创造和日常生活在内的各个领域，使人们生活在美的世界中。

三、社会美之所以为美

社会是由个体集合而成的共同体。个体在生产实践中按一定的规则联合起来，成为一个群体，而不同的群体又按一定的规则联合起来，就成为民族，成为社会。所以每个生活在社会共同体中的个体都必须遵守或应当遵循社会成员相互关系的基本准则。不能违背社会共同制定的基本法则，便是每个社会成员的责任。除了强制性的基本法则之外，还要遵循非强制性的人际关系的另一种准则，这就是道德原则。个体违背道德原则，就要受到社会舆论的谴责。所谓社会美，是指与自然美相对的一种现实的社会群体美，是一种为群体创造的，符合所有个体根本利益的社会物质关系、人际关系及其精神文化关系之美。有以下共同特征。

（一）社会美具有强烈的社会性

社会美的社会性，是指社会事物植根于社会实践，具有显著的社会属性，这可以从两个方面来理解。

（1）社会事物被感受为美，渗透着人的主观评价。流泪，是人情绪激动时的自然反应，这种自然事件可能美，也可能不美，这取决于人们对此事件所采取的态度和立场。当漂亮的女人动情流泪时，诗人说"梨花一枝春带雨"。"男儿有泪不轻弹，只是未到伤心处"，我们极少带着赞赏的眼光去看男人流泪，除非男人流泪有着不同寻常的原因。男儿有泪，为什么只有在异常的时刻流出来才值得赞美？因为这一赞美受到了社会价值系统的规范和强制，人们会用群体意识、社会约定俗成的规则对男人流泪做出符合时代的审美评价。

（2）社会美具有浓厚的时代、民族、阶级色彩。社会美总是与一定的时代精神，一定的民族价值和一定的阶级理想、道德观念、生活习俗、文化背景内在关联，成为时代精神、民族价值和阶级理想的强化形象与基本象征。

"忆得年年游上苑，车如流水马如龙"，这是封建时代帝王骄奢淫逸的生活理想的强化形象，在我们今天看来一点也不美。穿鼻文身，在某些少数地方的土著人那里不仅是美的，更重要的是作为一种信仰的追求。江姐在狱中绣红旗，这在中国人民的革命斗争中是最美的形象，至今还是激励人勇往直前的精神力量。

比如依附于人体美的服饰美就有随着社会发展而演变的过程。我国战国时期百家争鸣,思想活跃,宽大、方领、束腰的服装成为时尚;魏晋南北朝时期战事不息,礼制解体,服饰"日月改易,无复一定";盛唐时期经济昌盛,中外交流密切,崇尚圆领、低领、袒胸露臂、款式飘逸、色彩缤纷的服装;宋元以后,盛行理学,讲究纲常,思想禁锢,服饰也趋于保守,对襟外衣、衬袄长裙,线条直硬简单;至辛亥革命服饰为之一变,趋向适体、简便,色彩偏于明亮。我国是个多民族国家,各民族由于地域和历史的原因在服饰上也有各有特色。

这里必须指出的是,肯定社会美具有时代、民族、阶级的特征,是就一般情况而言的。也有一些社会事物、社会现象,往往不明显地反映特定时代、特定民族、特定阶级的利益或风貌,而是反映了全人类的利益或感情,因而便带有某种全人类性。例如恋母之情、思乡之念、夫妻相爱、朋友相亲,以及人们之间的互助合作等等,虽然在具体对象上仍然带有时代、民族、阶级的烙印,但一般说来,可以作为共同美来欣赏,引起不同时代、民族、阶级的人的共鸣。

(二) 社会美具有明显的功利性

社会美侧重于内容。所谓内容,主要是指它的社会功利性,即对社会有益、有利、有用,也就是通常说的"善"。亚里士多德认为:"美是一种善,其所以引起快感正因为它是善。"普洛丁也说:"善在美后面,是美的本原。"这些说法如果作为一个原则用来衡量社会美,是正确的。社会美的本质和基础就是善,虽然善并不等于美,但善确确实实是社会美的决定性的因素。人们感受和评价社会事物、社会现象是否美,首先的也是主要的,要考虑其内容是否富有生命力,是否符合善,是否对社会有益、有利、有用,是否体现了历史的发展规律。如果一个社会事物或者一个人,徒有漂亮、诱人的外表,却有碍于人类的健康发展和社会进步,就不能认为是美的。

社会美偏重于内容,但也离不开一定的感性形式。社会美是通过感性形式显现出来的、有利于社会进步的"善"。例如,作为共产主义战士的雷锋的美,并不取决于他外表的相貌、身材,而是来自他的内在的光辉精神和优秀品格,但他的精神、品格又是通过他的种种助人为乐、公而忘私的言论行为这些感性形式表现出来,使人感受到的。可见社会美是偏重于内容的美,也是内容和形式统一的美。

(三) 社会美具有实在性、明确性和稳定性

社会美是实在的、确定的美。一般来说，体现了社会发展规律的社会事物、社会现象，便是美的；违背了社会发展规律的社会事物、社会现象则是丑的。社会美完全是在社会实践中形成的，完全由社会事物、社会现象本身的性质所决定，不是个人联想或想象的结果。例如，林则徐"虎门销烟"，揭开了中国近代史上壮美的一幕。它之所以壮美，不是人们联想或想象的结果，而是这件事本身就表现了中国的志士仁人不畏强暴、捍卫民族利益的浩然正气。因此，一个半世纪来，中华大地虽然几经沧桑，但它作为壮美的一幕是不可变更的，一直为后人所景仰。

社会美是相对确定的。大凡符合生命主体本性、契合人类自由发展目标以及有利于历史进步的社会现象，便感受为美；反之，即被感受为不美或者丑恶。"桃花潭水深千尺，不及汪伦送我情"，这样情同手足的友谊，无论如何都使人对人间温暖深表感激，为人间情谊而情不自禁地祝福好人一路平安。可见，社会现象不会引起人们进行漫无边际的联想，它以相对实在、相对确定的形象存在于社会之中。

评价社会现实的价值尺度相对确定。社会美的意蕴是漫长的人类实践中形成的价值，因而社会现象的审美价值是从一个共同体的历史中继承来的价值。沧海桑田，千年流转，一个共同体创造和延存着某些对自己的生死存亡休戚相关的价值，对于这一共同体的每一个成员而言，契合这一价值尺度的社会现象，就被感受为美。

第二节 偏重于内容的社会美形态

美是人创造的社会现象。没有人，就没有创造性的社会实践活动，也不可能有美与美感的诞生。所以，在美的各种表现形态中，人的美是最集中、最典型、最高级的一种美。莎士比亚借哈姆雷特之口说："人是'宇宙的精华，万物的灵长'！"著名美学家蒋孔阳教授说："'宇宙的精华'是英文的直译，直译应为'世界的美'。"换句话说，人创造了美的世界，而世界上最美的是人。爱美求美是人皆有之的灵性，不是少数贵族、资产者的专利。人之美我们在上一章已经讲到，在此不再赘述。我们看其他社会美的形态。

一、劳动美

社会美的基础是劳动美，一切美的形象都来自劳动，劳动创造了美。

（一）劳动创造了审美主体

审美主体就是劳动者本身，这是形成劳动的第一要素——劳动主体。劳动主体既是社会物质财富的创造者，又是美的设计者和创造者。人类在漫长的创造美的过程中，不仅改造着自然和社会也改造了人类自身，使之趋于精细化，更富有艺术感和形象感，同时也在不断地创造美的生活。而且随着生产的进一步发展，科学水平的提高，在创造生产劳动美的全过程中，劳动主体在美的规律的指导下，尽可能地使劳动的各个环节更加合规律性和合目的性，使自身跟上日益发展的社会的需要，以创造出更美、更新的生活。总之，劳动创造了劳动主体，有了劳动主体，自然物才可以作为审美客体成为人的审美对象，使存在于客观事物之中的潜在的审美价值转化为现实美，并随着生产劳动的发展，不断丰富美的内容，创造美的形象。

（二）劳动创造了审美客体

劳动产品的美是人的创造、智慧和力量的物化形态，比如劳动工具和劳动产品。

1. 劳动工具的美

在原始社会，生产力水平极低，人类在征服自然、改造社会的斗争中，面对日趋扩大的生活范围和越来越多的敌害，他们便有目的地将自然物体改变其形状制造成工具，这是他们所能理解的第一个美的对象。虽然很粗糙，但却是极美、极珍贵的。在后来的生产发展中，劳动工具发生了极为深刻的变化，石器、青铜器、铁器，乃至后来的大工业生产中使用的蒸汽等，生产工具上的每一个新变化、新进展、新突破都凝聚着人的智慧和才能，显示了人的本质力量；同时，还体现了当时人们的技术水平和审美要求，即实用与美的统一。所以，内在的使用价值和外在形式上的和谐统一，是劳动工具美的实质所在。

2. 劳动产品的美

劳动产品是人类生产劳动的产物，是人类智慧和才能的结晶。在原始社会中，原始人并没有停止在劳动工具的制造上，而是利用工具进行生产劳动，来满足自身的物质生活资料的需求，于是刀耕火种的原始农业生产出现了。最古老的农作物有玉米、马铃薯、麦子、水稻、棉花。原始人还在长期狩猎的劳动中，有意将一些幼小的野生动物带回家中饲养，逐渐驯化成家畜，开始了原始的畜牧业生产。最早被驯化的动物有狗、山羊、马、牛、猪、驴、鸡等。人类通过劳动，创造了较为丰富的劳动产品，增加了物质生活资料，使生活有了保障，而且还制造出美化自己的装饰物。随着生产的发展，劳动产品日益丰富起来，如机器的发明、化学元素的发现、各种仪器的制造等。同时，人类对美的追求也愈加强烈，对劳动产品的制造和生产，在实用的基础上，更多地考虑到了美的因素和审美价值的体现，如产品的造型、质料、色彩等；有些产品主要为了审美，甚至完全是为了审美，如壁画、唐三彩、剪纸等。在科学技术飞速发展的今天，包含着劳动的领域可以说无处不在，科研、教育、卫生、农业、工业、饮食、服务等各行各业。人们都在按照美的规律进行劳动创造，以美的劳动产品不断满足自身物质文明与精神文明的需要。

（三）劳动改变了环境

劳动使环境日益符合人类生存和发展的需要。人类的创造性劳动体现着自身的目的、理想、智慧和才能。恩格斯说："动物仅仅利用外部自然界，单纯地以自己的存在来使自然界改变；而人则通过他所做出的改变来实现使自然界为自己的目的服务，来支配自然界。"可见，人类从开始生产劳动，就对自然进行着有目的、有计划的积极改造，而且随着社会实践的发展，人类对自然及其规律的认识不断提高，在生产中的目的性和自觉性也在不断发展。人们能够从眼前的局部利益和长远的整体利益来考虑确定自己的活动目的和计划，并对自然施以改造。比如都江堰的设计和建造是人类利用自然、改造自然的杰作。当时，李冰父子根据地形地势的特点修建都江堰，引江水灌溉多旱的成都平原，且能够"旱则引水浸润，雨则堵塞水门"，使成都平原成为"沃野千里""水旱从人，不知饥馑，时无荒年"的"天府之国"。再如京杭大运河的开凿，也是我国古代劳动人民为改造自然而创造的又一伟大工程，它是世界上开凿最早、规模最大、里程最长的人工航道。它的建成和开通，弥补了我国东部没有南北水路的缺陷，推动了文化的交流和经济的发展。人类在与自然的斗争中，杰作层出不穷。赵州桥、南京长江大桥，利用新能源、人工降雨的实施，基因问题的研究等，在这些伟大的创举中，没有一项能脱离人的劳动。有了人的劳动，这个世界才有了精雕细刻的艺术品，有了别具风格的建筑物，有了繁华喧闹的城市，有了探求宇宙的飞船。这些改变了人生存生活的环境的产品无一不体现人的智慧与力量。

（四）劳动展现了协作美

劳动架起了各行各业之间联系的桥梁，使整个社会变成了一个互助协作、人人为我、我为人人的和谐大家庭、大集体，展现了劳动协作和劳动组织的美。生产劳动是一种社会性很强的活动，许多劳动内容需要大家的通力合作方能实现，甚至有时需要成千上万的人参加、协作才能完成。如今，在社会生产活动的各个方面，处处可见劳动协作的美和劳动组织的美。医学科学工作中体现着协作美。华佗是一个全科医生，既诊治内科疾病，又是一个外科专家，曾成功地为关羽刮骨疗毒，同时还在精神科、小儿科、针灸科、养生学等方面造诣很深。然而，医学科学的迅猛发展，医学模式的转变，使得原来由一个人做的工作变成了现在由几个人或几十个人做的工作。因而，医务人员必须要按照一定的行为规范互相合作，严格履行医务人员的职责，把患者的利益放在第一位，为解除患者的病痛做好诊断、治疗、康复过程中每一环节的工作，否则，轻者将会给患者带来痛苦，重者则会有生命危险。举世瞩目的我国国庆大阅兵，不仅体现出了相互协作的关系，而且还体现出了劳动组织的美。这种由万人参加的活动，必须要把劳动者组织起来，按定额、定员选行编制，对训练和阅兵活动过程中的组织安排等方面实行科学的组织管理，使上下一致、万众一心，做到既有高昂的热情，又能紧张有序地工作，使整个过程如同一部运行极好的机器，为既定的、共同的目标全力奋斗。因此，劳动协作、劳动组织作为社会美的内容之一，在生产实践中越来越显示出其非常重要的作用。

二、伦理美

人是社会组成的基本单位，不能脱离群体而独立存在，当人进入群体中必然与其他人产生了各种各样的关系，要想在社会中实现自我人生价值，活出精彩，就必须建立和谐健康、充满愉悦情感的美的关系。社会关系的美是人与人的现实关系之中显现出来的美。

（一）交往是人与人沟通的桥梁

在社会生活中，人与人在交往中寻求相互理解也是一种强烈的渴望。人类世界需要协调和沟通，这有人的存在本质的根据、历史境遇的根据和现实处境的根据。就人的存在本质而言，人与人之间是有差别的，有文化、社群、种族、性别和个性上的差别。差别使人类世界显得丰富多彩，但由差别引起的隔阂、矛盾、对立和冲突在所难免。"君看随阳雁，各有稻粱谋"，那种心心相印、肝胆相照的和谐人际关系终归是一种美好的心愿而已。从历史境遇看，现代社会中人与人之间的隔阂加大、对立加深，尤其快节奏的生活、工作、学习的压力，还有功利化的人生态度等主观或客观的因素，甚至让一些人患上了所谓的"不感症"，"这种感官的异常迟钝，这种心理性的

'不感症'不仅使人失去自己曾经有过的敏感和激情,使人的生活变得异常贫乏、单调和枯燥,而且更使人与人之间、人与世界之间、人与物之间日益疏远、日益隔膜起来,他人成为一堵墙,人变得越来越孤独,越来越绝望",甚至由此酿成世界历史上无数的悲剧和苦难。从现实处境看,人们在交往中分别用不同的声音和话语来表达各自的情感和思想,这就使得人与人之间的对话显得异常艰难。

所有这些,说明由于各种干扰人们正常交往的因素的存在,使人们暂时陷入了交往的迷途,造成了人与人之间更多的隔阂、矛盾等等,因此,社会生活呼唤交往、协调和沟通,交往是人与人沟通的桥梁,让人与人建立和谐健康关系的通道。

(二)建立和谐美好的关系

马克思说:"人的本质并不是单个人所具有的抽象物。在其现实性上,它是一切社会关系的总和。"在所有的这些社会关系中,我们期望建立起一种和谐美好的关系。这需要社会群体和个人的共同努力,美好的社会关系既需要社会的道德规范,也需要个人的参与和共同建设。

我国传统的儒家美学观有厚重的伦理色彩,孔子曰:"里仁为美。"注重的就是人与人之间关系的和谐。中国传统认为,人与人之间有五种最为基本的关系,称之为"五伦",即夫妇、父子、兄弟、君臣及朋友关系。此外,还有人与其他社会成员之间的间接关系。如何处理好这些关系,对于建立一个充满伦理秩序的社会至关重要,建立人与人之间和谐的关系也影响着社会的稳定。

在我们的生活中,亲情、爱情、友情是时时刻刻影响我们情绪、生活等方面的关系,如果不能正确认识、合理解决则会在生活工作中起到副作用。

1. 亲情美

亲情是建立在家庭、血缘关系基础之上的一种人际关系。其最基本的关系包括夫妇关系、亲子关系、同胞关系等。它有两个特点:一是互相的,不是单方面的,母爱是亲情,爱母也是亲情;二是立体的,不是专指母女(子)情,也不是专指父子(女)情,手足情、祖孙情等等。

夫妇关系被认为是产生一切社会关系的基础和保障。《释名》曰:"妻,齐也。"《说文》曰:"妻,妇与夫齐者也。"可见,作为男主外、女主内的早期中国社会,妇与夫齐,二者对等。孔子也特别强调要尊敬妻子:"昔三代明王,必敬妻子也,盖有道焉。妻也者,亲之主也……敢不敬已?"(《孔子家语》卷一）今天，女性的社会地位得到了空前的提高，我们依旧提倡在夫妇关系中，二者平等互敬，和谐美满。

亲子关系即父母与子女之间的关系。中国非常重视"孝道"，古人认为"身体发肤，受之父母，不敢毁伤，孝之始也。"身体是父母给的，没有父母，便没有子女。孔子曾强调"君君、臣臣、父父、子子"，只有做到了"父慈子孝"，一个和谐的父子关系才得以建立。今天的亲子关系，父母作为长辈，对子女依旧需要慈爱，承担起抚育子女的重任，而子女对父母，当然也要孝敬关心他们，尤其当父母年迈之时，更应该尽可能地多抽时间来陪伴他们，报答他们的养育之恩。

同胞关系，即兄弟姊妹关系。我们今天独生子女已经非常普遍，但在古代社会，一对夫妇一般会有多个孩子，由此就产生了兄弟姊妹关系，处理好兄弟关系就要做到"兄友弟恭"，兄对弟要关心爱护，弟对兄则要尊重热爱。姊妹关系亦如此。这对于我们今天建立和谐的兄弟姊妹关系，依旧具有重要的指导意义。

对于军人而言，这种亲情关系可能要让位于军人对祖国的忠诚，自古忠孝难两全。作为一个特殊群体的军人，他们拥有和别人不一样的职业，他们的肩头扛着祖国和人民的重托，所以每当过年时，别人都合家团圆吃着饺子，他们却在边关哨所、雪域高原、南海群岛守卫着祖国的每一寸土地，只能想着远方的亲人。他们在训练场上从不流泪，他们有着刚毅的心，可是他们也想家，就像《军中绿花》中的歌词："妈妈你不要牵挂，孩儿我已经长大，站岗值勤是保卫国家，风吹雨打都不怕……"。有谁知道他们心里那份有苦不能说的酸楚，不管在什么日子里，他们都丝毫不放松自己，随时保持战备状态，不管家里发生了什么事，在有战况的时候，他们都把感情掩埋，用最佳状态上战场，这些铁打的纪律、光荣的使命给了他们无比的坚韧。我们向军人的亲情致敬！

从上述关系中，可见亲情美所表现出来的尊敬、关心、爱护和依恋是我们生活中不可或缺的美好情感。

2. 爱情美

什么是爱情？爱情是一对男女基于一定的社会关系和共同的生活理想，在各自心中形成的对对方的倾慕，并渴望对方成为自己的终身伴侣的最强烈的感情。爱情是人类感情中最炽烈、最深沉、最美好的一部分，她是一种崇高的精神活动。真正的爱情，能唤起青年对生活最真挚的爱，能燃起青年智慧和灵感的火花，能激发青年卓有成效的创造力。

爱情是艺术和文学的永恒和普遍的主题，也是人生和社会的永恒和普遍的主题。古今中外，有多少美丽动人的爱情故事永远地感动着我们，像我国的民间传说《梁山伯与祝英台》，像莎士比亚的戏剧《罗密欧与朱丽叶》等等。

在现实生活中，爱情的美好在于志同道合、心心相印、同甘共苦、不离不弃；爱情的美好还在于它给相爱的人以奋发的精神和创造美的力量，苏霍姆林斯基认为："爱情，它比上帝还崇高。爱情就是人类千古不朽的美和万世永恒的力量。如果一个人不会爱，那他就不能到达人类之美的这个顶峰……爱情不仅是兴高采烈地欣赏和享受为你创造的美，而且也是在心爱的人身上无止境地创造美。"

爱情之美，就是指在爱情中，包括恋爱、婚姻、家庭三部曲中，所体现出来的生活美。美好的爱情，总会给人以鼓舞和力量，总会给人带来青春的欢乐和家庭的温暖，它赋予生活美丽的彩霞，从而奏出人生最美的动人乐章。

歌德说过："哪个青年男子不钟情，哪个妙龄少女不怀春。"人人需要爱情，向往爱情；人人追求爱情美，歌颂爱情美，无情未必真豪杰。

军人也和所有人一样，渴望得到美好的爱情、美满的婚姻和幸福的家庭。虽然，在军营这个"绿色王国"里，军人与异性接触的机会较少，但并不妨碍军人寻找理想的"心上人"，军营也不是被爱情遗忘的角落。谁说军营里没有爱情？谁说当兵的不懂爱情？正是在军营火热的生活中，军人不但懂得了爱，而且深谙爱的真谛。正因为军人的职业是独特而神圣的，军人追求的爱情是纯洁而高尚的，所以军人的爱情具有一种独特的美丽。

军人爱情之美，美在真诚、坦率、朴实无华。歌德这样形容真诚的爱情："真诚的爱情比金石坚，似朝霞升在山之巅。你笼罩这辽阔的大地，使花的芬芳香遍人间。"朱伯儒则说："真诚是初恋的彩桥。"真诚坦率是军人的美德，也是军人的人格魅力，军人往往以此赢得恋人的信任、理解和支持，因而相亲相爱，共同走向成功的彼岸。

军人的爱情之美，美在忠贞专一，纯洁高尚。所谓忠贞，是指真诚相待，始终不渝。莎士比亚说："爱情不是花前月下的甜言，不是桃花源中的密语，不是轻绵的眼泪，更不是死硬的强迫，爱情是建立在共同的基础上的。"军人的爱情正是如此，她是战斗时的前赴后继，登攀时的携手并肩，经得起血与火的考验。

3. 友情美

可以建立起友情的关系很多，比如同学关系、同事关系、领导与下属关系，以及通过各种途径结识的朋友关系等。与朋友交，要讲究一个信字，即言而有信、相互信任。古人以此为准绳，今天依旧应该如此。只有相互信任，坦言相对，说话算数，我们才能与他人建立起和谐美好的朋友关系。同时也要讲究一个"敬"字，要相互尊敬，即使是领导对下属，亦应如此，才能和谐共事，建立起一种真正的友情。在人生的很多时候，都需要朋友与我们共同分享生活中的酸甜苦辣，没有朋友的生活，是孤独苦寂的。然而真正能够与我们深交的朋友，毕竟不多。鲁迅先生云"人生得一知己足矣，斯世当以同怀视之"，可见知己的可贵；流传千古的伯牙摔琴谢知音的故事，更让我们明白知音的难觅。尽管如此，我们还是要寻寻觅觅，找寻并赞美那属于我们的友谊。薄伽丘曾热情地歌颂友谊的美好："友谊真是一样最神圣的东西，不光是值得特别推崇，而且值得永远赞扬。它是慷慨和荣誉最贤惠的母亲，是感激和仁慈的姊妹，是憎恨和贪恋的死敌；它时时刻刻都准备舍己为人，而且完全出于自愿，不用他人恳求。"

军人之间的这种友情就是响当当的战友情，那是一种一起深夜站岗、一起边关扛枪、一起挥汗如雨、一起风雨兼程、一起捍卫美丽家园……的友情，这份情感中有彼此照应的习惯、生命托付的信任，深深地印在每一个军人的脑海中。铁打的营盘，流水的兵，即使当离别的钟声已经敲响，彼此也准备奔赴祖国的大江南北，相见不易，但是无论距离多远、时间多久，这份情感都流淌在血液中，永不消失。

三、职业美

我们今天所谓的职业，从社会生活角度看，是一种承担着生产任务或社会职能的社会化活动。从日常生活的角度来讲，则是人们为了能够不断获得收入而连续从事的某种劳动。可见，职业即具有服务社会的功能，也可为个人的生活提供经济保障。

（一）职业的形成

职业是随着社会分工的出现而产生，又是随着社会分工的发展而不断变化的。恩格斯在《家庭、私有制和国家的起源》一书中提出，在原始社会后期出现了三次社会大分工，即游牧部落从其余的野蛮人群中分离出来；手工业和农业的分离；商人阶级的出现。我国从最初的农民、手工业者、商人等,到封建社会后期,如明朝,职业的种类增至三百多种,统称为三百六十行。新中国成立后,我国各种工种、岗位的总和已发展到一万种左右,而随着科技的进步和服务行业的发展,新的岗位和工种还在不断涌现。

作为社会成员之一,我们每个人都应在这些形形色色、数以万计的职业岗位中占有一席之地,以自己的劳动和智慧,造福人类,同时也实现自身的价值。

(二) 职业的特征

与其他日常生活相比,一般认为,职业具有以下特点:首先,可获得经济收入。比如父母照看孩子,就不能算作职业。但如果是请保姆照顾孩子,并付给保姆工资,作为劳动报酬,那么保姆就算是一种职业了。可见,同样是一种活动,职业活动与其他活动的不同之处就体现在是否以经济收入为目的上。其次,一般具有连续持久性。人们选择了某种职业,只要这种职业能发挥他的特长,为了获得连续的经济收入,以及在此职业生涯中获得更好地发展,他的这种职业活动往往具有连续性,能坚持很多年甚至一生。再次,往往需要一定的技术。很多职业需要一定的技术专长才能胜任,比如医生、工程师等等。这些技术往往需要专门的培训或者要在学校学习很多年才能符合职业的需要。最后,职业是一种社会性活动。马克思认为,"每一种职业都是社会分工的一定部门",因此,职业也是一种社会化的活动。每一种职业,都与社会和他人有着千丝万缕的联系。比如教师这种职业,就对学生的学习和发展、国民素质的提高、科技的进步等等,具有重要的作用。职业是一种社会性活动。

(三) 职业美的因素

马克思曾经说过:"劳动创造了美。"职业作为人类的一种主要劳动形式,也是创造美的重要因素。职业美的因素主要有下述几项。

1. 劳动过程之美

有些工作需要人们一丝不苟、按图索骥地去完成,如生产一些有一定形状、尺寸要求的机械配件等,这类工作给人一种精细严谨之美;有些职业,则没有硬性的要求,完全是一种自由创造,如艺术家、自由撰稿人、服装设计师等等,这些职业则尽显自由创造之美。无论是精细严谨还是自由创造,都是劳动过程之美。

在劳动过程中,人们往往还可体会到团结协作之美。很多工作,需要一个团队来分工协作,而非个人能够完成。这就需要成员有一种合作精神,如此，在职业生涯中，很多人就会成为志同道合的朋友，大家团结协作，其乐融融，尽显人际关系之美。但如若有人无视他人的存在，时时刻刻只想着自己，缺乏合作共事精神，那么就会破坏应有的和谐，工作可能就无法顺利开展，最终的结果只能是这位无法与人共事的成员被淘汰出局。所以如果我们的工作需要一个团队来共同完成，那么就一定要注意与他人的团结协作，只有这样，才能既干好工作，又能收获美好的工作友谊。

2. 劳动成果之美

人们往往按照美的规律来劳动，因而千百年来，几乎所有劳动产品，都逐渐被艺术化、审美化了。如原始人用泥土制成一个陶罐，往往是粗糙的、朴素的、不加修饰的，但当满足了最初的使用价值之后，他便开始在陶罐上雕刻一些美丽的花纹，如最常见的鱼形纹等，以增加其视觉效果，使人产生赏心悦目之感。即人们发明一件物品时，首先满足使用的需要，紧接着，人们常常会以自己的创意，把这一新的发明物制作成一件件形态不一的具有审美价值的"艺术品"。日常生活中，我们的一些必需品，小到喝水的杯子，大到住房的装修，都是以人们的不同的审美眼光，来进行设计创造的，以使其充满美感。因此，劳动成果之美，成为职业美的重要因素之一。

3. 职业形象之美

不同的职业，从业者的形象往往各具风采，如果从业者的形象与其职业要求相吻合，则具职业形象之美。这就要求人们在着装发型、言谈举止、神态风采等方面仔细揣摩，做到与其职业相协调。如军人警察等，就需要有一种着装整齐、雷厉风行之美，同时跟群众交流时，又需亲切真诚；空姐就需要有一种既卫生整洁、端庄优雅，又对乘客温柔亲切之美等等。如果职业形象错位或与自己的职业不符，如倘若空姐都变成了雷厉风行的军人作风，则会让人感觉很别扭，甚至难以忍受。所以当我们从事一定的职业之时，一定要注意自己的职业形象，使之尽显本职业与众不同的形象美。

《中共中央关于加强社会主义精神文明建设若干重要问题的决议》中提出要"大力倡导爱岗敬业、诚实守信、办事公道、服务群众、奉献社会的职业道德"。我们在职业活动中一定要讲究职业道德，这对我们树立美好的职业形象具有重要的作用。

（四）工作着是美丽的

马克思曾说："任何一个民族，如果停止了劳动，不用说一年，就是几个星期也要灭亡。"劳动创造了历史，劳动改变了世界，劳动也让未来充满了希望。人生的绚丽和精彩都源于不断地工作并勇于创造的过程。

　　人们从事一定的职业，一般出于如下目的，其一是为了解决基本的生存问题，为了衣食住行等生活资料而劳动，无疑这是一种功利性行为；其二是为了实现自己的理想，体现自己的人生价值，为社会做贡献，无疑这是一种很高的人生境界。当然，在很多时候，这两种目的可以合二为一，事实上很多人都属于这种情况。不管是哪种情况，只要一个人从事的是正当的职业，我们都是赞赏的。因为为了生活资料而进行劳动，可以养活自己和家人，具有善的合目的性；为了实现自我价值而进行工作，则会充分发挥人的自由精神，无疑是一种美的创造活动。

　　而一个人只要用自己的辛勤劳动创造出了财富，不管其最初的目的是什么，他都为社会的发展做出了自己的贡献，因而都是美好的。同时，工作不仅能给人们带来经济利益，对于一个人的身心健康也具有重要的意义和价值。工作着的人往往会有一种踏踏实实的充实感，一种充满自豪的成就感等健康的心态，对于一个积极的人生态度的建立和保持，对于美好生活的感悟等都具有重要意义，故而我们说工作着是美丽的。

　　然而，现实生活中，每个国家都有具备工作能力，但因种种原因不去工作的人，他们往往需要靠他人的资助来生活，如目前所谓的"啃老族"。这些年轻人身体健全，却因无业而依靠父母资助其基本费用。须知"依人者危"，即使是自己的父母，也不可能养活自己一辈子，而长期无所事事，人往往变得精神空虚、萎靡不振，沟通交往欲望的淡漠，交流能力的降低，慢慢越来越自闭，不能适应社会生活。据报道，英国在对一个城市的研究中显示，每6个长期失业的年轻人中，就有1人会在10年内死亡。原因主要是这些年轻人与社会长期脱节，更容易患上抑郁症和其他健康问题。"高危行为"如吸毒和酗酒等是他们致死的主要因素。可见，工作虽然有压力虽然辛苦，但对于人生却具有重要的意义。

　　大发明家爱迪生曾说过："世界上没有一种具有真正价值的东西，可以不经过艰苦辛勤的劳动而能够得到的。"毛泽东也说过："一切坏事都是从不劳而获开始的。"所以只要有工作能力，就一定想方设法去投入工作，在工作过程中就会慢慢发现，自我成长成熟了，处理解决问题的能力提升了，认识事情的角度转变了，工作在改变着我们的认知，改变着我们的视野，在工作中能够寻求自我价值和社会价值，自豪感和责任感充盈在心头。

　　不过很多人在做着自己不喜欢的工作，认为是浪费时间和精力，提不起热情和兴趣，既然如此，人生须臾而过，何不鼓足勇气换掉鸡肋般的工作，投入自己梦想的追逐中去。

工作,不仅仅是谋生,它也让人在工作中找到自我价值,实现社会价值。能将工作做成事业的人是值得尊敬的,他们能在耄耋之年,在一把老藤椅上回忆激情燃烧的岁月,回忆拼搏奋斗的日子,在回忆中镌刻出痕迹的往往是最痛苦艰难时刻的坚持。就像军人,他们会记得枪林弹雨的惊险,会记得抗险救灾的生死角逐,会记得攻坚克难的坚守……那是让他们高大伟岸起来的工作。

(五) 军人职业美

1. 军人职业

军人,即具有军籍的人或服兵役的人。军人是一种职业,而且是人类历史上最早出现的职业之一。军人是战争的产儿,与战争有着不可分割的联系。军人在人类历史长河中扮演者极为重要的角色,任何国家、任何民族,都离不开军人。

军人是人类社会最早专业化的职业角色之一。也是历史上最为国家和大众重视的职业之一。在军人这个古老的职业角色中,凝聚着我们祖先长期的探索与思考。只要还存在阶级、国家,社会就需要军队,需要军人。军人这种职业具有独特的美丽。

2. 军人职业道德

穿上绿军装,生活中军营中,就要坚守军人的职业道德,做一名对得起祖国和人民的军人。

(1) 忠诚于党。邓小平同志曾强调,我们的军队始终要忠于党,忠于人民,忠于国家,忠于社会主义。这四个方面是统一的,但核心是忠于党。中国共产党是人民军队的缔造者,是社会主义国家和全国各族人民利益的忠实代表。所以,忠于党是党和人民对全军官兵的最高政治要求,是人民军队必然的价值要求和最根本的职业道德标准。只有忠于党,才能坚持人民军队的性质,保持革命军人的高尚情操与革命气节。

(2) 热爱人民。军队打胜仗,人民是靠山。人民群众与人民军队鱼水相依、血肉相连,是我军一切活动的力量源泉。热爱人民、服务人民,紧紧地与中国人民站在一起,为人民的利益而战斗,是我军奋斗历史的全部写照,是我军用鲜血生命凝结成的宝贵精神财富和崇高品质,永远是我军战胜强敌、勇克艰险的强大精神动力。

(3) 爱国奉献。热爱祖国是军人在军事实践中表现出来的对祖国的热爱，为祖国的独立、统一和繁荣富强而无私奉献、英勇献身的一种最深厚的思想感情，也是以爱国主义为核心的民族精神在军人核心价值体系中的直接体现。作为当代军人，爱国奉献就是要着眼于实现中华民族的伟大复兴，大力继承和弘扬中华民族爱国主义的优良传统，竭诚致志地履行保卫和建设祖国的神圣使命。军人的职业是孕育英雄的职业，军人的职业也是奉献的职业。如果说，在战争年代，"为人民牺牲"是军队讲得最多的话题，那么，在和平时期，"为人民奉献"则是军营最为响亮的口号。奉献，意味着军人担负极为艰苦危险而辛勤的工作，而只领取较少的报酬；意味着军人戍守在荒凉艰苦的边防，远离都市繁华的生活；意味着军人与家庭妻儿长期分居两地，难以享受现代青年花前月下、情意缠绵的浪漫情调；意味着军人下苦工夫精通地方所不需要的作战技能，而在第二次就业时面对新的考验……生命，就这样在奉献中迸发出耀眼的光亮。奉献，是军人人生价值的崇高体现；奉献，是当代军人最美的表现；奉献，使军人的使命变得辉煌。在建设家园时，在抗险救灾时，在战备戍边时……军人总是义无反顾地冲锋在前，他们的责任，他们的选择都让这份职业散发着暖人的光芒。

军人奉献的结果就是保家卫国，让我们的家园更加安定祥和，美丽富饶；让我们的国家更加稳如泰山，屹立不倒；让世界和平发展，协同向前，所以军人这个职业是不可缺少的，有着无与伦比的美。

（4）爱军习武。俗话说"当兵不习武，不如回家卖红薯""武艺练不精，不算合格兵"。所以，在军人职业道德规范中，爱军习武、恪尽职守是一个基本内容。爱军尚武、恪尽职守是调整军人与军队之间关系的一个重要道德规范，是对军人起码的要求。如果一个军人根本就不愿意当兵，不热爱自己的职业，不热爱自己的部队；那么，就失去了做一名军人的基本条件。爱军习武、恪尽职守是军人全心全意为人民服务的具体表现。

（5）严守纪律。纪律是军队的命脉，是战斗力生成的源泉。我军作为新型的人民军队，历来以严明的纪律著称于世。我军之所以能够由小到大、由弱到强，从胜利走向胜利，很重要的一条原因就是有严明的纪律作保证。严守纪律，是军人的天职，是当代军人职业道德的重要规范。

（6）坚守气节。勇敢是军人必备的意志品质，它所表现的是军人不畏艰险、不怕牺牲，一往无前、决不屈服的勇气和胆略，曾被拿破仑称之为"士兵的第一品德"。军人生来就是以战争相伴，从事的是充满风险、流血牺牲的特殊职业。正因为如此，毛泽东同志指出，勇敢、不怕死是军人最基本的素质，并反复强调，"这个军队具有一往无前的精神，它要压倒一切敌人，而决不被敌人所屈服，不论在任何艰难困苦的场合下，只要还有一个人，这个人就要继续战斗下去。"

四、社会公德美

社会公德是社会生活中最简单、最起码、最普通的行为准则，是维持社会公共生活正常、有序、健康进行的最基本条件。因此，社会公德是全体公民在社会交往和公共生活中应该遵循的行为准则，也是作为公民应有的品德操守。社会公德作为一种无形的力量，约束着人们的言行，影响着整个社区乃至社会的文明进步程度。在中国古代文化中首次提出涉及公德的是"礼"，《论语》曰"不学礼，无以立。"说得就是一个人为人处事的根本是要遵守社会公德。梁启超《新民论》指出："我国民所最缺者，公德其一端也。"构建社会主义和谐社会、建立社会主义核心价值体系，我们就更应该重视并讲究公德美。

在十八大报告当中，指出要大力倡导"文明礼貌、助人为乐、爱护公物、保护环境、遵纪守法"的社会公德。如果每个人都用这十二个字来约束自己的言行举止、日常行为，则人与人之间的关系会和谐友好，公共环境、公共秩序也会井然有序，整个社会也是充满友爱的社会。

（一）文明礼貌

文明礼貌是中华民族的优秀传统，是人们在日常人际交往中应当共同遵守的道德准则。在人们的互相交往中，和悦的语气、亲切的称呼、诚挚的态度等等，是相互尊重、友好的表现。讲文明礼貌能促进人们的团结友爱，是沟通人与人之间情感的道德桥梁。

讲文明礼貌是社会文明和个人道德修养的标志之一。人的行为举止最能反映一个人的道德修养和文明程度。每一个自尊自爱的人都应当把讲究个人礼仪当作获取成功的素质去培养。但是，在现实生活中，人们仍会看到种种不讲文明礼貌的现象，如一些人常常出言不逊、恶语伤人，失礼不道歉，无理凶三分，骑车撞倒人后扬长而去，乘车争先恐后，在公共汽车上见老人或抱小孩的妇女不让座……都是不讲文明礼貌的表现，必须认真克服。

文明礼貌包含的内容和要求很多，这里需要指出的是，文明礼貌的要求和内容不是一成不变的，它会随着社会的进步而不断更新。例如，中华民族历来有好客的传统，"有客上门，当降阶而迎"，但是现代社会探亲访友不仅要轻声敲门，而且需提前通过电话等形式预约。另外，随着对外开放的不断扩大，我们与外国友人的交往越来越多，必须了解、掌握对方的风俗习惯，尊重对方的礼仪,以彰显我们礼仪之邦的风范。

(二) 助人为乐

当一个人身处困境时,大家乐于相助,把别人的困难当作自己的困难,给予热情和真诚的帮助与关怀,这就是助人为乐。

在现实社会中,每个人都在一定的人际交往中生活,每个社会成员都不能孤立地生存,而在生活中人人都会遇到一些困难、矛盾和问题,倘若大家都"个人只扫门前雪,哪管他人瓦上霜",对于别人的苦难总是"多一事不如少一事"、"事不关己高高挂起"的态度,这就是个冷漠的、没有温度的社会。很多人都需要别人的关心、爱护,更需要别人的支持、帮助。爱人者人恒爱之,信人者人恒信之。如果在社会生活中,每个人都能主动关心、帮助他人,从自己做起,从小事做起,从现在做起,使助人为乐在社会上蔚然成风,那么,你就能随时随地得到他人的帮助,感受到社会的温暖。从这个意义上讲,"助人"也就是"助己"。因此,人人都应该发扬助人为乐的精神,积极主动地爱护他人,帮助他人。具体来说应做到:一是"我为人人"。每个人都应该从乘车让座、帮助残疾人过马路等小事做起,养成关心他人的习惯。二是"遇难相帮"。天有不测风云,人有旦夕祸福。当他人发生不幸、出现困难时,热情帮助,为其分忧解难。三是"见危相救"。比如,在遇到歹徒行凶时,遇到有人恃强凌弱时,遇到意外险情等危急情况时,每个公民都应该挺身而出、舍己救人、弘扬正气。四是热心公益。社会公益反映了社会主义的新型人际关系,与每位公民息息相关。每个公民都要关注和支持社会公益,多献一点爱心,多添一份真情,在社会生活中做一个热心人,如赈灾救荒、捐资助学、义务献血、为社会福利事业捐款捐物等等,做到有钱出钱,有力出力。

(三) 爱护公物

公共财物包括一切公共场所的设施,它们是提高人民生活水平,使大家享有各种服务和便利的物质保证。对待公共财物是爱护、保护,还是浪费、破坏,是一个公民有没有公共道德的反映。每个公民都应该自觉遵守社会公德,爱护公共财物。一要爱护本单位的公物,做到公私分明,不占用公家的财物,不化公为私。但在实际生活中,有些人不爱护机器、设备;有些人在家里千方百计节约用电、用水,在单位却对"长明灯""长流水"满不在乎,视而不见;有些人甚至化公为私,随意占用公家财物,并认为"公家的东西不拿白不拿"。二要爱护公共设施,如电话亭、路灯及有关通信线路、交通设施等，还要包括保护文物古迹，使其为更多的人服务。有些人不注意爱护公共设施，我们遗憾地看到：街头的公益广告牌被故意损坏，宣传橱窗的玻璃被人为破坏，市区新公园内设置的几只"梅花鹿""小山羊"有的已经成了"残废"；一些人就是喜欢在公园、文物古迹等地"信手题词"；有的人甚至把公共设施视为"发财致富的源泉"，恶意偷盗窨井盖，导致夜间行人受伤致残。三要敢于同侵占、损害、破坏公共财物的行为做斗争。有些人经常抱怨公用设施差，但是对随意破坏、损害公共设施的行为无动于衷，视而不见，见而不问。每一个公民都有责任和义务，同侵占、损害、破坏公物的行为做斗争，时时、处处关心和爱护公共财物。

（四）保护环境

环境问题，是当前国际社会普遍关注的热点问题。近年来，黄河的长时间断流，沙尘暴的频频发生等一系列环境问题所带来的危害，使人们越来越清醒地认识到环境和资源是人类生存和发展的基本条件。能不能有效地保护环境，关系到每个公民的生活质量和切身利益，关系到人们的安居乐业，关系到我们的子孙后代能否持续发展。保护环境，就是保护我们自己。保护环境不仅是我国的一项基本国策，也是社会公德的一项基本要求。

保护环境，首先要增强环保意识。有些人认为，现在是初级阶段，首先要把经济搞上去，环境治理以后再说。岂不知环境问题已成为我们发展经济的一大制约因素，况且环境污染所造成的危害已远远超过前几年污染企业所产生的"效益"。据有关部门测算，治理太湖至少需要投入2 000亿元，利害关系可想而知。但是，仍有少数人认为：天空那么大，放点烟气算什么；江河这么多，排点污水算什么；天地这么广阔，有点噪音算什么。我们每个公民都必须明白，"我们只有一个地球"，在经济发展过程中我们不仅要"金山银山"，还要"绿水青山"。其次，要树立"保护环境，人人有责"的观念，从自己做起，从身边的小事做起，努力养成有利于环境保护的生活习惯和行为方式，如自觉节约能源，反对浪费，不乱倒垃圾、污水，不损坏各类环境卫生设施等。此外，还应积极参加植树造林，保护绿化成果。

（五）遵纪守法

俗话说：没有规矩，不成方圆。对一个公民来说，是否自觉维护公共场所秩序，纪律观念、法制意识强不强，体现着他的精神道德风貌。遵纪守法同时也是保护社会健康、有序发展的基础。

遵纪守法，首先要知法。随着"三五""四五"普法活动的不断深入，市民的法制意识普遍提高。但是，在日常生活中，往往有一些人，因为对法律的无知，为了一些不足道的小事，恶语相向，拔拳斗殴，伤害对方，甚至闹出了人命案子，成为终身憾事。这种惨痛的教训屡见不鲜。所以，每个公民都要认真学习法律知识，不断增强法制意识。首先要学习与自己工作、生活密切相关的法律、法规知识，搞清楚什么事可以做，什么事不能做，什么是法律允许的，什么是法律禁止的。其次要守法。有少数人认为，现在实行市场经济，崇尚自由竞争，因此，有的人就见利忘义、唯利是图，盗用他人专利或商标权，制造假冒伪劣产品，有的甚至制造、销售淫秽音像制品。实质上，市场经济是竞争经济，更是法制经济，任何人都必须严格遵守各项法律法规，否则，就要受到法律的制裁。第三要护法。有些人仍信奉"事不关己，高高挂起"，在违法犯罪行为没有危害到自己的利益时，就认为"与己无关"、不必去管"闲事"。如果人人都只考虑自己的安危，见恶不斗、见凶躲避，甚至目睹有人同犯罪分子搏斗时也不去相助，出现使"英雄流血又流泪"的情况，就会使邪气上升，使社会不得安宁。今天流氓侮辱了过路妇女，大家不过问，明天说不定就会降临到自己家人头上；今天小偷扒窃别人的钱包，大家不制止，明天说不定那只罪恶的黑手就会伸进自己口袋。因此，我们每个人都要敢于扶正祛邪，同一切违法违纪行为做斗争，努力为他人、为自己创造良好的社会环境。

（六）军人要做社会公德的楷模

军人更是社会公德的维护者、执行者，比如沈星同志，他奋不顾身跳入冰冷刺骨的南阳河中，托举起青春的生命，他诠释了新时期青年军人崇高的价值追求和高尚的道德品质；比如孟祥斌，他用一次辉煌的陨落换回另外一个年轻的生命，别去问值不值，因为他穿着绿色的军装，有着军人的热血。他们在危难时刻挺身而出、奋不顾身、舍己救人，用自己的生命触及我们内心最柔软的地方，温暖着、感动着人们的心灵，告诉我们人间有大爱。还有李向群、方永刚、丁晓兵、徐洪刚……还有一位位没有留下名字的转业军人，他们的事迹响彻华夏大地，他们的壮举谱写着爱的乐章，他们是社会道德的楷模，是社会的表率，军装给予他们的不是光鲜亮丽的外表，更是一份沉甸甸的责任和嘱托，当祖国和人民召唤时，他们义无反顾奔向最前方。这是我们最可爱的人！

第六章 诗意的载体：自然美

自然美是现实生活中自然事物的美。千姿百态、五彩缤纷的自然界到处充满了美，不论是日月繁星、湖光山色，还是园林田野、水库大坝；不论是无生命的河川草木还是有生命的走兽飞禽，都能激发人的想象，给人以美感。

第一节 什么是自然美

各种飞鸟和虫子也如准时生长的植物随着季节的变化在更迭出现，一年之内各有自己的时间，河道溪流的两旁变化更大。六月，我们那条可爱的河流的浅滩上大片大片地开着蓝色的梭鱼草花，上面不断飞翔着成群结队的黄蝴蝶，这样的天蓝和金黄的炫示是什么艺术品也比不上的。河流的确是一场无穷无尽的狂欢节，每个月都有一番装点和炫示。然而，这种为人们看得见感觉得到的美只是自然美的最小部分。一天之内的种种景色：露珠晶莹的清晨、繁花盛开的果园、彩虹、山峦、星星、月光、平静的水里的倒影等等，若是你故意追求便会变得浮光掠影，以它们的虚幻嘲弄我们。你走出屋子有意地去欣赏月色，不如在趁你有事出门时悄然袭来的月色动人心弦。七月的闪耀着微黄的光影的午后，它的美谁能捉得住？你走上前去想抓住，它已经溜走了，但你从勤奋工作的窗前望去，它却美如海市蜃楼。这些自然景象很是美妙，那么到底什么是自然美呢？

一、自然美的形态

美的自然对象可以分为两类。

（一）未经直接改造的自然对象

比如在晋陕峡谷的"壶口瀑布"，宽阔的滚滚黄河之水，从17米高处飞流直下，跌入只有30～50米宽的狭长河道里，水雾升腾，珠玉飞溅，雷霆万钧，似天地间一把巨大的水壶无休止地倾注，形成了"源出昆仑衍大流，玉关九转一壶收"的自然美景。未经人类改造过的自然美在自然界比比皆是，如湖南的张家界，四川的九寨沟等等。这类自然对象的美，其社会内容比较间接、隐晦曲折，它们和社会生活的联系是以形式美为中介的，这种美在自然美中却占有广阔的领域和多样的形式。它们主要是以其自身特有的自然风貌、自然形式而取悦于人，使人得到愉悦并获得美的享受。好像它的美就在它自身的各种质料、性能、规律和形式之中，与人类没有关系。实际上，自然的这些规律和形式都是在与人类社会生活发生长久紧密的关系时才成为美的。一定的自然质料如色彩、声音、形体，一定的自然规律如整齐一律、对称均衡、变化统一，一定的自然性能如生长、发展等，是在长时期与人类社会实践发生密切的联系、关系，被人们所熟悉、习惯、掌握、运用，对人们生活实践有用、有利、有益之后才逐渐成为人们的审美对象的。所以自然并不需要完全改变其外在面貌、形式、规律，并不需要与某个特定的狭隘社会功利目的直接联系起来，便能以其与社会生活的长久普遍的概括联系而成为人们的审美对象。

（二）经过人们直接改造加工、利用的自然对象

它又可分为一般加工和艺术加工两种。属于一般加工的如山川绿化、江河治理、珍奇异兽的驯养等。属于艺术加工的有经过精心构思的园林景观、盆景、插花艺术等。这类自然对象之美，主要是以其社会内容的直接显露为特点，所以，它们与社会事物的美十分接近。随着人对自然的不断改造，不仅愈来愈多的自然物成为人们物质生活中有益有用的东西，而且它们在人们的精神生活中，也就由一种漠然的、对立的东西转化为一种可亲的东西。人们在被加工过的自然事物上或多或少地打上人类劳动和智慧的印记，这种自然事物的某些特征，后来就成为人的能动创造的特定标记，它能唤起人们的审美愉悦，因此具有了审美价值。

自然美的这两种形态并不可以截然划分，相反，它们经常是相互渗透和转化的。

二、多姿多彩的自然美

（一）形状美

自然美的基础和核心是形状美。自然美首先是也主要是以它的空间形式给人以美感。如我国著名的五岳，它们有着各自的外形特征：泰山如坐，华山如立，衡山如飞，恒山如行，高山如卧。这如坐、如立、如飞、如行、如卧的外形造成它们的形象美。再如号称"天下第一奇观"的云南路南石林，长满了奇峰异石，或如母子相偎，或如夫妻对叙，或如少女静立，或如勇士驰骋，或如长剑刺天，或如古塔入云……琳琅满目，不一而足。正是这高低错落、纵横俯仰的千姿百态，使之蔚为大观，令人目不暇接。

(二) 色彩美

大自然就是由五彩缤纷的鲜花、绿树、山石及红日、白雪等构成，为我们提供了极为丰富的色彩美。以鲜花为例，不同的花有不同色彩，如雪白的梨花、火红的茶花、粉红的桃花、金黄的菊花等。云南的山茶花、峨眉山的杜鹃花、八达岭的杏花等，都是以色彩美闻名于世的。自然界中的色彩随着季节的变化而变化，深秋时北京香山红叶"红似二月花"，冬季时长城雪景洁白无瑕，银装素裹。大自然中比较稳定的是土壤的暗色调，给人以浑厚、深沉之感。和土壤相比，岩石的色彩要丰富一些，有黄色、白色、红色、灰色和绿色等。在植物世界里，99%的色彩是绿色，绿色是一种使人视觉最舒服的基调色彩。绿色象征着生命力，生活在绿色的海洋里，能使人有一种清新和愉悦的心理感受。大自然中还存在着动物的色彩美，如金鱼、白鹤、黄雀、蝴蝶、孔雀等，都能呈现出极其丰富的色彩美。

(三) 声响美

自然风光是有声有色的，它还具有声响美，让人在获得视觉享受的同时，也获得听觉享受，晋代左思诗云："非必丝与竹，山水有清音。"在大自然中，风起松涛，雨打芭蕉，飞瀑飒飒，流溪淙淙，虫鸣啾啾，鸟啼唧唧……构成了和美的交响曲。辛弃疾一次夜行，沿路风光给他留下最深刻的印象中有蝉声和蛙声："明月别枝惊鹊，清风半夜鸣蝉。稻花香里说丰年，听取蛙声一片。"还有一次，他在山岩游玩，为流水声陶醉："高歌谁和余，空谷清音起。非鬼亦非仙，一曲桃花水。"在我国许多名山里，建有"听泉亭""松涛亭"等，就是为了便于游人欣赏大自然的音乐般的声响美。

风光美中也给人以嗅觉、味觉、触觉上的审美享受。"稻花香""鸟语花香"的"香"是嗅觉上的，品尝甘泉、清溪、香茗是味觉上的，"山路元无雨，空翠湿人衣"是触觉上的。风光美让人得到作用于全身所有感觉的愉悦，古人谭元春曾描绘道："身并于云，耳属于泉，目光于林，手缗于碑，足涉于坪，鼻慧于空香，而思虑冲于高深……"在这种景致下，人全身的美感汇集到脑际，也就是达到"畅神"的审美境界。审美时在所有感觉中视觉和听觉特别重要，因此形状美、色彩美、声响美最为被人重视。

（四）动态美

动与静是相对的，又是相辅相成的。人动物静、物动人静都是产生动态的变化。风景中动态美主要由流水、瀑布、波涛、溪泉和浮云飘烟等要素构成。风是无形的，但它是形成动态美的动力。它能驱散浮云、掀起波涛、吹拂柳枝、传送花香。诗人常把垂柳比喻成美女的长发，随风飘摆，显示出柔和的动态美。黄山素有"云海"之称，许多画家、诗人认为黄山妙就妙在烟云中。每当烟云升腾，时而犹如大海波涛翻滚，汹涌澎湃，时而悠然飘逸，从你脚下徐徐而过，真像在"仙境"和"云中游动"一般，使人感受到一种飘动的美、荡漾的美。山海关地区的燕塞湖有小桂林之称，当人们乘船在湖中观赏两岸风光时，群峰环抱，白云飘浮，碧水如镜，奇峰似乎在水中飘荡，船儿似乎在青山顶上游动。如果在风景区再看到彩蝶在翩翩起舞、雄鹰在展翅飞翔，就更增添了风景中的动态美。

（五）朦胧美

朦胧美在自然风景中广泛地存在着，如缭绕的云雾，隐现在云雾中的奇山异峰，扑朔迷离的湖光山色，日落西山的夕阳余晖，或隐或现的月色等，都能产生一种奇妙的朦胧美。苏轼描写烟雨迷蒙的西湖的佳句有"山色空蒙雨亦奇"，在细雨迷蒙中，西湖像美女穿上一层薄纱，隐隐约约显露出婀娜的体态，这正是一种朦胧美。

当群山朦胧时，层层烟云掩其面目，近山显得清晰高峻，远山显得深远莫测，产生丰富的层次，"山在虚无缥渺间"。大海朦胧时，水天一色，茫茫一片，海里的游船，不知是在水里游，还是在云里行。朦胧美表现的景物若隐若现、模模糊糊、虚虚实实，使游人产生神秘、玄妙之感，引起游人的丰富遐想和探索的兴味。朦胧美具有迷人的魅力，在于使游人通过创造性的想象活动，去捕捉、理解、补充朦胧形式中的内容，从而获得美的享受。

（六）人文景观美

自然美中还包括人文景观美，对于艺术化了的风光区来说，更为突出。人文景观，一是指人文古迹。我国有悠久的观赏山水的历史，很多自然风光区，都留有前人整修的遗迹。特别是一些著名风景区，大都经历了数百年甚至一两千年的改造、加工，凝聚着我国人民的智慧和民族文化。例如杭州西湖，远在六朝就得到开发，唐代便成为游览胜地。以后历代，直到现在，始终未曾中断过对它的修饰。西湖的白堤、苏堤、三潭印月、林和靖墓、岳王庙等，以及人们精心养殖的鱼塘、培育的花圃，处处可见的历代字画、碑刻、文物等等，都为西湖装点了美景，创造了浓郁的文化氛围。郁达夫的诗写道："江山也要文人捧，堤柳而今尚姓苏。"说明了人文遗迹对造就西湖风光的重要性。

人文景观，还指当地的民俗和传说。各地风光，都是和这些地区的风土人情、文化习俗联系在一起的。当地的服饰、烹饪、民居、婚丧礼仪习俗，以及民间工艺、歌曲、舞蹈、神话、传说等，也是风光审美的对象，让游览者兴趣倍增。例如，游览云南大理的苍洱风景区，当我们憩息在苍山的蝴蝶泉边，荡漾在被称为高原明珠的洱海上，漫步在摆满蜡染、扎染、大理石等各种工艺品的旅游摊点旁，看到热情好客的苗族青年身着民族服装，边唱边跳，向你献上白族人敬客的玉道茶时，你就会觉得景美人更美，人、景融为一体，相得益彰，构成了最美的风光。有关自然风景的民间神话和传说，还能使你在观看自然美景时趣味盎然。如三峡之畔的神女峰、雁荡山上的夫妻峰、桂林七星岩上的歌仙台、路南石林里的阿诗玛……都有和它们鬼斧神工的自然风貌相联系的神话、传说，笼罩上别有情趣的审美色彩。

三、寓意深刻的自然美

（一）自然美的象征性

自然界具有与人类社会生活相似的一些特征，往往成为生活的一种特殊形式和表象，即自然美被赋予了一定的社会性的内容。这种隐含的寓意性的存在往往是通过暗示、象征体现出来的。车尔尼雪夫斯基说过："构成自然界的美是使我们想起人来（或预示人格）的东西，自然界的美的事物，只有作为人的一种暗示才具有美的意义。"梅花，兰花，竹，菊花，被人称为"花中四君子""四君子"。对梅、兰、竹、菊诗的一般的感受，是以深厚的民族文化精神为背景的。梅、兰、竹、菊，占尽春、夏、秋、冬。中国文人以其为"四君子"，正表现了文人对时间秩序和生命意义的感悟。

比如梅，咏物诗中，很少有以百首的篇幅来咏一种事物的，而对梅花完成"百咏"的诗人最多。梅花最令诗人倾倒的气质，是一种寂寞中的自足，一种"凌寒独自开"的孤傲。它不屑与凡桃俗李在春光中争艳，而是在天寒地冻、万木不禁寒风时，独自傲然挺立，在大雪中开出繁花满树，幽幽冷香，随风袭人。从梅花的这一品性中，中国诗人们看到了自己的理想人格模式，就是那样一种"冲寂自妍，不求识赏"的孤清，所以诗人常用"清逸"来写梅花的神韵，如宋代"梅妻鹤子"的林和靖那著名的诗句："疏影横斜水清浅，暗香浮动月黄昏。""清逸"不仅是古代隐士的品格，而且是士大夫的传统文化性格。梅花所表现的正是诗人共有的一种品质,因而诗人倍加珍爱。梅花以清癯见长,象征隐逸淡泊,坚贞自守。那"高标独秀"的气质,倜傥超拔的形象,使诗人带着无限企慕的心情,以一往情深的想象,盼望与梅花在一起深心相契的欢晤:"雪满山中高士卧,月明林下美人来。"梅花的冷香色,含蕴着道德精神与人格操守的价值,因而深为诗人所珍视。

兰最令人倾倒之处是"幽",因其生长在深山野谷,才能洗净那种绮丽香泽的姿态,以清婉素淡的香气长葆本性之美。这种不以无人而不芳的"幽",不只是属于林泉隐士的气质,更是一种文化通性,一种"人不知而不愠"的君子风格,一种不求仕途通达、不沽名钓誉、只追求胸中志向的坦荡胸襟,象征着疏远污浊政治、保全自己美好人格的品质。宋人郑思肖在南宋灭亡之后,隐居吴中(今苏州),为表示自己不忘故国,坐卧都朝南方。常画"露根兰",笔墨纯净,枝叶萧疏,兰花的根茎园艺,不着泥土,隐喻大好河山为异族践踏,表现自己不愿生活在元朝的土地上,不与统治者同流合污的气节。寥寥数笔,却笔笔血泪。

竹在清风中簌簌的声音,在夜月下疏朗的影子,都让诗人深深感动,而竹于风霜凌厉中苍翠俨然的品格,更让诗人引为同道,因而中国文人的居室住宅中大多植有竹子。苏东坡说:"宁可食无肉,不可居无竹。无肉令人瘦,无竹令人俗。人瘦尚可肥,士俗不可医。"朴实直白的语言,显示出那悠久的文化精神已深入士人骨髓。明月如霜,好风如水,凉爽的闲庭中,翠竹依阶低吟,挺拔劲节,青翠欲滴,婆娑可爱,既有梅凌寒傲雪的铁骨,又有兰翠色长存的高洁,并以它那"劲节""虚空""萧疏"的个性,使诗人在其中充分玩味自己的君子之风。它的"劲节",代表不屈的节气;它的"虚空",代表谦逊的胸怀;它的"萧疏",代表诗人超群脱俗。

如果说,冬梅斗霜冒雪,是一种烈士不屈不挠的人格,春兰空谷自适,是一种高士遗世独立的情怀,那么,秋菊则兼有烈士与高士的两种品格。晚秋时节,斜阳下,矮篱畔,一丛黄菊傲然开放,不畏严霜,不辞寂寞,无论出处进退,都显示出可贵的品质。两千多年以来,儒道两种人格精神一直影响着中国的士大夫,文人多怀有一种"穷则独善其身,达则兼济天下"的思想。尽管世事维艰,文人心中也有隐退的志愿,但是,那种达观乐天的胸襟,开朗进取的气质,使他们始终不肯放弃高远的目标,而菊花最足以体现这种人文性格。咏菊的诗人可以上溯到战国时代的屈原,而当晋代陶渊明深情地吟咏过菊花之后,千载以下,菊花更作为士人双重人格的象征而出现在诗中画里,那种冲和恬淡的疏散气质,与诗人经历了苦闷彷徨之后而获得的精神上的安详宁静相契合。因而对菊花的欣赏,俨然成为君子自得自乐、儒道双修的精神象征。

(二) 自然美的易变性

自然美的易变性是指自然物所显示的美具有变化不拘的特性。自然美是"自然的人化"——直接或间接打上人的烙印,从而,自然物既受自然内部变化规律的支配,又受人类社会实践的影响,使自然美呈现出不同的审美特性。由于人们观赏自然物处在不同的时空条件,有远近、方位、四季、朝暮、阴晴的变化,所以对同一个审美对象就会产生不同的审美感受。我国古代画家从不同季节观察山、水、云、木的变化,总结出不同的美感。例如,山景四时是"春山淡怡而如笑,夏山苍翠而如滴,秋山明镜而如妆,冬山惨淡而如睡"。水色是春绿、夏碧、秋清、冬黑。云气四时是春融怡,夏翁郁,秋疏薄,冬暗淡。林木四时是春英,夏荫,秋毛,冬骨。春英是指叶细而花繁,有一种萌芽之美;夏荫是指叶密而茂盛,有一种浓郁之美;秋毛是指叶疏而飘零,有一种萧疏之美;冬骨是指叶落而树枯,有一种枝杆如骨得挺劲之美。又如"春风如酒,夏风如茗,秋风如烟,冬风如姜芥"。同一对象选择不同时间对其进行观照就能产生不同的审美感受。

不同的环境下观赏,也能获得不同的美感。应选择适当的条件去观照对象,才能获得更多美感。如清代文人张潮所说:"赏花宜对佳人,醉月宜对韵人,映雪宜对高人。""松下听琴(给人深厚古朴的审美感受),月下听箫(给人悠远静逸的审美感受),涧边听瀑布(给人飞流倾泻的壮美之感),山中听梵贝(给人出凡入圣的审美感受),觉耳中别有不同。""月下听禅,旨趣益远;月下说剑,肝胆益真;月下论诗,风致益幽。""楼上看山,城头看雪,灯前看月,舟中看霞,月下看美人,另有一番情趣。"这说明需选择适合的条件对对象进行观照。

自然美的丰富多彩,还可以从自然物与人的不同联系去分析。同一自然物,由于人们的欣赏角度不同,也获得不同的美感。欣赏角度又可分为空间角度和情感角度。黄山"耕云峰"上有块奇石,如从皮蓬一带观看像鞋子,而在"玉屏峰"前右侧去欣赏却像一只松鼠,面对"天都峰"仿佛正要跳过去,因而又称松鼠天都。这是空间角度的转换,使观赏者获得不同的感受。老舍的小说《月牙儿》中,有这样的描写,同一个"我"在同一个院子里看同一个月牙儿,由于主体的心境不同,看到的月牙儿的美就不同;有时,看到的是"一点点微弱的浅金光儿";有时,看到的是"老有那么点凉气,像一条冰似的";有时,看到的是"比什么都亮,都清凉,像块玉似的";有时，看到的是"清凉而温柔，把一些软光儿轻轻送到柳枝上"。这是情感角度的转换，使主体获得不同的感受。因此，对同一对象选择可以不同角度对其进行观照。

总之，由于自然事物的运动变化，自然对象与人的不同联系，表现出丰富多彩的自然美，体现出它的易变性，给人以不同的审美感受。

（三）自然美的多义性

由于自然事物反映社会生活的不确定性，决定了同一自然对象具有美和丑的两重性，这是自然美的一种特殊的审美特性。以青蛙为例，车尔尼雪夫斯基在《生活与美学》中写道："蛙的形态就使人不愉快，何况这动物身上还覆盖着尸体上常有的那种冰冷的黏液，因此，蛙就变得更讨厌了。"但是在我国诗人和画家的笔下，青蛙青衣披体、活泼可爱的形象却显得很美。蛙在水中游泳动作敏捷轻快，不仅是人们欣赏的对象，而且是模仿对象。如宋代大诗人辛弃疾在其《西江月·夜行黄沙道中》有"明月别枝惊鹊，清风半夜鸣蝉。稻花香里说丰年，听取蛙声一片"的传世佳句，可见，他是把蛙与蝉、鹊并列，作为审美对象写入词中的。蛙的美丑两重性，是由于它的多种属性和人类社会生活发生的不同联系所决定的，它的黏液使人想到尸体，它的鸣叫使人想到丰收，它的活泼体态又与人的活泼敏捷的动作相似，所以智者见智，仁者见仁。即使是同一自然物的同一属性在不同条件下也可以成为美的或丑的审美对象。比如南宋诗人吕本中的《采桑子》，同一弯明月却有意义相反的两种审美意味：

恨君不似江楼月，南北东西。南北东西，又有相随无别离。恨君恰似江楼月，暂满还亏。暂满还亏，待得团圆是几时？

同是桃花，它可以是春天和美的象征："东风全在小桃枝""人面桃花相映红"；它也可以是水性杨花和丑的象征："轻薄桃花逐水流"。

可见，自然事物的美丑两重性根源于人类社会生活的多样性。由于自然属性在人类社会中作用不同，从而产生不同的审美评价。如果离开了自然与人类社会生活的联系去理解，就失去了客观依据。

第二节 欣赏自然美

中国人对于自然景观的审美，有着悠久的历史传统。中国几千年的农业社会，决定了人与大自然，无论在物质方面，还是精神方面都保持着亲密的关系。中国人"天人合一"的哲学思想就是在这个现实基础上产生的，说明中国人很注重人与自然的相互交流。远古时,我们的祖先就以"赫赫我祖,来自昆仑"自傲,以昆仑为美。孔子有"登泰山而小天下"的审美感受。中国人还喜爱以自然物象征人品、人格。如"仁者乐山,智者乐水""岁寒三友""松梅兰竹""四君子"等。中国有许多山水诗、田园诗、边塞诗等,画家则以瑰丽的笔墨描画着祖国美好的河山。许多优美的乐曲,如《春江花月夜》《二泉映月》等也抒写出大自然美妙的韵致。人们在大自然中陶冶了性情,净化了心灵。古人还有"读万卷书,行万里路"之说。说明在大自然中可以获得丰富的知识,可以领悟到许多人生哲理。的确,人是大自然的产儿,在大自然的怀抱中长大。大自然不仅在物质上呵护着人类的生存,而且在精神上抚慰着人类的心灵。

对大自然美的欣赏,会激发军人爱国主义的情感,增强军人保卫祖国的使命感、责任感,同时也陶冶了军人高尚的道德情操,熔铸了军人坚强的意志。

一、感受自然美的独特魅力

我们每天都生活在美丽的大自然中,自然美无处不在,无时不有,早晨漫步河边有清风拂面,朝霞满天;傍晚徜徉于校园,有花香扑面,杨柳轻扬;夜晚静卧,窗下有明媚的月光洒落你的枕旁。只要你是一个善于运用审美感官发现自然美的有心人,就会敏锐地发现,生活周围处处都有自然美。

(1) 要培养一种欣赏自然美的习惯,训练一双善于发现自然美的慧眼。法国著名雕塑家罗丹曾说过:"美,到处都有的。对于我们的眼睛,不是缺少美,而是缺少发现。"早晨,我们推开窗户,窗外的绿树红花、云蒸霞蔚便展现在眼前;中午,我们踏上马路,路边树影婆娑,树上蝉鸣鸟语,自然美就在我们的环境中,要欣赏自然美,首先就在"发现"二字。我们生活的每一步都应当是审美行为的一个积累。失之于草,不能"发现",惯而成俗,终究要使每天弥漫在自己周围的许多自然美悄然溜走。因此养成审美习惯,练就一双善于"发现"美的慧眼是获得自然美的首要条件。

(2) 要重视自然美形象的直观特征及其各构景要素的组合关系。自然美则是以其宜人的形式特征取悦于人的。欣赏自然美就必须以审美对象的形式美和现象美作为感知的基础和起点。人们欣赏桂林山水,首先就是通过感官直接感知其江水的碧绿澄澈的色泽、蜿蜒曲折的流态,感知其山峰平地拔起的形状、青翠苍郁的颜色之美的。但是自然美不仅仅是单一的具象美,在通常的情况下多是由各构景要素有机组合的完整统一的形象美。一朵山茶花是由其鲜红的颜色、硕大的花蕊及其相互关系而构成的整体美的形象。一看桂林山水,其基本构景要素是青山与绿水,同时这山与水又以其各自的幻变特征、色彩对比与彼此相互映衬的组合关系,构成了一种明媚、秀丽、清奇的山水景观。当人们掌握了这些审美对象的直观特征和构景要素之后,就会产生审美愉悦,强化审美感受,从而为审美感受的高一层次的联想、想象和创造新的美的形象打下基础。韩愈的"江作青罗带,山如碧玉簪",贺敬之的"云中的神呵雾中的仙,神姿仙态桂林的山,情一样深呵梦一样美,情深梦美漓江的水",都是以其所感知的桂山漓水的具体表象为前提而升华为再造想象和创造想象的高级形态美的。这就使桂林山水由此而倍增光辉,使人们的审美愉悦也由此而达到了极致。

(3) 把握各自结构特点,多角度地观赏。大自然的具体形态主要表现为形式美。形式美又可分为因素美与整体美。看到垂直竖线,产生挺拔感;看到水平横线,产生稳定感;看到曲线,产生流动感;看到红色,感到温暖、热烈;看到蓝色,感到清凉、沉静;看到橙色,感到温和、活跃,如此等等,都是形式不同的因素美所唤起的美感。但对自然形式的美来说,整体美却更为重要。实际上,任何一个自然物象,都是由多种形式因素构成的。一朵花的美,就是由色彩、姿容、线条、芳香四者有机构成的外在形态的美。一块雨花石的整体的形式美,则是由雨花石的质地、造型、色泽、花纹共同组成的。"一道残阳铺水中,半江瑟瑟半江红。"白居易《暮江吟》这里主要描绘残阳映水所产生的色彩美,是由夕阳的金红色光芒同瑟瑟颤动的碧绿江水相映生辉造成的。水波荡漾,使色彩不断变幻,更增添了引人的魅力。

我国山水画的散点透视就是多角度观赏自然山水的审美经验的集中表现。或仰视或平视或俯视,视线是流动的,印象是丰富的。有时即使是平凡的小景,也能呈现出仪态万千的魅力。如黄山半山寺对面天都峰上一块奇石"金鸡叫天门",活似一只引颈高啼的鸡,但当人们登上龙蟠坡的左上方再回顾这块奇石的时候,它却变成了"五老上天都",五位老人弓腰曲背,联袂而行,他们不畏艰险的攀登情态,鼓舞游人向天都峰进发。

(4) 把握景观的多层次性和完整性。浏览风景,还处在时间流动的过程中,所以还得注意时间因素。首先是观赏要顺应自然感性面貌因时而变的特点。同一景物,在不同节令、不同气候、不同时刻,风貌各异。欧阳修是深谙此中奥秘的。他在《醉翁亭记》中说:

若夫日出而林霏开,云归而岩穴暝,晦明变化者,山间之朝暮也。野芳发而幽香,佳木秀而繁阴,风霜高洁,水落而石出者,山间之四时也。朝而往,暮而归,四时之景不同,而乐亦无穷也。

这段文字精彩记述了琅琊山朝暮晨昏、春夏秋冬景色的变化。既然景随时变,观赏就得选择时间。其次,景观欣赏是在时间流动的过程中进行的,景观的空间结构和观赏的时间流程统一,决定了景观欣赏动观和静观相结合的原则。旷景提供的空间开阔,狭景提供的空间较小,前者宜动观,后者宜静观。但动观也不是走马观花,而需要在线上选择若干观赏点,驻足静观,这就叫"动中有静";静观也不一片死寂,我们或凭栏眺望,或坐石小憩,所见行云流水,鸟飞花落,则是以静观动,这就叫"静中有动"。观赏时动静结合,使景物越发多姿多彩,兴味无穷。

二、军人对自然美的特殊感受

军人,作为一个独特的社会群体,在对自然美的感受方面有着自己的特殊性。

(一)对雄浑粗犷的自然美的青睐

军人自古就是与戎战联系在一起的,因而对边陲特有的雄浑粗犷的自然美有着特殊感受。我们以唐诗为例。大家都知道,在唐诗中有以高适、岑参为代表的边塞诗派,其作者或者就是军人,或者有随军远征边陲的经历,都以反映雄浑壮观的边塞风光或军旅生活为主。请欣赏下面这首诗:

君不见走马川,雪海边,平沙莽莽黄入天。轮台九月风夜吼,一川碎石大如斗,随风满地石乱走。匈奴草黄马正肥,金山西见烟尘飞,汉家大将西出师。将军金甲夜不脱,半夜军行戈相拨,风头如刀面如割。马毛带雪汗气蒸,五花连钱旋作冰,幕中草檄砚水凝。虏骑闻之应胆慑,料知短兵不敢接,车师西门伫献捷。

这是岑参的《走马川行奉送封大夫出师西征》。仅开头几句描写,就向我们展示了一幅极其壮观的自然美景象!尤其是作者虽极力描写了风沙之猛,寒夜之冷,首先围绕"风"字落笔,描写出征的险恶环境。"平沙莽莽黄入天",这是典型的白日绝域风沙景色,开头三句无一个风字,但捕捉到了风色,刻绘了风的猛烈。"轮台九月风夜吼",由暗写转为明写,由白天的风色转为夜晚的风声,狂风咆哮。紧接着以石头来侧面描写风,大如斗的石头随风乱走,勾勒出风的狂暴。这种恶劣环境中,顶风冒寒前进的唐军将士出现了,"将军金甲夜不脱"以夜不脱甲写重任在肩,"半夜军行戈相拨",以戈相拨写军容整肃,"风头如刀面如割",以面如割写行军感受。连战马都感受到了临战的紧张气氛,"汗气蒸""旋作冰"对战马凝而又化,化而又凝的汗水的刻画,是诗人细致观察的结果。经过这样充分的烘托铺垫后,读者自然会联想到:这样的军队,又有谁能敌呢?让人感到的是军人的坚强意志;不是风沙严寒吓倒人,而是人能战胜风沙严寒,突出表现出作者独特的审美感受。若没有切身从军的经历,是很难刻画出这种博大气势的。

就是在今天,许多战士告别家乡来到部队驻地,恐怕也会有这样的感受,如平原长大的战士到了崇山峻岭之间,领略一番"会当凌绝顶,一览众山小"的滋味,内地的战士来到草原戈壁,观赏着那"天苍苍,野茫茫,风吹草低见牛羊"的雄浑风貌,总是会有一番特殊的审美感受。

(二)沉醉于自然美时生发的责任感

由于军人担负着保家卫国的神圣职责,从事的社会实践的内容与普通人不同,因而在欣赏自然美时融浸着一种深深的责任感。这就使得军人对祖国的大好河山和一草一木,都有特殊的审美敏感,并在审美联想上也具有特殊的定向性,从军方知河山美。同是一轮明月,在不同的人心中激起的审美联想是不同的。一般说来,它最容易引发游子的思乡之情,往往同离愁别恨联系在一起。所以古人曾这样劝说世人:"明月楼高休独倚,酒入愁肠化作相思泪。"旷达的人,自我安慰道:"人有悲欢离合,月有阴晴圆缺,此事古难全。"然而,同是对一轮易引人思乡的明月的欣赏,在我们新中国的革命军人那里,却豪迈地道出了"八月十五月儿圆,一家不圆万家圆"的热血男儿的心声,一曲《十五的月亮》之所以被战士喜爱,也因为它是军人特有的审美联想的形象写照:战士虽对月思乡,但志在边关建功立业;妻子虽怀念丈夫,却鼓励他为国尽职守责。

(三)热爱生活与崇高牺牲精神的矛盾

军人对自然美感受的特殊性,还表现在以下似乎是互相矛盾的两点上:一方面,由于军人生活里充满了牺牲精神,每个军人都必须随时准备为保卫祖国和人民的生命财产而献身,并且由于在战时与平时都要与大自然为伴,要克服自然设置的重重困难以取得胜利,这就易使军人具有豪放、粗犷的性格,更能够领略大自然中高山大川等无生命物质的气势磅礴的美,像那耸入云霄的喀喇昆仑山,草黄马肥的内蒙古高原,汹涌澎湃的长江、黄河,乃至赤色千里的茫茫戈壁滩,都经常出现在战士的诗歌散文中,被热情地讴歌和赞美。另一方面,也正是因为军人具有随时准备为祖国献身的信念,所以,他们比普通人更懂得生命的珍贵,更热爱生活和生命;那些在常人看来不起眼的一草一木,对军人来说都可能具有重要的审美意义。例如在硝烟中挺立的一株小树，或焦土上仅存的一片绿草，都可能引起军人的审美感受，如战士们广为传唱的"我爱你呀老山兰"，毛泽东诗词中"战地黄花分外香"的句子，说的都是这个道理。所以我们说，一方面，更热爱生活和珍惜生命，另一方面，又最能与代表崇高牺牲精神的和象征着生命的事物产生共鸣，这样便产生特殊的审美感受。

第三节 守护自然美

自然美有变化无穷的形式。它在空间中展开为各种各样的静态形象；而在时间中的展开，无论是四季交替，昼夜变化，风蚀浪淘，生命变换，都使自然呈现出变化无穷的形式与形象。

自然美有神秘深远的意蕴。它并非只是以形式示人，而是真正蕴含着宇宙感、历史感、规律感、生命感等等，自然美的意蕴不是人类完全了解的，或者说人类也许永远不能完全了解的，深远的意蕴使自然美有着一种神秘感。人化自然中的美还体现着人的力量、智慧，有着丰富的文化历史蕴含。

因而，任何一次自然美的亲历，都会给人带来愉快和享受。

自然充满了灵性、充满了生命、充满了力量，与自然的对话使人升华与深沉。每棵小草，每片岩石，都会悄悄地诉说着生命的秘密，在大自然中人会发现自己的渺小与卑微，会去追求生命的无限与永恒……

在今天，在逐步被灰色的钢筋水泥包围的、熙熙攘攘的环境里，人的心灵与思绪也像是灰暗的、烦躁的、被束缚的，当人们走近自然的时候，都会产生陶渊明《归园田居》时同样的想法——"久在樊笼里，复得返自然"，人是自然之子啊！

而自然不是一种与人无关的自然，它是为人的自然，人化的自然，甚至可以说是人所创造的自然。在人类改造自然、征服自然、创造自然的过程中，有美化自然的一面，但同时，也有对自然破坏的一面。世界性的环境污染、土地沙化、气候异常等等，都是人类自己造成的恶果。我们不能不引起警觉：大自然是人类的栖息地，是人类的家园！在我们走近自然、赞美自然时，我们必须还要有强烈的保护自然的意识。

在当代，要实现从传统的漠视自然、利用自然向尊重自然、保护自然的观念转变，一个重要的途径是引导人们去认识和体验生态之美。

第六章 诗意的载体：自然美

一、自然美与生态美

在当前全球生态环境严重恶化的背景下，生态美学这一具有中国独创性的美学观念应运而生。生态视角是自然美乃至美学发展的现代前提。

生态美是天地之大美。首先表现为生命的活力之美。生命是自然之中最高的最活跃的部分，生命意味着生长，生长则充满着新陈代谢，推陈出新，这是一种蓬勃旺盛，永恒不息的生命承续之美，当我们赞美满载丰收果实的农田，"风吹草低见牛羊"的开阔牧场，树木参大的莽莽森林等生态景观时，引起我们强烈印象的首先是这些景观充溢着一种生命的活力的美。

生态美不仅表现为一种永不衰竭的生命活力之美，还通过生命之间相互支持、互惠共生以及与环境融为一体展示出一种和谐之美，即生物、阳光、空气、水分和土壤之间的"诚挚的协同"是生态系统整体的协调美。自然界的各种生物往往都存在着通过竞争以求生存的关系，但是这种竞争是发生在广泛合作背景之下的，物种之间的竞争通常导致的是多样性而不是灭绝。正是众多的生命之间的相互合作及其与环境的协调，造就了生态景观的和谐美。

（一）自然美为生态美发展提供重要支持

自然现象和动植物各有其美。日月星辰的美不同于高山大川的美，飞禽走兽的美不同于花草树木的美。其原因就在于它们的自然属性各有不同。即使是同一类自然物、自然现象，它们的自然属性、自然状态也不尽相同，因而呈现出不同的美。如我国的五岳，就突出地呈现出高山美的多样性：东岳泰山，形体厚重，主峰高耸；西岳华山，四壁陡立，山脊高窄；南岳衡山，形似大鸟，云雾缭绕；北岳恒山，逶迤起伏，绵延不绝；中岳嵩山，没有高峰，如龙眠状。因此人们以人的五种姿态来形容五岳风姿各异的形象美：泰山如坐，华山如立，衡山如飞，恒山如行，嵩山如卧。如果没有这些独特的外形，也就没有它们独特的美。可见虽然不能把生态美的本质简单地归结为自然属性，但自然属性确实是构成生态美的重要条件；离开了自然物，自然现象本身的质料、形状、线条、色彩、光泽、声音等等，生态美也就不存在了。生态美与其自然属性有密切的关系，而自然物的自然属性是多侧面的。且不说不同的自然物会在形状、色彩、声响等方面呈现出不同的美。如果再加上审美主体的特殊的审美趣味和心境，生态美的内涵就更加绚丽多彩了。正因为生态美不是单一的，而是多方面、多角度、多侧面、多层次的，所以说，维持生态平衡、保护生态环境就是要维持和保护生态特有的自然属性和习性，使它们具有永久的独特美、多样美和变化美。

（二）生态美是自然美存在的现代前提

生态视角是自然美的现代前提，而自然美存在的前提是自然地存在。尽管人类只是集中居住在地球上小面积的土地上，但是在时间的坐标系上，伴随着人类现代化的进程，地球的环境正在一步步恶化，皮之不存，毛将焉附？

生态视角更能帮助人类辩证地看待自然生存的重要性，追求生态美是自然美存在的现代前提。就生态美的一般情况而言，更侧重于形式美。在生态环境保护得较好的地方，天是蓝的，云是白的，山是青的，水是碧的，花是红的，草是绿的，这就构成了色彩美；大山的千姿百态，山林中的动植物各异的形态，又构成了形态美；风起松涛，雨打芭蕉，飞瀑飒飒、流溪淙淙、鸟鸣唧唧，则构成了能给人的视觉和听觉带来极大审美享受的声响美和流动美。可见生态美偏重于形式美，所以我们在开发、加工、改造生态景观时，应当注意创造简捷、直观的色彩、形状和声响。同时又要极力保护深藏闺阁、没有人工雕琢、充满野味的原始生态景观，使它成为人们欣赏生态景观形式美的旅游胜地。

感受生态美，离不开实地考察，离不开亲临实景和实地体验。在体验和欣赏生态美的过程中，置身于美不胜收的自然景物之中，人们会浮想联翩产生丰富的联想。车尔尼雪夫斯基说过，自然界的美的事物，只有作为人的一种暗示，才有美的意义。某些自然物之所以获得审美价值，往往是因为它的某些特征可以让人联想到人的某种精神、品格、个性、理想等，联想到人的生活，因而被人称道和赞美。孔子说过："知（智）者乐水，仁者乐山。"朱熹解释道："知（智）者达于事理，而周流无滞，有似于水，故乐水；仁者安于义理，而厚重不迁，有似于山，故乐山。"这说明智者、仁者都是从自然物中看到有与人的值得肯定的品德的相似之处，因而才欣赏赞美水和山的；山水之所以具有审美价值，也同样是因为它们能让人比拟或联想到人们的美好品德。当今的人们，看到浩瀚的大海一般都会联想到人的胸怀，看到梅、竹、松一般都会联想到人的高风亮节。从这个角度来看，通过欣赏和体验生态美，能够使人的精神境界得到升华，思想得到净化，品格得到完善。

二、生态视角下自然美的发展

生态美以形式美为特征的生态美能给人带来心旷神怡、赏心悦目的情绪欢愉，有助于人们在紧张的工作之余调节精神，消除疲劳。有些自然景物还常常以其"人化"了的自然属性,引起人们丰富的联想和想象,并以曲折、隐晦的形式显示出特有的功利效果。闻着污染河流的恶臭,听着不绝于耳的噪声,呼吸着日渐污浊的空气,想象着有朝一日被荒漠、垃圾和污水所包围的情景,人们越来越担心生态环境的恶化。生态环境的恶化严重威胁着人们的身心健康。为了人民的身心健康,我们必须高度重视生态美,必须想方设法开辟和营造一个"碧水、蓝天、绿地"融为一体的美的生态环境。

生态美的展示会产生巨大的形象感染力。这种审美效应所产生的情感积累,直接构成人的行为动机,成为激发人们开拓未来的无限创造力。

(一)为生态环境的建设提供直观的尺度

人们可以从生态美的环境体验中感悟到生态文明发展的历史必然性。人的价值体验往往是在失而复得之后才有更深切的感受。对于自然价值的认识也必然经历这样一个过程。人类正是从人与自然关系的失误中,从当今不断恶化的生态危机中,从地球生态系统自身的整体性中才能真正认识自然的价值。这种价值不仅是自然界对于人类的价值,而且也是对于自然界内部所有生命体的价值。因为无机的自然是一切生命生存的支持系统,而一切生命又都与人的生命相关联。生态审美观体现了人与自然的和谐共生,它也成为整个生态环境建设的指导原则和出发点。对于生物的多样性和生态景观的多样性的保护,不仅可以从生态原理即生物基因资源的保存价值上,而且可以从直观的审美体验中找到根据。

(二)促进生态产业的发展

生态农业中,由于采用生物群落相互支持和制约的原理,可以发挥生物防治病虫害的效果,从而大大减少化肥和农药的使用,改善农业生态环境。人们对于自然的亲近促进了观光农业的产生。农业不仅为人们提供无污染的绿色蔬菜和食粮,农田也成为人们观光旅游的场所。这就使农村在生态文明时代实现了对田园牧歌的回归。这不是基于自然经济的封闭保守的小农经济的复归,而是在一个更高文明层次上的提升。又如海洋世界和冰雪世界的科学考察与生态旅游的结合,在人们对于生态美和自然美的观照中,揭示大自然的奥秘,也促进了人们对科学的热爱和探索。

生态美的开发对于提高人们的生活质量,推进生活方式向文明健康和科学的方向发展提供了途径。

随着经济的发展,人们生活不断改善,这种改善首先反映在生活水准的提高上。在丰衣足食以后,人们开始更多地关注房屋的装修和扩大居住面积以改善生活环境,同时也对整个外部空间的环境质量更加关注。进一步则是提高生活质量,使人的物质生活和精神生活得到全面发展。在这一过程中,当人们从生活水准的提高向环境质量的提高迈进时,人们便会更加关注环境的美。生态美正是人工环境与自然因素相结合的产物,它构成了环境美的中心内容。

生活方式作为人的生活过程的表现,构成了生态美的内涵,因为人本身也是人与自然的统一体,同时又与他人结成社会关系。社会生活方式是一个多层次的复合体,其中包括劳动生活方式和闲暇生活方式,消费生活方式和交往生活方式以及政治生活方式等。个人生活方式是构成整个社会生活方式的基础。随着生活方式向自主、开放和进取方向的转型,为个人生活形式丰富多彩的选择提供了条件。多样统一是生活和谐的重要原则,也是生态美的一种表现。在生活中劳作与休闲,各项生活内容的交替和重复,都构成了生活的一种节奏。对生活节奏的把握和调节也会给人一种生态美的感受,它会促进人的生活方式走向更加健康、科学与合理。

(三) 对于传播生态文明、促进生态文明建设提供生动的手段

美的事物具有对人的生理和心理的适应性,给人以亲和力。生态美的环境本身就是对人的一种启迪和审美教育,可以发挥潜移默化、润物无声的效果。它有助于促进人的生态价值观、强化人的生态伦理观,提高人们保护自然环境的生态自觉性。生态美作为一种人生境界,反映了人与内在自然和外在自然的和谐状态。它为人的个性发展提供了导向。美是合规律性与合目的性的统一,因而使人获得自由的感受。在美的陶冶下,人的精神发展在受动性与能动性的统一中能激发出更大的创造性,从而促进了生态文明的建设。

三、创造人与自然的和谐

(一) 人与自然和谐发展的理论内涵

我们面对的现实世界,就是由人类社会和自然界双方组成的矛盾统一体,两者之间是辩证统一的关系,一方面,人与自然相互联系、相互依存、相互渗透;另一方面,人与自然之间又是相互对立的,为此,我们要在统一中看到对立,在对立中把握统一。

人与自然和谐发展,是指人类要节约、珍爱每一份资源,善待和保护我们的环境,保持人与自然和谐相处,促进人口、资源、环境与经济、社会稳定、持续发展以及人类的全面发展。目前,深刻认识人与自然的关系,分析我国存在的各种弊端与问题,探寻人与自然和谐发展的思路,仍是我们面临

且以待解决的重大课题。

人与自然关系是人类生存与发展的基础关系，一部人类社会的发展史，也是人与自然的关系史。人与自然共处在地球生物圈之中，人类的繁衍与社会的发展离不开大自然，必须以大自然为依托，利用自然；同时又必须改造自然，让大自然造福于人类，服务于人类。人与自然的关系主要表现在两个方面：一是人类对自然的影响与作用，包括从自然界索取资源与空间，享受生态系统提供的服务功能，向环境排放废弃物；二是自然对人类的影响与反作用，包括资源环境对人类生存发展的制约，自然灾害、环境污染与生态退化对人类的负面影响。

(二) 确立生态文明新理念，实现人与自然和谐发展

建设生态文明，是关系人民福祉、关乎民族未来的长远大计。面对资源约束趋紧、环境污染严重、生态系统退化的严峻形势，必须树立尊重自然、顺应自然、保护自然的生态文明理念，把生态文明建设放在突出地位，融入经济建设、政治建设、文化建设、社会建设各方面和全过程，努力建设美丽中国，实现中华民族永续发展。

1. 正确看待人类中心主义，确立人与自然平等进化

人类中心主义的核心观点主要包括：在人与自然的价值关系中，只有有意识的人才是主体，价值评价的尺度必须始终掌握在人的手中；在人与自然的伦理关系中，应当贯彻人是目的的思想；人类的一切活动都是为了满足自己的生存和发展的需要，不能达到这一目的的活动是没有任何意义的，因此一切以人的利益为出发点和归宿。总之，它是一切以人为中心，把人类的生存和发展作为最高目标的思想。很显然这过于夸大人的地位和作用，而忽略了自然界的存在，忽视了人只有在一定的自然环境中才能生存，人类始终依赖于自然界。我们应该用辩证唯物主义的观念来看待两者之间的关系，遵循自然规律的要求，建立一种与大自然充分相适应的、和谐相处的关系，既维护大自然的多样统一，又保证人类在自然中的存在和持续发展。

2. 消除人与自然分离对立，建立人与自然和谐统一的思想

人与自然的存在和平等进化并不是各自分离，独立存在发展的。而是相互影响、你中有我，我中有你，相互交织在一起的。但现实生活中，人们有时只注意近的结果，而没有认识到较远的后果，等积累到一定程度时才引起关注，最终造成大的损失，甚至难以治理。为此，我们应该反对形而上学片面地看待人与自然，运用科学的辩证自然观，也就是人类发展观的同时也必须充分考虑到自然界的承受能力，从人的长远和未来考虑，树立全球和全人

类的观念有效地利用自然资源，使人与自然和谐发展。

3. 确立人、自然和社会统一的战略

制定相应及合理的规划措施，维护生态平衡，在当今及未来的经济社会发展中，实现长久的和谐发展。人是社会中的人，人的发展离不开社会，人总是在利用自然、开发自然，促进社会的不断进步。同样社会的发展也要以人为本，尊重自然的发展规律，才能更快更好更高地进步。因此我们要在自然面前保持谦虚谨慎的态度，充分发挥人的主观能动性，跟上时代的脚步，融入社会的发展中，建立一种新的和谐。

4. 全民动员，培养人们的生态文明意识

（1）加强生态文明观念的教育。生态文明观念的核心是对人与自然关系的重塑，即必须认识到：人既是自然的主人，又是自然的存在物；人既利用自然，又必须尊重自然，与自然和谐相处。当前最重要的是转变环境教育观念。要从人与自然和谐统一的高度树立正确的自然观、环境价值观。深入开展环境保护教育，利用各种媒体和舆论工具，大力宣传环境保护知识和环境法规，提高公民环保意识，大幅度提高社会公众参与可持续发展的力度。同时环境教育要求人们依据环境法则，逐步树立起"一个地球"的意识，树立起人与自然平等、国际和代际公平的思想。因此，增强生态意识，进行环境教育应当成为全体公民的共同任务。

（2）加强生态道德教育。生态道德是生态文明的重要组成部分。只有大力培育全民族的生态道德意识，使人们对生态环境的保护转化为自觉的行动，才能解决生态保护的根本问题，才能为生态文明的发展奠定坚实的基础。因此，面对生态环境的渐趋恶化，需要把生态道德教育提上议事日程。通过这种教育，增强人们对于生态环境的道德意识，使之认识到，生态道德是人类道德的重要方面，保护自然环境、维护生态平衡是人类为了自身的生存所应履行的道德义务与责任。生态道德既包括人对自然的道德，也包括人对人的道德。从"人是自然"的观念出发，人对人的道德亦是人对自然的道德的表现。合理调节与控制人类自身的生产与再生产，不断改善人与人之间的关系，使全人类真正和平相处，这是维护生态平衡的基本要求。

（3）加强生态法制教育。保护自然环境，建设生态文明，不仅需要人类的道德自觉，同时更需要社会法制的保障。目前，为了保护生态环境，人类开始制订了世界性的环境保护公约。环境法学已成为人们研究的一个新视域。生态法制教育的根本宗旨是，让人们了解各种保护自然、保护环境的法规与条例，从而能更加自觉地遵循自然生态法则。

第七章　艺术的殿堂：艺术美

艺术美是指各种艺术作品所显现的美。艺术美作为美的一种形态，它是艺术家创造性劳动的产物。它是艺术家按照一定的审美目标、审美实践要求和审美理想的指引，根据美的规律所创造的一种综合美。

艺术美就是艺术形象之美。人们只有通过对艺术形象的欣赏，才能够感受到艺术作品之美。艺术形象是根据现实生活中各种现象加以艺术概括所创造出来的具体生动图画，它是广泛多彩的。不能把艺术形象，仅仅理解为人物形象，那些动人的景色、欢乐或哀痛的思绪，一幅熙熙攘攘的生活图画、一种气氛、一种情趣等，它们都是艺术形象。如裴多菲的"生命诚可贵，爱情价更高。若为自由故，二者皆可抛"，在这里根本就没有人和物。但当读者读到这些火热诗句的时候，心中就可以浮现出一个为自由而献身的崇高形象。再如贝多芬的第九交响曲，表现出压抑、痛苦、忧郁、希望、挣扎、激奋、斗争、挫折，表现出不屈不挠的意志和最后的欢乐，这些思想感情所构成的音乐形象，就是艺术形象。当然它是凭借于听觉、想象中的形象。

第一节　艺术美育

艺术美育是指通过艺术教育的手段所实施的美育，艺术美育所凭借的手段是不同于自然美与社会美的艺术美。这种艺术美具体地表现在艺术品上，而艺术品本身是艺术家创造性劳动的产物，是美的物化形态。艺术通过艺术家灵悟的眼光，把现实中朦胧含混、不甚显露的美发掘出来，帮助人认清什么是真正的美和丑。可以说，艺术美是人类高尚情感的结晶，它比自然美与社会美具有更高的美的层次。艺术美育具有一种动人心魄的神奇魅力和巨大的感情力量。这是因为艺术品具有形象性与情感性高度统一的特点，在具体的、个别的、可感的形象性之中，渗透着作家的强烈情感，较之一般的生活形象更易对人们产生巨大的情感激动效果。

一、什么是艺术美

艺术美是指艺术作品中的美。艺术家按照一定的审美理想、审美观念和审美趣味,对现实生活中的自然事物和社会事物进行选择、集中、概括,通过一定的物质材料和艺术技巧,将头脑中所形成的审美意象物化出来,就成了艺术美。

艺术美是随着人类社会的发展而产生,并随着人类社会的发展而发展的,是美的集中表现和最高形态,是艺术家创造性劳动的结果。艺术美在艺术作品中并不是一种抽象的存在,而是一种感性、直观的显现,即通过艺术作品中所塑造的具体、生动、典型的艺术形象显现出来的。

艺术美具有客观性。艺术美来源于人类的社会生活,是对现实生活中的美的发现和描写,是对现实生活中各种美好事物的真实反映和再现。所以,离开了客观的现实生活和外在的物质世界,艺术之花就会凋谢,艺术美的绚丽光彩就会消失。

艺术美具有主观性。在艺术创作中,艺术家总是根据自己的审美理想,对曾经感受过的现实生活进行选择、集中、加工、提炼,并融进自己强烈的情感态度和审美评价,使艺术美具有主观性和表现性。正如黑格尔所说:"在艺术里,感性的东西是经过心灵化了,而心灵的东西也借感性化而显现出来了。"对艺术家而言,艺术不仅是"自我"以外的客观世界的"再现",更是"自我"本身的"表现"。所谓的"自我",不仅包括艺术家的整个心灵(欲望、意志、理智、情感等),而且包括艺术家的整个生命活动。

艺术美不仅来自对现实生活中美的事物的反映,而且也来自对生活丑的反映。生活中的丑虽然是令人憎恶、反感和讨厌的,但经过艺术家的创造性劳动,它完全可以变成可供人们欣赏的审美对象。例如《白毛女》中的黄世仁、达·芬奇名画《最后的晚餐》中的犹大、《巴黎圣母院》中的卫队长法比等,在现实生活中不可能使人产生美感。但在艺术作品中,他们却是著名的艺术形象。这是因为生活中的丑经过艺术处理进入艺术作品后,就成了渗透着艺术家否定性情感评价的艺术形象,这样的艺术形象并没有改变其自身丑的本质,但却通过对丑的揭露、鞭挞和否定,从反面肯定了生活中的美,激起人们对丑的憎恶,激发了人们对美的追求。

二、艺术美的特征

艺术美源于现实美,既是对现实美的加工、提炼、概括和升华,又渗透

第七章 艺术的殿堂：艺术美

了审美创造主体艺术家的审美经验、审美情感、审美认识和审美理想，是主客观的统一体。因此，艺术美不同于自然生态美和社会美，它是美的集中表现，是美的最高形态。艺术美的这一特性也使得艺术美育不同于社会美育和自然生态美育而拥有独具的魅力和特点。具体来说，艺术美育的特点主要体现在以下几个方面。

（一）独特性

艺术美的首要特征就是独特新颖、不可重复。如果说科学是发现，其结论是可以重复验证的，那么艺术就是创造，是主客体两方面系列要素的"魔术般的形象综合"。它总是突破常规，发现或重组他人未曾发现、未曾组合、未曾体验过的新的结构或关系。所以艺术作品从内容到形式，都应当独出机杼，发他人之未发，道他人之未道。

真正的艺术家所创作的任何一部作品，不仅不重复别人，也不重复自己。他总是不懈地追求、顽强地探索，竭力为社会提供独特新颖的作品。例如，在中国绘画史上有许多画马的名家，虽然他们画的都是马，却风格各异，迥然有别。比如唐代的韩干、元代的赵孟頫、宋代的李公麟，乃至现代的徐悲鸿等艺术大师所画的马，就是有力的例证。作家也一样，鲁迅的《狂人日记》和果戈理的《狂人日记》，虽然是连篇名都一样的小说，但思想意蕴与艺术风格却完全不同。所以，雕塑大师罗丹说，"拙劣的艺术家永远戴别人的眼镜"，而艺术大师却总是"用自己的眼睛去看别人见过的东西，在别人司空见惯的东西上能够发现出美来"。这就要求艺术家独具慧眼，善于从普遍中发现特殊，从平凡中看到不凡。

但是，艺术美的独特新颖并不意味着要猎"奇"求"怪"，而是在遵循艺术规律的基础上，努力汲取中外艺术的优良传统，进而大胆地开拓、创新。艺术作品应当是"新"的，又是"美"的，是新与美的有机融合。而值得注意的是，现在有些非艺术、反艺术的所谓"作品"，却被一些人吹捧为现代艺术的"杰作""典范"。诚然，艺术美需要独特新颖，但"为新而新""唯新是举"，新而不美，其结果往往是对艺术创新的歪曲，对艺术美的否定。

（二）形象性

形象性是指艺术作品的具体、鲜明、可感的程度。作为一种审美的意识形态，艺术与其他意识形态的重要区别之一，就在于它以具体、形象的感性形式显现其深刻丰富的内容。它是让人看到、听到、闻到、感受到，从而在审美体验过程中同时领悟到作品所包含的某些深刻的意蕴。这种意蕴，或许包含某种清晰的哲理、明确的观念，或许是某种"说不尽、道不明"的感觉与体验等等。

艺术创造的形象性，就是艺术家运用某种特定的材料所创造的反映生活的某种直观的形式，就是艺术家根据现实生活重新创造出来的具体生功的生活图画。黑格尔说："艺术的形式就是诉诸感官的形象。"如音乐运用旋律、节奏等手段塑造听觉形象；绘画通过线条、色彩等手段创造视觉形象；影视则运用镜头的组接构选直观视觉形象；文学则运用语言文字为工具，实现想象中的多维形象；虽然不同种类的艺术，运用的基本艺术手段不同，因而塑造的感性形象所作用的感官也不尽相同，但具体可感的形象性却是共同的艺术要求。

（三）情感性

无论是艺术创造还是艺术鉴赏，没有强烈的情感介入，就无法进行。情感性是艺术美的最重要的特征之一。艺术能表现情感更重要的是它能以优于其他任何方式的方式来充分地、自由地展示人们的想象和认识世界的情感欲望和情感力量，充分地、全面地、深刻地表现人类丰富多样的情感；而且艺术表现的情感是在对自然情感深刻体验后，经过选择、积淀、强化、升华等处理后的情感，其感染力是其他任何方式所无法比拟的。一旦我们进入艺术的情感世界，喜怒哀乐，都是审美体验。我们不愿到殡仪馆，却愿意到剧场去流泪，因为在艺术美中，我们以自由人的身份，在情感世界中自由地活动，获得了自我实现。

（四）典型性

典型性是艺术美在内容与形式的有机结合中所体现出来的深刻而生动的程度。艺术美源于现实美，又高于现实美。没有现实美作源泉，艺术美就成了无本之木，无源之水；但艺术美又是现实美的升华，较之现实美，它更高、更集中、更强烈、更典型、更普遍，因而更美。凡是成功的艺术形象，一方面都是生动如画、栩栩如生的具体、个别的形象；另一方面又都是蕴含着深刻的意蕴、丰富的内涵，因而在给人审美享受的同时，又能提供多维度的理性启迪。

（五）理想性

艺术美的理想性，首先体现在创作主体强烈的爱憎感情上。爱与憎，反映了创作主体的所是与所非，体现了主体对某种理想的追求。八大山人朱耷所绘的花、鸟、草、水、鱼、石，就寄寓着明末遗臣对明朝覆没的哀痛，对满族统治者的愤懑。他所画的鱼、鸭，往往有"白眼"状；他所画的鸟类，往往有股倔强悲愤的狂态；他所画的山水，则每每荒寒萧疏、淡泊空灵。这些都体现了画家在特定历史环境中的爱憎感情与理想追求。所以郑板桥在品评朱耷的作品时说："横添竖抹千千幅，墨点无多泪点多。"可谓慧眼独具，品到了作品的深邃之处。

艺术美的理想性还体现在创作主体对美的愿望的追求上。现实美往往是零散的、偶然的、非有机的，虽然无穷无尽，取之不尽，用之不竭，却往往不集中、不强烈、不鲜明、不完整。艺术家就把蕴藏在现实生活中的美的碎块集中起来，按艺术美的逻辑予以重新组合，使之鲜明、强烈，成为理想的美的形象。因此艺术家应在艺术创造中熔铸创作主体的愿望和理想，赋予艺术美以理想性的色彩。

总之，独特性、形象性、情感性、典型性与理想性，是创作主体根据社会现实生活重新创造出来的艺术美的基本特征。这些特征受制于为艺术创造所特有的本质规定，它们彼此相互交织、不可分割地隶属于艺术美这一有机整体。虽然不同的艺术形象，不同的创作个性与风格，对于艺术基本特征的体现与要求不尽相同，或侧重于形象性，或专注于情感性，或着眼于典型性，或偏重于理想性，但它们都不能排斥其他特征。全面而辩证地把握艺术美的本质特征以及它们之间的相互关系，对于艺术美的创造与欣赏，都是至关重要的。

三、艺术美育的功能

艺术美所具有的上述特点，使它有着强烈而巨大的美育效能。艺术是真、善、美的和谐统一，从功能和效用角度来说，通过艺术教育和艺术欣赏即艺术美育：由真而能产生知识理智教育，由善而能产生意志行为教育，由美而能产生情感教育。因而，艺术美育将会越来越重要。艺术的美育效能在美育的三个层次——爱美教育、审美教育和创美教育中都能得到体现，具体可概括为怡情、养性、启智、育美4个方面。

（一）怡情

情感的激发与传达是艺术最明显的功能之一。艺术的审美形式按其实质来讲就是一种情感形式，一种能激发起某种情感反应的形象图示。人类的情感就其本性来说是必然要求表现或表达的，艺术就是一种最恰当的表现和释放方式。艺术能将人的情感按一种合目的性、合规律性的方式即审美方式，有序地激发出来：它把人的心灵带入到一种仪式化的活动过程当中，通过宣泄与体验，使过分强烈的情感得到疏导和转化，从而使情感系统、认知系统和意志系统统一和谐起来。而且，艺术提供的社会情感的信息，是经过优化处理了的，艺术所激发的情感，是被审美理想照亮和唤醒了的。这种情感摆脱了自然情欲的束缚，甚至种种消极和负面的情感也被升华为一种高级状态，这就是常说的"净化"。而且，艺术中的情感所具有的理性深度，能使人们产生审美领悟，即在感性体验中，获得一种起感性的东西，人们在欣赏了优秀艺术作品后，常感到自己的灵魂更加高尚，周围的生活场面也更加美好，就是因为情感得到净化的缘故。

（二）养性

艺术作品，常常通过对个体性格历程的把握和塑造，表现人物深邃的灵魂和丰富的个性，以理想的人格模式对人们进行引导，希望将其心灵纳入一种理想的精神规范之中。同时，艺术对社会生活广阔而深刻的描述，也使人们能对自己的精神世界进行反思，自然而然地对自己的人格进行扬弃，去追求高尚的人性，使精神世界变得优美而完整。艺术对人格的建构和优化，是一种潜移默化的过程，是一种自由的教育方式。在艺术体验中，人们是按照自身的要求，自然而然地进行人格提升，不像其他教育方式对人格的塑造，总带有某种灌输性和强制性。

（三）启智

艺术具有认识功能，能传授知识，但艺术不以传授知识为目的，而在于开启人们的智慧，在感性层面去激发，并极大地提高和发展人类的感知能力、想象能力、直观洞察力和创造力。缺乏想象和直觉，艺术活动就根本无法进行，因而艺术活动，无论是创作还是鉴赏，都是培养和发展想象能力与直觉能力的最佳方式和途径。

在艺术活动中，想象和直觉高度活跃，能冲破知识文化的陈旧规范，穿透时空限制，以生动鲜明的意象弥补抽象思维所常有的缺憾，以丰富深刻的情感弥补理性思维所常有的单调，从而增强人们的精神生产能力。艺术能直接启发灵感，例如，天文学家开普勒由于受到他的家乡巴伐利亚歌曲《和谐曲》的启示，而发现了行星运动的定律；爱因斯坦也宣称他的科学成就很多是受到音乐启发而来的。更重要的是，在艺术活动中，主体是完全按照自己内在的可能性进行活动的，故从根本上消除了压抑所释放出潜在的能力，达到自由创造境界。此外，艺术还能鼓起人们探索真理的热情，刺激人们的创造欲望。总之，艺术能极大地解放人类的精神创造能力。

（四）育美

人类审美意识的完善和个体审美心理结构的建立，直接依赖于艺术精神的导引，依赖艺术活动的哺育。具体来讲，审美态度的建立、审美能力的发展、审美趣味的高雅化等等，都离不开艺术美的熏陶。

审美态度是主体审美活动赖以展开的前提和方式，这种态度并非天生具有，而是审美教育，尤其是艺术教育的结果。心理学实验已经证实，9岁以前的儿童，一般都还不能以审美态度对待艺术作品，只有通过艺术教育、艺术美的熏陶，才能逐步学会以审美态度来对待艺术作品。而且，艺术美育所培养的这种审美态度，一旦牢固建立起来，并逐渐发展成为一种"审美心胸"，就能弥散到人生态度之中，使生活艺术化，使人生成为审美人生。

审美能力是由审美知觉能力、审美想象力和审美领悟能力组成的，这些能力主要靠后天的美育才能被唤醒和发展起来。在这方面，艺术美育举足轻重，艺术美唤起欣赏者审美体验的过程，就是他的审美能力提高的过程；欣赏者面对艺术品展开审美想象的过程和逐渐直觉领悟到艺术品的内涵的过程，也就是他的审美能力逐渐发展起来的过程。

另外，高雅的审美趣味的形成，也主要依赖于艺术美育。个体进行审美时，总是要依凭某种参照系来进行（当然他不一定自觉地意识到参照系的存在）。通过优秀艺术作品的陶冶，个体就会逐渐建立起比较高的审美标准和审美理想，从而抛弃那些廉价的"俗美"。

第二节 凝固的乐章：建筑园林美的艺术欣赏

建筑与园林都是实用艺术，而且都旨在改善和美化人类自身的生活环境，两者经常互相联系，而且有时还互相成为对方的一个组成部分。园林植物与建筑的配植是自然美与人工美的美妙结合，植物丰富的色彩、柔和多变的线条、优美的姿态能增添建筑的美感。建筑与园林植物之间的关系应是相互因借、相互补充，使景观具有画意。如广州白云宾馆建立过程却是一个珍惜和利用现有建筑场地大树的范例，他们将马尾松等大树塑石加围，加以保护利用。同时，将几株阔叶常绿的蒲桃等树留下造景，塑石围山，引水作瀑，流入水池，再配植了耐荫的短穗鱼尾葵、龟背竹等树木花草，成为一个安静，漂亮的小庭园。楼建成，小庭园也同时落成。

一、建筑与建筑美

建筑是人类利用一定的物质材料创造出来供自身居住或活动的场所,是人类为自身生存发展创造的基本环境。建筑美是人类利用物质材料,创造出一定的空间形象既满足人们实用需要,又体现一定审美观念的综合艺术。

(一) 建筑的起源及其分类

早在五六千年前原始社会末期,人类便在自己的处所之外创造了宗教性和纪念性的巨石建筑。如崇拜太阳的整石柱(位于法国境内,最大者直径4.28米,高19.2米,重约20吨),石栏、石阵、埋葬死者的石台和举行宗教仪式的庙宇。这些巨石建筑大致分布在北欧、西欧、北非、印度等地,有些还刻有图形,既有实用的目的性,又表达一定的审美观念,体现了建筑的美。随着奴隶制文明社会的到来,生产力更加发达,大规模的分工成为可能,从而为古代的繁荣创造了条件。世界各地出现了更加辉煌的建筑,如埃及的金字塔,古罗马的斗兽场,中国古代的皇陵、宫殿……这些建筑物已经远远超越了实用的需要,而成为民族、时代的象征。

建筑美可以从不同的角度进行不同的分类,从建筑所使用的材料不同这一角度,可分为木结构建筑、砖石建筑、钢筋水泥建筑、钢木建筑等;从功能作用角度,可分为住宅建筑、生产建筑、陵墓建筑、宗教建筑、园林建筑等;从民族风格上,可以分为中国式、日本式、伊斯兰式、意大利式、俄罗斯式等;从时代风格上,可分为古希腊式、古罗马式、哥特式、文艺复兴式、巴洛克式、古典主义式等;从流派上,可分为历史主义、野性主义、象征主义、新古典主义、保守主义、自然主义等。

(二) 建筑的审美特征

建筑是通过各种美学法则的运用,如空间的开阔、节奏的张弛、质地的软硬冷暖、装饰的繁简浓淡以及布局的自由与规则、封闭与开朗等反映人们的情感状态、心理脉络,表现时代的精神氛围。这种艺术特点显示出它与音乐的共通性。它主要表现为和谐、韵律、节奏与序列等几个方面。

1. 和谐

和谐就是多样统一,也就是把各种复杂的因素组合为一个完整的统一体。建筑的和谐主要表现为以下3点。

(1) 实体布局与环境的和谐。任何建筑都不会是一个孤立的存在,它总要与相邻建筑、自然环境发生联系。它的审美价值不仅仅在于自身的构造上，也在于整体关系中。建筑群的布局是颇具匠心的，实体与实体并不是平列的关系，往往有主有宾、有大有小、有高有低。造型往往有明有暗、有动有静、有藏有露，仿佛是音乐旋律的抑扬顿挫和和声配器，共同表现着一个整体形象。好的建筑往往将实体布局与自然环境融为一体，让远山近水天地万物共同参与对艺术形象的塑造。

（2）造型的和谐。造型是建筑艺术的基本手段，而造型的和谐是对建筑艺术的基本追求。在表现造型和谐的诸种手法中，首先是对称平衡。无论是古代西亚的王宫，古希腊的神庙、古罗马的斗兽场还是中国的宫殿、宝塔、庙堂都有个中心点和中垂线。均衡对称产生安稳感，这是建筑实用要求的艺术表现。其次是比例。在漫长的生产实践和艺术实践中，人类形成了自己特有的创造美尺度，把这种尺度运用到建筑上，就形成了建筑的比例。仅是支撑顶盖的柱子古罗马就有不同比例的五种样式。不同比例产生不同的姿色和风格。文艺复兴和古典主义的建筑学家都用黄金分割律来进行建筑的构图设计，现代建筑大师们甚至在人体解剖中也发现了黄金分割的比例，他们把人体的数学图解与建筑的空间关系协调起来，创造出现代建筑的"模度"观念。这种"模度"就是追求和谐的比例。

（3）装饰的和谐。装饰是建筑形象不可分割的因素，建筑如果少了必要的装饰，其艺术魅力将大为逊色。建筑装饰主要表现为着色、彩绘、雕刻以及其他设施。这种艺术追求由来已久。古埃及人四千多年前造金字塔时，就在上面铺上了一层石灰岩贴面，让其在阳光下闪烁发光。中国建筑的门廊、台柱、窗沿总是缕金彩绘、雕龙刻凤，即便是屋顶，也是琉璃参差，色彩斑斓。建筑装饰在故宫里得到了生动表现。每个殿檐角根据其结构特点，绘制着彩画、冷色调的青绿色块在地面反光中透着金色的光点，华而不俗，丽而不艳。屋顶上，金色的琉璃显示出一座大殿千变万化的轮廓，翘起的屋角向外、向上探伸，使庞大、沉重、高耸的屋顶似春燕展翅般轻盈。在这金色屋顶的海洋里露头的是各种珍禽异兽的装饰，龙在伸展，凤在卷曲，龟在前望、鹤在回首，使人沉浸于神话王国的遐想中……蓝天、黄瓦、绿树、红墙、朱楹、粉壁……构成了一副和谐的艺术天地。

2. 韵律

韵律本来是指诗歌中有规律的声音运动。建筑中的韵律主要是指结构的有秩序排列和线条的起伏。连续排列的窗口、长廊里层层不断的拱券、街道两边高低起伏的轮廓线都构成了建筑的韵律。

（1）结构的重复。如人民大会堂的石柱，北海万佛楼的拱门。特别是罗马小体育馆,它四周的混凝土支柱一个个向上分开,仿佛是无数运动员手拉着手,支托着上方的圆顶,既显示了一种"力"的造型,同时又像诗一样,表现出某种音韵的律动。异形重复,即不同形状的重复。中国园林的墙面上一般都排列着很多漏窗,但漏窗的花格和造型却形状各异,透过变化的漏窗移步换景,表现出园林特有的韵味。大的建筑群中,宫与宫、殿与殿、榭与榭,亭与亭,重复有序,但规格各异,都是建筑韵律的组成因素。此外,按一定尺寸间隔所形成的距离重复使建筑的墙、柱、门窗整齐一致、匀称平衡。

(2) 线条的运动。建筑总少不了线。不少建筑是通过线的妙用而传达出神韵气质的。直线给人一种刚劲、洗练、明朗、单纯的感觉,现代建筑多用直线。曲线就优美、柔润得多了,颐和园的十七孔桥中间高、两头低,显得玲珑有致,颇有韵味。中国园林的门有圆形的,扇形的,瓶状的,样式富于变化,这就是充分发挥了曲线的优势。它建立在一个小型瀑布上,房屋高处有三层,每层形状与大小各不一样,外形的突出特点是横墙与竖墙垂直交叉,仿佛是几块积木的堆积造型,在力与力的衔接、块与块的组合中,表现出韵律的跳动,节奏分明。别墅纵横交叉的直线与底下瀑布的曲线,上面凝固的音响与下面流动的音响,相映成趣。时间与空间形象地组合在一个造型中,韵味无穷。好的建筑就应该这样把直线和曲线统一起来。武汉的黄鹤楼屹立在蛇山顶上,给人一种线的垂直稳重感,然而每层挑起的檐角微微上翘,轻盈欲飞,又显出了动势。这里线的直曲刚柔动静得到了完美统一。

(3) 层次与序列。层次与序列也就是建筑的节奏。建筑有别于绘画和雕刻的地方,在于它不是二度平面或三维立体的艺术。它通过由点到面、由外到内、由实体到空间、由个体到群体的"流动"来表现某种情感意象,这种流动性显示出"时间"的特征,从而使其具有了四维空间,说"建筑是凝固的音乐","音乐是流动的建筑"的主要根据就在这里。建筑的四维空间性使它具有了一种艺术特质,这就是通过层次交替,序列演进来表现出节奏的张弛运动,增强了其艺术感染力。中国的园林进门往往是一个紧缩的小院,造成某种空间压力,渲染紧凑的节奏气氛。然后峰回路转,豁然开朗。通过空间分割、对比、借景等手法造成山径起伏、小廊回环、曲径通幽的效果,步随景移,景由步动,有张有弛,有宽有窄,有静有动,有明有暗,从而表现出明快的节奏运动。

好的建筑就应该有序曲、有发展、有对比、有再现、有高潮、有尾声,应该是一个完整的空间序列。

（三）怎样欣赏建筑美

建筑的欣赏就是通过建筑的造型（实体造型、环境造型以及渗透其中的时空造型），来把握它的风格，感受它的意蕴，挖掘其审美价值。

1. 象征意蕴

建筑由于受到实用功能、材料、技术手段的制约，不可能像文学、绘画、电影那样，直接地、活生生地通过对生活的描写，再现世界的映像，具象能力是很差的，它只能通过自己特有的结构技术以及相关的艺术法则构成空间实体与环境相统一的形酿，容纳宽广的内容、蕴涵深刻的意义。

古希腊人用线条优美，轮廓柔和的爱奥尼克柱式象征女性的温柔秀美、典雅高贵；用线条粗壮，轮廓刚直的多立克柱式象征男性的魁梧、雄强、矫健、壮实。中世纪遍布欧洲的哥特式教堂在十字形平面上筑起高高的塔身，并用尖塔、尖券、尖型拱顶、支柱等象征教皇至高无上的皇威，昭示着神秘的宗教精神。我国古代建筑是广泛运用一、三、五、七、九等与天数有关的尺度，象征"天"的主题。帝王园林中，常用"一池三岛"的布局来象征传说中的东海蓬莱、瀛洲、方丈三座仙山。

象征手法在中国园林建筑中得到了精彩的创造性地运用。承德的避暑山庄就是运用传统的"移天缩地在君怀"的方式建造的，以表达一种"普天之下，莫非王土，率土之滨，莫非王臣"的观念。山庄大体由三大组景组成，一是外八庙，二是庄园，三是庄园后的山区。外八庙主要是以大宇宙的形式来概括当时的历史事件，反映清王朝对各民族的主宰，即天下一统的思想。其中有仿西藏的、蒙古的、新疆的，也有汉式的。汉式中，有仿南方的，也有仿北方的。这些代表四域各族的寺庙环绕在山庄行宫的周围，是强调皇权，强调外族对清朝的臣服。如果说山庄外是通过寺庙用粗线条的方式来表达"大一统"的观念，那么山庄内的处理就要精巧细致得多了，它主要是通过荟萃祖国各地的典型景物来表达一统思想的。

这中间象征蒙古草原的有万松园、试马埭；仿造江南景观的有狮子林、烟雨楼；仿泰山景观的有碧霞祠，斗姥阁等等。此外，它还巧妙地利用了地形地势，来组合统一的形象，赋予其含义。山庄的西北部，是起伏的山峦，东南是平缓的湖区，北部有广袤的草原，这极其近似祖国的地势结构。特别是北部山峦的宫墙，模仿长城的风格建造，从而像点睛之笔，使这个整体形象活灵活现起来，山庄成了锦绣河山的缩影。另外还有各具姿色的景物题名，有取材于古代山水画的"万壑松风"，有表现儒家治世传统的"勤政殿"

"继德池",有表现道家超脱飘逸精神的"凌太虚""永怡居"。更有表现生活意趣的"梨花伴月""云帆月舫"等。通过这种雅致的题名表现着祖国悠久的文化传统,以及人们的伦理意识和审美情趣。总之,上述各种象征手法的运用,赋予了山庄广阔的空间以深邃的历史意识,时间和空间获得了高度统一,共同表达着"国家""祖国"这个宏伟的主题。

2. 环境气氛

建筑的环境一般说来有三个层次,一是建筑的背景,二是建筑个体所处的建筑组群,三是建筑实体及其内部装饰。三个层次相互联结交合,感应生发出某种特定的气氛来。

意大利的圣彼得堡教堂是最大的天主教堂,它体量惊人,长200米,宽130米,平面布局呈三角形,这个三角形大体分为三个层次,底下是圆形广场,中部是梯形广场,上面是双层穹隆的教堂。平面上是由宽而窄,地势上是由低而高,教堂的顶点高38米,单是在透视上就产生一种向上推进感。教堂门前的长廊以及内面的墙壁上是大量的宗教题材的绘画和雕刻,大厅中央是一座金色的华盖,华盖下是圣彼得的陵墓,墓前栏杆上,数十盏长明灯昼夜不灭。这种环境同样表现出对人的压抑气氛,让人感受到神的伟大和崇高。

中国园林却是另一种气派。它通过自己特有的手法将远近高低的景色融为一体,建筑与环境合二为一,青山悠悠,绿水融融,长堤宫阁、古塔、石舫、假山、浅桥、曲廊、幽径,林木蓊郁竹影婆娑,藤萝掩映,苔藓斑驳,诗的情愫、画的意趣相交织,点染出清朗新丽、灵秀淡雅的气氛和意境来,给人以润泽舒畅的审美感受。

3. 造型风格

建筑的一切特征都是通过它的造型风格来体现的,不同的风格产生不同的心理感应和审美效果。恩格斯曾说,希腊建筑表现了明朗和愉快的情绪,回教建筑表现了神圣的忘我,因而希腊建筑如灿烂的阳光照耀的白昼,回教建筑如星光闪耀的黄昏,哥特建筑像是朝霞。

建筑风格主要体现在民族风格与时代风格上,不同的民族由于不同的历史条件诸如文化传统、地理环境等往往形成不同的宇宙观念、心理气质、风俗习惯、艺术追求和社会人生态度,这些都会在建筑上表现出来。如中国建筑与西方建筑就是风采甚殊、格调各异。西方建筑多强调个体结构,往往以个体的平衡、对称见长;中国的建筑多强调群体组合,往往以组群的匀称、和谐著称。

西方建筑多用砖石结构，色彩灰暗，显得厚重、冷硬、孤傲，不可一世；中国建筑多用木结构，并在外面缕金绘彩，显得轻盈、活泼、柔和亲切。西方建筑四面洞开，特别是多用柱式，显得开朗阔大，强调与外界的连接；中国建筑多为封闭式结构。无论是园林还是建筑组群，往往都用高大的围墙甚至是河沟环绕，但又强调内部空间的连接和秩序。西方建筑往往强调空间意识的向上发展，即空间的立体性，结构直立高耸，表现出崇尚天国的来世思想；而中国建筑多强调平面空间，建筑组群铺排展开，回廊相连，高低起伏，错落有致，表现出对世俗生活、对现实伦理关系和生活节奏的强调。

任何时代的哲学思想、伦理观念、宗教意识、艺术趣味乃至于政治斗争都会在建筑上烙下印痕，古希腊建筑端庄匀称，亲切明快，布局主次分明，反映着奴隶城邦开朗民主的生活情调；古罗马建筑规模宏大，气派雄伟，装饰丰富，是奴隶主穷兵黩武，骄奢淫逸生活的写照；中世纪建筑表现为超人的尺度，往往以高耸的塔尖、飞动的扶壁和光怪陆离的内部装饰来渲染神秘的气氛，象征教会的权威；文艺复兴的建筑豪华壮丽、自由活泼，圆形、椭圆形大厅里布满了浮雕、壁画，装有吊灯、壁灯、天花，还有各式各样富丽堂皇的大楼梯、回廊，花园里有水池、喷泉，空间形象生动而富有情趣，表现着人们丰富的生活激情和活泼的生命意识；古典主义建筑表现为固定的尺度和模式，强调所谓的"国际式"，用一套严整的数学和几何方法进行构图布局，呆板、沉闷、千篇一律，散发着唯理主义的气息。后来的建筑流派纷呈，有的强调技术，有的强调功能，有的强调审美，这恰是现代复杂的哲学思潮、艺术观念和人生态度在建筑上的表现。确实建筑是历史的冻结，是时代精神的凝固。

二、园林与园林美

中国是一个历史悠久的文明古国，锦绣山河和深厚的历史文化积淀，产生了中国传统园林这样典型的东方文化，它反映了几千年来人们对自然美的情感，体现了人与自然关系的和谐统一。

（一）园林美的含义及类型

园林美就是经过人类艺术加工改造的具有自然、人文景观，而且两者融合而成的风景美。

园林美的类型，从世界范围看主要有三种，即欧洲园林、阿拉伯园林和东方园林。

欧洲园林以法国园林为代表，多以几何形为显著的形式特点，注重人工修饰，带有明显的人为迹象。法国著名的造园家勒诺特尔主持建造的凡尔赛宫花园是一个典型范例。在硕大无比的花园中，有笔直的中轴线，两侧对称地布置了次级轴线，与横轴线相交构成花园骨架。花园中出现一个个方格，花坛、水池、草坪和修剪过的矮树等互相配合，平坦宽广，形成巨大、清晰的几何网络，表现出欧洲人的审美理想与外在、显露的文化精神。法国园林的风格影响到欧洲许多国家。

阿拉伯园林发端于古代巴比伦和波斯。对于来自沙漠的民族来说，他们最能体会清凉而流动的水所具有的意义，因而在其园林中很重视对水的利用。波斯园林形成了以十字形道路交叉处的水池和喷泉为中心的格局。这种格局在阿拉伯地区被继承下来成为一种传统。花园多为下沉式，低于地面，利于保持水分。建筑物常建在园林一端。印度著名的泰姬陵是这类园林的典范。

东方园林发端于中国。中国园林崇尚自然，但不是对自然的简单模仿，而是对自然的艺术再现。中国古典园林又可分为北方大型皇家园林和江南私家园林两大类型。前者如北京的圆明园、颐和园，承德的避暑山庄等；后者如苏州的拙政园、西园、留园，上海的豫园等。前者规模宏大、富丽堂皇，具有浓郁的皇家气派；后者精巧别致、玲珑秀雅，充满文人气息和士大夫情趣。

（二）园林的审美特征

1. 浓缩的自然美

园林与自然密切相关，一般都模仿自然。在有限的领域内浓缩自然美景，往往能达到咫尺千里、以小见大、由假见真的效果，处处体现出自然山水的意趣。这一特点在我国园林中最为突出。例如，苏州园林一般面积都不大，但都能以假山、浅池、花卉、小径仿造出类似真实湖山的效果，使人仿佛置身于浓缩的天然盆景之中。留园中的冠云峰就是由人工堆积的假山石构成，巨石高耸兀立，如奇峰凌空，真所谓"峭壁之设，要有万丈悬崖之势"，使人想起黄山云峰。园林中那花木掩映的石砌小路，会使人联想到峨眉山竹径通幽的佳处；而潺潺不息的溪流瀑布，又让人仿佛听到九溪十八涧山泉的清韵……再看那水池中，三五枝芦苇，一两只水鸭，配上岸边疏疏的几根竹篱，真是充满着田园莲塘的野趣。

中国园林还讲求借景，有所谓"远借""邻借""仰借""俯借"之说，即把园外四周的自然美景纳入园林的视野。在江南园林高处，往往建有"观山亭""看山楼"之类，游人可以在此远眺园外的真山真水。比如，无锡的寄畅园，西倚惠山，南望锡山，庭园虽小，却可隔池远借锡山龙光塔景，使园中景色呈现丰富层次，宛若统一画卷。虚实、真假交织一体可勾起人游历青山绿水的遐想，享受到重返自然的乐趣。

2. 综合的艺术形式

园林也可算是一种综合艺术。它不是单纯地模仿自然，而是以诗情画意精心构制的多种艺术的结晶。它包罗了建筑艺术、装饰艺术，以及诗画、书法、文物古迹、历史名胜等。在园林中，除了欣赏园艺师养花种草、叠云积翠的高超技艺外，还可充分领略古典建筑与装饰的匠心，欣赏古典艺术的瑰宝。

中国古典园林中，除亭、台、桥、廊、树、塔等具有造景作用的建筑之外，还大量采用楹联、匾额、碑刻、书画、诗文等来突出建筑的诗情画意与文化意味。例如，苏州名园狮子林就嵌有《听雨楼帖》等书法石刻60多方，收有宋代苏轼、黄庭坚、米芾、蔡襄四大书法家的作品，十分珍贵。尤其是园林建筑的设计和部署都有整体的构思，临水必有亭榭，登山总见楼阁，壁上有字画点缀，窗外有花影映衬……远近、高低、大小、虚实的搭配，都符合艺术辩证法的规律。

苏州园林的室内装饰也不同凡俗，大多配以古色古香的紫檀木家具，大理石、螺钿镶嵌的桌椅，屏风上吊透明的琉璃宫灯，显得端庄凝重，排排长窗以色彩缤纷的有色玻璃相配，阳光照耀下，青蓝黄紫，闪烁着淡淡的幽辉，更增添几分古朴高雅的情调，加上墙上悬挂的名人字画，使画里画外融成一体。

园林美的综合性在西方园林中也有所体现。西方园林除主体建筑之外，也大多有水池、喷泉、花坛、园灯与装饰雕塑等。

3. 诗情画意的意境追求

意境的追求是中国古典园林最突出的特点。园林把建筑与山水、花木一起组成一个综合艺术体系，就是为了突出诗情画意。我国园林的设计强调幽深曲折、委婉含蓄。许多园林在入口处都有一座假山或照壁，挡住游览者的视线，绝不让你对园中风景一览无余，还常常把全园分隔为若干个小园或景区，从而达到小中见大、变化多致的美学追求。在园林布局上是有层次、有变化、虚实相生、曲折合蓄，犹如一幅逐步展开的画卷，让人回味无穷。例如，苏州西园的湖心亭全部坐落于湖面上，其倒影清晰地映现出来，水上水下构成一幅虚实相生的绝妙佳画。拙政园中的倒影楼，面临一池清水，把全楼倒影清澈映现，水边小亭取名"与谁同坐轩"，亭内题额取苏轼词"与谁同坐，明月清风我"之诗意，妙趣横生。

倘说中国园林偏重于秀美意境的营造，那么，西方园林更喜爱壮美的气魄，像法国的凡尔赛宫、意大利的台式园林都场面宏大，视野开阔，装饰华丽，别具一种崇高的美学意味。

（三）怎样欣赏园林美

园林美的欣赏是把园林景观作为审美对象并进行的审美活动。欣赏者根据自己的审美经验、审美观念、审美情趣，通过想象、联想等心理活动，对园林景物进行领悟与理解，从而产生美感并陶冶情操。

1. 动静结合

当你畅游园林时，并无人规定欣赏的次序和漫游的时间，不妨尝试以下3种游赏方法，会使你获得更多美的享受。

游赏者一般是以步行的方式进入园中，那么园林美就在连续观赏的空间序列中展开，这种动态的观赏是园林审美欣赏的主要方式。游人在步曲径、循游廊和登山涉水的移动中，体验园林风景的节奏与韵律美。

在动态序列的园林风景中，造园家通常精心设置一个个相对独立的人文景观，要求游人驻足停留，细心观赏，领略风景点的含蓄意境。在山水间的亭、谢、石刻题咏、古树古木前对精妙风景进行观赏，这就是静观。游赏者完全可以根据自己对园林美的理解或休息的需要来决定观赏状态的"动"或者"静"。

2. 远近结合

当人们游园观景观，眼前空间环境所出现的是一幅远景、中景、近景配合得很好的立体图画。要体现这幅画的美，既要远望，把握风景的宏观景象美；又要近赏，把握景物具体形象美。所谓"真山水之川谷，远望之以取其势，近看之以取其质。"正是远、近结合，互补互映，使游人全面掌握和感受领略园林风景的美。

3. 情景结合

欣赏的情景结合，是指园林风景欣赏中，观赏者的联想及移情同客观风景相结合，从而获得一种超越景物外的美，达到物我统一的审美境界——情景交融。这就是由景物形象，激发观者的情感，观者又带着情看景，似乎景也有情，人与景进行情感交流，由景生发出无限的想象和联想。要做到情景交融，必须深刻领悟风景中包含的深层意蕴。这种深层意蕴，有时靠园景特殊形式造成的象征意义去表达，如篱边种菊，会想起陶公当年；植松竹梅以示君子风度；种兰芷孤芳自赏等。只要人们全身心地去感受、体验，并在游览与观赏过程中不断升华，不管情感上有什么差异，都一样会增强美感，产生心灵上的共鸣。

总之，观赏过程中情和景的结合，是在动静和远近结合观赏基础上达到的，这3种结合在具体的欣赏过程中相互融合，交织在一起，成为园林欣赏的主要方法。

第三节 静止的生活：雕塑绘画美的艺术欣赏

绘画和雕塑都是属于造型艺术，基本特征都是造型性，是艺术的两种表现手法。简单地说，绘画是我们在空白的纸上一点点描绘出来，做加法，比如达·芬奇的《蒙娜丽莎》等，而雕塑是把一整块东西一点点去掉，做减法，比如《大卫》《宙斯》等。绘画是在二维的空间中去虚拟三维空间的假象，而雕塑则是直接真实的在有深度的空间中去驾驭形象。当然，绘画和雕塑是有着基本的相同点的，它们都是运用一定的物质材料（如颜料，纸张，泥石，木材等），通过塑造静态的视觉形象来反映社会生活，当中表达艺术家的思想情感。

一、雕塑与雕塑美

雕塑同绘画一样，也属于古老的造型艺术。早在二三万年前，人类已经创造了艺术味很浓的雕塑作品。雕塑用料坚固，传世恒久，与观众呼吸在同一空气中，可以多角度随意观赏，易于为广大民众接受，并能直接感染群众。现在，越来越多国家、城市都以雕塑来装点、美化自身。

（一）雕塑的含义和分类

雕塑是用可雕可刻的材料塑造成，刻画出占有一定空间的可视、可触的各种具体的艺术形象，来反映生活、表达艺术家审美理想的造型艺术。雕塑的范围有刻、镂、雕、凿、琢、塑、铸等。坚硬的材料上的浅线谓之刻；刻之深而空谓之镂；用锤凿去料谓之凿；玉石、水晶、玛瑙之类去之易碎，必须用砂轮等砥切者谓之琢；用黏土之类软材料制作者谓之塑。凡此种种，统称为雕塑。

雕塑根据不同的标准，可以有不同的分类。按照所占空间和形象的突显程度，可以分为圆雕和浮雕；按照用料的不同，可分为石雕、钢铁等金属雕、牙雕、木雕等；按照用途，可分为纪念性雕塑和装饰雕塑。一件雕塑，可按不同的标准分为不同的种类。如米开朗琪罗的雕塑《大卫》，既是石雕，又是纪念性雕塑。

(二) 雕塑的审美特征

1. 雕塑是三维空间艺术

雕塑和绘画都属于静态的视觉造型艺术，造型是它们的共同特征。但是，绘画是在平面上造型，是在平面上制造立体的幻觉；而雕塑是立体的，它的形体具有实际的高度、宽度、深度。雕塑可分为圆雕和浮雕。尽管浮雕与圆雕有些差别，但雕塑总体上还是三维空间艺术。一个物体占有一定空间，这是雕塑的基本特征。但仅有体积占有空间还不一定是雕塑艺术，一定要使体积体现出一定的思想感情才成为雕塑艺术。音乐家对现实的音响要特别敏感，画家对色彩要高度敏感，雕塑艺术家要对体积和形体变化有高度的敏感。要善于利用和强调体积的组合变化，要有体积感，要会用体积说话，要选择一个角度，使观众获得三个面的感受，要注意体积内部部分与部分间的搭配、组合、协调，要使整体体现出节奏感、韵律感，这才使无生命的石头获得了"真实的生命"，成为灵气飞动的艺术品。《维林多夫的维纳斯》虽然诞生于两万多年前的原始社会，但她却是件了不起的雕塑杰作。这件石灰岩雕像虽然只有11厘米，造型简洁，风格粗犷，然而她却厚重、宏伟，犹如一座巨型的纪念碑。她的整个身体呈鸡蛋形，头部稍向前倾，面部被处理得很特殊——没有任何五官，双臂细小，像蛹的未长成的翅膀，交叉在巨大的胸脯上。这是一个美神，尽管她不具有现代美女窈窕、修长、优雅、俊秀等特点，但她有硕大的双乳，臀部和腹部都格外发达，在"羊大为美"的古人急功近利的眼里，这就是最美的女神了。

2. 雕塑以静止的姿态表现深广的蕴含，精练、含蓄、生动传神

作为一种立体的造型艺术，雕塑只能表现人物动作或事物情态的一个瞬间。这就决定了雕塑只能以静为动、静中求动，必须以静止的、有限的姿态表现出丰富、深广的内容，使观众由眼前的静态，想象出它的过去和未来。凭眼前所见的，想象出没有雕刻的周围环境和矛盾冲突。这就要求雕塑家做到像莱辛论画时所强调的："要选择最富有孕育性的那一顷刻，使得前前后

后都可以从这一顷刻中得到最清楚地理解"。罗丹也强调,雕塑要表现运动,就要抓住"从一个姿态到另一个姿态的转变"。古希腊雕塑《掷铁饼者》《拉奥孔》,文艺复兴时期的米开朗基罗的《大卫》,都成功地表现出运动感而使人物栩栩如生,使作品获得了丰富的蕴涵。

3. 雕塑艺术是形体美与性格美的统一

雕塑艺术要给人以形体的美感,形象各部分之间要比例和谐,结人以美感。但更重要的是形象要具有性格,要使它具有生命。罗丹便是既重外在形式的真实,更讲究精神和生命而闻名不朽的。罗丹的著名雕塑《思想者》便是形体美与性格美统一的形象。这是一个被痛苦和烦恼困扰着的,苦苦思索并注视着人间一切痛苦的形象。雕像的右手托着下巴嘴咬着自己的粗手,整个形体缩成一团,似乎要把一切都集中到头脑中去;每一块肌肉都处在紧张状态,青筋似乎都在跳动,呼吸也不平静,似乎自身的每一部分都在帮助头脑苦苦思索。这种状态是实际生活中所不可能的。然而它却十分典型地表现了人物内在的思想情感,使外在的形体与内在精神、性格高度统一在一起,成为举世闻名的杰作,成为人类改造世界的力量的象征。

4. 雕塑艺术是自身形象与环境的有机统一

雕塑艺术由于安置存放的原因,雕塑家既要考虑形象自身的完美以外,还要顾及存放的环境以及作品与观众的大小、远近比例,以取得观众鉴赏的最理想的审美效果,这样艺术形象的形体比例就不能拘泥于人的实际尺寸关系。因而,《米洛的维纳斯》塑造得较常人丰腴饱满。这一雕像身高215厘米,胸围121厘米,腰围97厘米,臀围129厘米。有人按比例将它缩小为身高160厘米的形象,则身体其他部分的尺寸是:胸围90厘米、腰围72厘米、臀围96厘米,这便是一个肥胖的女人了。而《米洛的维纳斯》由于较一般女子高出几十厘米,观众看上去感到十分和谐,亭亭玉立中有几分伟岸。

5. 雕塑的物质材料本身也具有一定的审美价值

雕塑作品要恒久地存放于人们经常观赏的地方,一般选材讲究,加工精美,使材料本身具有美感。《米洛的维纳斯》所使用的材料是洁白如玉的大理石。罗丹就曾说过,他抚摸这座雕像时几乎能感觉到她肌肤的温暖。这是雕像作用于观赏者的视觉、触觉后使人产生的审美联觉。因为物质材料本身既有一定的审美价值,又能促进整个艺术形象的性格化与意蕴美,所以雕塑家在创作时都十分重视材料的选择。

(三) 怎样欣赏雕塑美

1. 造型美

雕塑具有实体性,是体积的造型艺术,其主要对象是人体,而雕塑在表现人体美方面,可以达到很高的艺术境界,是其他艺术形式比不了的。雕塑能从人体的转折、体积的变化、面部的表情和肌肉筋脉的刻画来表现人的精神、情绪和气质。

雕塑作品的造型美,显示出雕塑艺术的永久魅力,能够给人们以美的享受。欣赏雕塑作品,首先要看能不能感受到它那以形写神、形神兼备、栩栩如生的完美造型,进而做出中肯的分析和深刻的理解。

2. 含蓄美

雕塑的单纯性集中了欣赏者对中心主题的注意,雕塑的象征性启发了欣赏者的丰富联想和无穷的回味。因此,欣赏雕塑作品既要能认识表现其形式的外在的造型美,更要能体会表现其内容的内在的含蓄美。含蓄就是含而不露、耐人寻味的意思。含蓄美的内容往往以美的形式含蓄地表现出来,欣赏者只有通过想象,才能体会得更准确、更全面、更深刻。如米隆的《掷铁饼者》,在人物的造型上选取了竞技状态的最关键时刻,运动员的重心落在左脚上,紧握铁饼的右手摆向身后最高点,全身处于"一触即发"的瞬间。这种所谓"引而不发"的状态,显得更有吸引力。艺术家把握了从一种状态转换到另一种状态的关键环节,使欣赏者在心理上产生了"运动感",也就是说使欣赏者从静止的状态中想象出即将发生的急速转体、投掷动作和把铁饼投得很远很远的情景。这种能够唤起欣赏者丰富想象的雕塑作品,才是表现含蓄美的作品,才是具有艺术魅力的作品。

3. 环境美

雕塑具有装饰性,雕塑除了自身所具有的审美属性给人们美感之外,它的放置环境与之相适应也是一个重要因素。如在纪念堂放置毛主席雕像,在鲁迅故居放置鲁迅雕像,在音乐学院的钢琴室放置贝多芬的雕像等等,这些雕像不但具有自身的美,而且与周围环境相结合,形成统一协调的意境美。

二、绘画与绘画美

绘画的取材范围极其广泛,表现的内容也极为丰富,人物以及社会生活的诸多方面,自然界的飞禽走兽,林木花鸟等,即人的社会生活内容和人化的自然界,在绘画艺术中都可以得到远比雕塑要更为直接和具体的反映。

(一) 绘画的含义及其分类

绘画艺术是一门运用线条、色彩、形体、明暗、透视等绘画语言,通过构图、造型、设色等艺术手段,在二维平面范围内,塑造出具有一定形状、体积、质量感与空间感的、可诉诸视觉的形象艺术。

一般说来,世界绘画可分为两大体系,即以中国画为代表的东方绘画和以油画为代表的西方绘画,这是根据地域、国别的不同来划分的;根据题材的不同,绘画又可分为人物画、动物画、静物画、风景画等;根据所使用的物质材料和技巧的不同,又可分为帛画、水墨画、油画、壁画、水彩画、水粉画、版画、素描等;而根据画面形式的不同,又可分为单幅面、组画、连环画等。

在绘画产生、发展的历史长河中,绘画艺术大体上经历了象征、模仿和表现三个阶段,但是无论如何变化,绘画美总离不开最基本的语汇,即绘画的主要构成:点、线、面,色彩和构图。

1. 点、线、面

点、线、面是构成画面的最基本元素,是绘画的基本艺术语言。应该指出的是,我们这里所指的点、线、面不同于几何学的概念。在绘画中,点、线、面是有着其特定含义的。

点,在绘画的艺术语言中,是具有大小不同的面积或体积的,当然,这种大小是相对而言的。在画面中,点是一种视觉心理感觉。在中西绘画、各种画种作品中,将具体的形象以点的形式散布排列,是较为常见到的。在风景画中,白帆点点、寒鸦点点、人影点点,极为常见。中国山水画中传统的点苔法就是以各种形状的点来表现山石、地坡、枝干上和树根旁的苔藓杂草。这些点既是表现具体物象,又具有一种独特的美。

线,又称线条,是指各种笔等工具画出的轨迹和这点所形成的细长的形象。在绘画中,线是人们认识和反映自然形态时最概括、最简明的表现形式。线条分直线和曲线两种。一般说来,水平线能表现宁静、平稳,垂直线能表现上升、庄重,斜线能表现不稳定感。这些还只是直线方位的变化,曲线表现人的情感就更为丰富多变了。因为曲线除了直线可变的长短、粗细等特性之外,还具有曲度的变化,所以表现力更强。如意大利杰出的画家拉菲尔的《椅中圣母》,用的都是圆润、流畅的曲线,给人以秀美、典雅、和谐的美好感受。而荷兰画家凡·高的《星月之夜》则由扭曲、运动的线构成,给人紧张、压抑的感觉。

面,在几何学上,线条移动所造成的形迹被称为"面"。在绘画的艺术语言中,面比点、线更显示出具体的形,大体可归纳为基本形、有机形和不规则形几大类。面的各种集合形给人以不同的视觉感受,也最大地引发对观众的视觉心理冲击。在东方绘画和装饰性绘画中,面的处理就极为讲究;而以追求画面的丰饶优美的平面感和装饰性的野兽派画家马蒂斯,更是把画面的整体平衡和形的和谐分割作为绘画的目的。

2. 色彩

色彩也是绘画语言的重要成分。色彩是在色光、物体、视觉器官三者之间极其复杂的关系下面产生的一种物理现象。也就是说一切物体在光的照射下,均会显示出一定的色彩而被视觉系统所感知。色彩包括固有光、光源光和环境色等。色彩具有三大属性:色相、色度、色性。色相是各种色彩的"相貌",如天蓝、玫瑰红等;色度是色彩的深浅浓淡的程度,如红色有深红、暗红、淡红、浅红之分等;色性是色彩的冷暖对比倾向,如红、黄、橙等为暖色,青、蓝、紫等为冷色。

人们在长期的生活与绘画实践中,对色彩的认知和感受逐渐形成心理定式,即特定的色彩会引起特定的心理感受或反应,或者说某种色彩会引起某种心理反应的天性。一般说来,明亮的色彩有轻快感和扩张感,暗色则有沉重感和收缩感;艳色、浅色有华丽感,灰色、深色则有雅致、朴素感。色彩的重要作用历来为画家所重视。

3. 构图

构图是指在绘画创作中,依据美学原则、题材、主题思想的要求,在平面上安排、处理所要表现形象的位置相关系,把个别或局部的形象组成整体的艺术作品的过程。在中国传统绘画中又被称为章法或布局。构图时应对题材进行适当的剪裁,其基本原理主要是对变化统一法则的应用,由此产生对比、均衡、同一、节奏韵律等等构图的基本规律。构图规律的应用很大程度依赖人的视觉经验。比如金字塔形构图使人感到稳定,倒三角形构图则显示出不安与动荡。总之,一幅画采用不同的构图,它所表现出来的审美情趣和视觉美感是不大相同的。

(二)绘画的审美特征

虽然中、西绘画史上出现过无数风格、流派不同的作品,但是作为二维的平面造型艺术,它们都具有绘画艺术所共有的审美特征。

1. 艺术形象的确定性和可视性。

绘画是平面上的空间艺术，只能在平面上描绘出具有一定形状、体积和质感的形象。画家只有利用线条、色彩、明暗、透视等特殊的绘画语言引领观众通过对绘画话言的感知进入作品所展示的艺术世界。但是绘画选材自由，技法灵活多样，具有较强的摹物、"存形"功能，既能突出中心人物、景物，又能自由地描绘背景、陪体等环境，这使绘画又具有了三维空间艺术所不可比拟的优越性。例如，张择端的《清明上河图》，短短篇幅就使得宋代社会风俗的具体情景，栩栩如生地展现在观众面前。而西方绘画注重色彩，多用焦点透视，立体感尤为强烈。因此，与其他艺术相比较，绘画艺术能更具体、更精确地再现反映对象的形体、光泽以及背景的深度与广度，能显示出反映对象的丰富性与复杂性。

2. 绘画艺术的形象生动性和情感鲜明性。

在造型艺术中，绘画再现现实的范围是最为广阔的，无论是人物姿态、自然山水，还是花鸟虫鱼、人妖仙魔，社会生活中的方方面面，几乎一切可视的或可转化为视觉形象的事物，都可以作为其题材。不过，绘画绝不是停留于再现客观对象，它在再现客观对象的同时，也要求表现画家的主观情思。画家对于反映对象的审美体验、审美理想与审美评介，使画面形象变得更生动、更鲜明、更具有艺术感染力。绘画不仅要"形似"，还要在此基础上做到"神似"，形神兼备，赋予造型以丰富的艺术内涵，显示画作内在的美的特征。例如，达·芬奇的名画《蒙娜丽莎》就是透过女主人公那双神秘微笑的眼睛传达出无比丰富的意味，观众从中可以想象到她的善良、温柔、娴静、庄重的性格，想象到她的母爱的深沉、爱情的真挚……让人回味无穷。

3. 绘画艺术的意境性

绘画艺术具有确定性的特征，它不能像舞蹈、文学、影视艺术那样直接再现事件延续发展的各个环节，而只是在画面所描绘的瞬间范围去表现事件。这就要求画家选择和捕捉最富有启发性、最有审美价值的瞬间形象，予以概括、提炼和升华，创造出富有生命力和表现力并富于联想的形象，使之超越相对静止的时空范畴，达到深广的艺术境界。如我国著名书画大师齐白石的《蛙声十里出清泉》，尽管画面上只画了几只小蝌蚪和几缕墨线所代表的山泉水，但却通过标题提醒人们展开丰富的想象，由眼前的几点墨点、几缕墨线想象到河边的青蛙、淙淙的溪流。由静到动，由近及远，使画面充满了无限的生机,达到画中有诗、画外有画的美妙境界。

(三) 怎样欣赏绘画美

面对五光十色的绘画世界,我们应该如何欣赏它呢?

1. 应从直觉入手,在联想中欣赏

绘画具有的瞬间性、静止性和永固性的形象特征受时间、空间的限制,所表现的内容是有限的,即抓住最具有典型意义的一瞬间。但在这一瞬间中包含了极其深邃、丰富的内涵。因此,绘画既具有直观性,更具有不可言传性。绘画的欣赏是一种创造性的劳动,它需要尊重观赏者的自我感受,从直觉入手,反复玩味,反复品鉴,努力展开想象的翅膀,发挥联觉通感的作用,由表及里,寻幽探胜,促使鉴赏不断深化,以求达其妙悟,得其机趣,做到从表象中发现真话,从"有限"中看到"无限"。

2. 从作品的形式特点入手,在观察中欣赏

绘画艺术是视觉的艺术,要欣赏绘画作品,必须先要静观细察,从作品最基本的形式特点入手,把握其审美特征。绘画的形式语言很多,如点、线、面、色彩、构图、质感、量感等等。线条有刚柔、曲直,形体有虚实、主宾,构图有疏密、韵律等等,它们都会传达出不同的审美意味。我们要善于在观察中欣赏,从细微之处把握艺术表现的具体形式手段,体味其美的内涵。

3. 把握中西绘画不同特点,在对比中欣赏

比较欣赏法是绘画欣赏中常用的手法之一。由于哲学观点、审美情趣、艺术传统、自然环境、风格习俗的差异,也由于所使用的工具、材料的不同,中国画和西洋画在世界画坛上自成体系,各具风采。中国画简称国画,在艺术形式、表现技巧和艺术风格上,与西洋画有着许多明显的不同。中国画以线条为主要的造型手段,以"传神"为艺术形象最根本的要求,注重神似。在色彩上不追求物体色彩的真实感,具有主观性,色彩也较为单纯,基本以墨色代替彩色。以油画为代表的西方传统绘画,多以明暗色调、色彩为主要造型手段,讲究比例、结构的科学性,注重形似;用色复杂调和,力图逼真再现事物。在欣赏过程中,通过对比欣赏的方法可以提高欣赏者的艺术敏感性,及时把握作品的美感因素,从而准确地捕捉到作品的审美本质特征。

第四节 跃动的旋律：音乐舞蹈美的艺术欣赏

音乐与舞蹈都属于表演艺术，舞蹈和音乐的关系是密不可分的。音乐是以优美的声音来创造听觉的形象，舞蹈是以优美的动作来创造视觉的形象，两者的结合构成时空中流动的舞蹈艺术。舞蹈是流动的雕塑。舞蹈都是以音乐伴奏的。两者相辅相依共同编织着美妙的艺术之花。

音乐和舞蹈都要表达一个过程，即进行着的过程。从一定意义上可以说，在舞蹈艺术中，音乐正是舞蹈的声音，舞蹈则是音乐的形体，一个有行而无声，一个有声而无形，它们之间的结合是合理的，舞蹈与音乐的结合反映了人类的聪明和智慧，是一种至美的艺术想象的产物。

一、音乐与音乐美

两千多年前，孔子因陶醉于音乐而三月不知肉味；卓文君因司马相如一曲《凤求凰》而不惜放弃富贵生活与之私奔；俞伯牙因一曲《高山流水》结识钟子期；陶渊明因喜爱音乐而在一把无弦琴上翻飞他的手指；白居易因水上琵琶声湿透青衫，留下千古名篇；先天愚型儿胡一舟，当音乐声响起时，居然能气定神闲地指挥大乐队演奏出完美的乐曲……

音乐之美，美在它的旋律。一支曲子，由于有了高低起伏的变化，有了轻重缓急的节奏，便成了与大自然一样和谐的声响，听者的心弦被其震撼，于是便有了感动。

音乐之美，美在它的内容。动人的音乐都有美的内容，除了曲子本身所表达的内容外，还有许多音乐是配了歌词的，歌词的美，使旋律更加动人。

（一）音乐与音乐美的含义

音乐是一门古老的艺术。它是通过在时间上流动的有组织的音响所形成的艺术形象来表达人们的思想感情，反映社会生活的听觉艺术。它是一种音响的艺术、听觉的艺术、时间的艺术、表情的艺术。

任何音乐作品的思想内容和美感，都必须通过音乐语言表现出来。音乐美的基本要素主要包括以下四个方面。

1. 旋律

旋律就是人们通常所说的曲调，它由长短、高低、强弱不同的乐音组成，是音乐中最重要的表现手段，音乐的内容、风格、体裁、民族和时代特征,都首先从旋律中表现出来。

2. 节奏

节奏指不同长短时值音符的有组织序列。一段曲调在进行时,它不可能在快慢强弱上完全一致,必然有轻重缓急,这种音响运动的轻重快慢关系,即为节奏。节奏是乐曲的骨架,它给旋律带来鲜明的性格,对于旋律的表现力和情绪色彩有重要作用。一般说来,短促的节奏可以表现热烈、欢快或紧张的情绪;悠长的节奏可以表现宽广的胸怀、悠闲的心绪,也可以表现悲伤时如泣如诉的情绪;中等节奏则适宜表现庄严、隆重的情境。

3. 音色

音色是指音的色彩和特性。音色是由发音体的性质、构造、材料、发音的方法,甚至大小厚薄决定的,是不同的发声体所发出的乐音的色彩特质,或是不同乐音组合的音响构成的音质的特色。音色可以分为三大类,人声的音色最富美感,乐器的音色最为深奥,电声的音色最为神奇。

4. 和声

和声是两个或两个以上的乐音按一定的规律组合,同时发出的音响。和声具有建筑美,因为它是重叠的、厚重的、有层次的、立体的。旋律只是勾画了音乐形象的轮廓,有了和声丰满的音响,多色彩、多层次的音乐表现力的衬托,乐曲才显得绚丽多彩,娓娓动听。

音乐发展到今天,已有多种种类。可按不同的标准进行多种分类。按发声器的不同,可以分为声乐和器乐;按创作者的不同,可以分为民间音乐和专业音乐;按照内容的不同,分为情节性音乐、描绘性音乐和情感性音乐;按地域不同,可分为中国音乐和外国音乐;按时代不同,可以分为古典音乐和现代音乐;按标题的有无,可分为标题音乐和无标题音乐。每一类音乐可进行更具体的划分,如声乐可以按照歌唱者的多少分为独唱、重唱、合唱。

(二) 音乐美的审美特征

音乐是一种时间上流动的、诉诸人们听觉的表情艺术。它的审美特征可以分为以下几个方面。

1. 音乐是声音的听觉艺术

人类的审美感官主要是听觉与视觉,造型艺术是诉诸人的视觉的,而音乐艺术是诉诸人的听觉的。人们对音乐形象的接受、体验、理解是建立在人的听觉生理上的。物理的声波作用于人们的听觉器官——耳朵,从而产生生理、情绪的感觉变化，进一步引起人们的情感、思想的变化。人的听觉器官分为外耳、中耳、内耳三部分，对于传来的音波，外耳收集，中耳传达，内耳接收。在中耳螺状基膜上有数以万计的神经纤维，每条纤维相当于一条琴弦，只能接收一种音波。长而松的纤维吸收低音，短而紧的纤维吸收高音。这样，声波震动的长短、高低、疏密在一定时间内绵延、起伏而产生一定的节奏，这种节奏传给大脑会引起人的一些生理、心理和情感的变化。音乐的表现手段正是充分利用了人们听觉系统的这种功能，以欢快、明朗的声音引起人的血脉流速加快，使人们感情激动；以低沉、缓慢的音响引发人们抑郁、悲伤的情感。例如，人们听了《义勇军进行曲》（国歌），就可以认识到当时革命人民对日本帝国主义的无比仇恨以及他们战胜日寇的坚定决心和昂扬的斗争精神。人们听了《歌唱祖国》，就可以感受到我们的国家已经进入了一个崭新的时代，各项事业在欣欣向荣地向前发展。

2. 音乐是表情的表现艺术

音乐不同于绘画、雕塑、摄影、叙事文学等再现性较强的艺术，它是具有强烈表情性的艺术。音乐的传媒是音响，由于音响具有非语义性、非造型性和流逝性的特点，由此便造成了音乐形象某种程度上的朦胧性和不确定性。这使得音乐不能真实再现人、物的状貌，不能表达具体的思想，但在表达情感起伏、心理活动和精神境界方面却有它的特长。音乐的表情性借助的是两种手法：直接的模拟性和间接的意象性。直接的模拟性手法较为简单，主要是技巧的运用和变化，对原始的音响进行艺术的改造。例如，贝多芬的《田园交响曲》第二乐章，有许多描写自然美景的旋律，模仿出小溪流水、林间鸟鸣等，表达出乡间的乐趣在人心里所引起的感受，是一种融进了作曲家的情感、主体与客体统一的模拟。间接的意象性则是一种较为复杂的手法，它主要运用声音和视觉形象的类比关系来表情达意，其中充满着隐喻和象征。如贝多芬的《月光奏鸣曲》，整首乐曲中不绝如缕的三连音像流水一样，传达出一种朦胧的意境和暗淡的愁思，使人仿佛置身于宁静的月夜中，月色、清辉触动人们浮想联翩。这种手法没有自然界音响作暗示，而是抓住了音乐形象与事物运动形式的频率以及人的情感变化的相似点，使欣赏者产生审美意象，从而达到抒发感情的目的。

3. 音乐具有鲜明的民族风格

不同的民族有不同的民族文化背景，所以，音乐也具有鲜明的民族风格。不同民族风格的音乐具有明显的个性，如意大利的音乐温情柔美，美国黑人的音乐狂放不羁，俄罗斯的音乐朴实豪爽具有舞蹈性。我国56个民族的音乐更是奇葩竞放：江南的民歌婉转动人、内蒙古的民歌宽广辽阔、新疆的民歌诙谐幽默等等

（三）怎样欣赏音乐美

根据音乐艺术的特征，一般说来，听觉的敏感性，音乐形象有记忆力和音乐的想象力等，都是欣赏音乐不可缺少的能力。下面提几点欣赏音乐时应注意的问题。

1. 欣赏音乐要提高感受力

音乐是抒发感情的艺术，它具有"传情"的积极力量。但是，再强的感染力，在缺乏感受力的对象面前，却是无能为力的。因此，欣赏音乐必须积极主动地打开心扉，让人的心理活动沐浴在音乐旋律的汪洋大海之中，随着旋律波浪的跌宕起伏而漂流。从感情的体验中，领略和感受广泛细致、丰富多样的音乐形象，以丰富自己的精神世界，这就是一种美的享受。

2. 欣赏音乐要发挥创造性

音乐艺术之长，在善于传情；其短，是由于音乐本身（指非综合性音乐）不包含语言概念，不体现空间实体，它与文学作品和造型艺术相比较，具有不具体的性质。音乐是乐音来高度概括现实和表现情感的艺术。即使是有标题的音乐也是这样。如我国著名的传统琵琶曲《十面埋伏》，描写公元前加年汉高祖刘邦与西楚霸王项羽在垓下的一场决战，内容很明确。全曲还附有许多小标题，如"吹灯""点将""排阵""小战""大战""收兵"等，可算非常具体。但音乐只能通过旋律起伏，节奏松紧，速度快慢，力度强弱的变化，暗示比拟着整个战争的发展，如果要问，刘邦排了个什么阵，点了什么将，双方面有多少兵力，穿什么衣服，用什么兵器，这是很不合理的。音乐只能是为了欣赏者在感受方面，提供了积极主动和创造性欣赏活动的天地。决不能要求图解说明式的音乐解释，而是要根据乐曲内容展开自己的联想、想象，让它们驰骋起来，由此处及彼，纵横联系，对乐曲加以丰富和补充；还以《十面埋伏》为例，如果欣赏者熟悉历史，又富有联想就会在脑海中再现这场大战的情景，收到良好的欣赏效果。也就是说，在听音乐时，必须把自己看作是一个"作曲家"，根据乐曲来进行再创造，这是重要的特点和"诀窍"。

3. 提高对音乐作品的理解力

音乐是反映社会现实生活的，但又不完全是客观地再现，它必须渗透着

作曲家的主观体验与感受；表现着作曲家对生活中的善均恶、美与丑、爱与憎的评价。而作曲家生活的历史背景、思想倾向、直接影响他的创作。国家与民族的风俗、传统、地理环境等方面，对作曲家的创作也都会产生不同的影响。因此，欣赏者除需具有音乐本身的修养外，还需要丰富的文化知识。

4. 欣赏音乐的大致过程

音乐欣赏的过程大致可分为：倾听作品的音乐效果——体会作品的思想感情——理解作品的深刻内容。

细心倾听作品的音乐效果，对作品有比较真切的印象，是音乐欣赏的感性基础，只有完整、流畅地欣赏过作品才能进一步体会作品所表现的思想感情内容，从中获得审美享受。而且在倾听的过程中，同时也可以培养和提高自己对音乐音响的辨别能力和对音乐的记忆力。音乐注重感情的描写以及音乐形象的不确定性和模糊性的特征，要求欣赏者必须善于在音乐作品的音乐效果中受到感染与启示，继而展开想象和联想，更形象、更生动地体会音乐作品中所表现的感情内容。

体会作品的思想感情。古今中外许多优秀的音乐作品，都融合了作者在一定社会生活影响下所产生的不同情感，从而构成作品的思想内涵。例如，《百鸟朝凤》（唢呐独奏曲）乐曲中，听众可以听到模拟的布谷鸟、山喳喳、小燕子、蝉虫的鸣叫声，通过感官刺激可以想象在春光明媚的茂密树林里，这些鸟团聚在一起，布谷鸟在报春、山喳喳在对话、小燕子在争吵、蝉虫出来劝架……这些代表大自然的美好与勃勃生机的音乐形象，让人联想到一种欢欣、欢跃的意味；在百鸟之王——凤凰的寿辰大喜之日，千百只鸟儿怀着喜悦的心情纷纷前来庆寿朝拜，并且在凤凰面前充分展示自己的文艺才能，唱歌跳舞热闹非凡。

理解作品的深刻内容，也即是音乐欣赏的高级阶段。在全面了解作品、对作品获得一定的感性认识之后，就要大胆地迈入自由的想象境界，把音乐的音响转为生活的形象，对作者的形象进行自我的再创作，结合作者的思想感情，产生自己的情感体验，从而获得审美享受。

二、舞蹈与舞蹈美

舞蹈是一种表演艺术，使用身体来完成各种高难度的动作，一般有音乐伴奏，以有节奏的动作为主要表现手段的艺术形式。舞蹈本身有多元的社会意义及作用，包括运动、社交、求偶、祭祀、礼仪等。在人类文明起源前，舞蹈在仪式，礼仪，庆典和娱乐方面都十分重要。中国在五千年以前就已经出现了舞蹈,产生于奴隶社会,发展到秦汉之际已形成一定特色。

(一) 舞蹈的起源及分类

舞蹈是以人体作为美感的物质基础和艺术的表现媒介,通过人体造型和有节奏的、程式化了的动作来塑造形象,表达人物的思想感情和精神风貌的艺术种类,能给人以美的感受。舞蹈是最早出现的艺术形式之一,源于史前时代,曾长期是社会艺术活动的中心项目,最初是与图腾崇拜和巫术活动结合在一起的。如狩猎舞、战争舞、祭祀舞既是原始社会中巫术组织方式,还是生产和战争的技术准备。

在现代生活中,舞蹈分化为观赏性的和体验性的两类。观赏性舞蹈包括民族舞、民间舞、芭蕾舞和现代舞等多种类型,它与戏剧文学相结合产生了舞剧,与体育表演相结合形成了艺术体操、冰上芭蕾等;而且与诗歌、音乐相结合,产生了现代的"优律动"艺术。体验性舞蹈包括民间集体舞、交际舞和现代集体舞等。体验性舞蹈不仅是社会文化娱乐的重要形式,而且对培养青少年的实践能力和主动性具有积极的作用。舞蹈使人的心理表现与生理运动、美感愉悦与快感享受融为一体。

(二) 舞蹈的审美特征

1. 形象性

形象性是舞蹈艺术的首要特征。因为只有生动的、鲜明的形象才能使人产生审美感知。舞蹈艺术使用的物质材料主要是人体自身,利用人的头、躯干和四肢的表情动作作为表现手段,舞蹈是人的艺术,人永远是表现的重心。即使以自然景物为题材的舞蹈,其形象也是拟人化了的、是人化了的自然,比诗歌、绘画中缘物寄情、借景抒情能更直接、具体地表现着人的精神世界。正因如此,离开了人对舞蹈作品的直觉,舞蹈美是不可能被感知的。舞蹈美正表现在舞蹈动作的不停顿的变化和发展所形成的具体舞蹈形象之中。看过《荷花舞》的人在谈论它的美时,眼前就会显现一群少女,她们发绾双髻、手舞白纱、绿色长裙下挂有荷叶和四枝荷花的造型,她们在舞台上以轻盈平稳的步伐进行着舞蹈构图队形的穿插变化,宛如一群荷花仙子在水面上浮游飘动,使人感受到一种和平、安宁、舒畅的美感。

2. 感染性

具有艺术感染力的形象,才能够拨动观众的心弦,引起人们的美感。舞蹈是一种表情艺术,其本质属性就是抒情性。因而舞蹈是最直接表现人的情感的一种艺术,是人的内在情感冲动所引发出的人体动作的外化。由于人们在社会生活中有着共同的要求、理想、愿望和道德标准,所以,一个舞蹈作品所表现出的某一种情感和思想,能够对大多数观众具有相同的震撼或感染力量,所以,舞蹈作品所表现出的生活中的诗意和人们美好的思想情感、精神世界,能够唤起人们在情感上的共鸣。这种情感的满足,必然使人得到一种精神快慰,在心理上得到一种满足。这种快慰和满足正属于审美感受的范畴。我们说形象性和感染性是舞蹈的审美特征,但也并不是一切具有感染性的舞蹈形象都能引起人的美感。比如有一些追求感官刺激的低级趣味的舞蹈,就不具有美的感染力,我们会觉得它庸俗丑恶,不堪入目。

3. 独创性

舞蹈的第三个审美特征是独创性,在艺术创造中,这一点尤为重要。任何一个舞蹈作者,如果缺乏创新精神,老是去重复和模仿别人,就不能获得舞蹈的美。《荷花舞》之所以被人们认为是优美的舞蹈,具有独创性是一个主要原因。荷花少女的形象,相对于原来陕北民间舞蹈莲花灯的素材,有很大的发展,内容、形式有了质的变化和飞跃。创新是艺术的生命,创新更是形成舞蹈美不可缺少的重要因素。

4. 技艺性

舞蹈的第四个审美特征是它的技艺性,包括两方面的内容:一是指舞蹈演员舞蹈技巧性的表演,如高跨度的腾空跳跃,急速的多圈旋转、柔软的身体滚翻和慢动作的控制等;二是指编导在艺术结构、场面调度、舞蹈语言的运用等方面所具有的艺术技巧和表现能力。无论在演员的表演上,还是在编导的创作中,只有体现出较高的技艺性,观众才能得到舞蹈美的感受,技艺性愈高,舞蹈美的感受就愈加强烈。

总之,形象性、感染性、独创性和技艺性是形成舞蹈美的四个基本审美特征。在一个优秀的舞蹈作品中,这四个方面的特征往往是互相融合在一起的,是紧密结合不可分离的。尽管在某一部作品中,一个或几个特征比较明显和突出,其他的特征比较隐蔽,但是仔细看来,这四个特征都是不可缺少的。

(三)怎样欣赏舞蹈美

当舞台上的杨丽萍老师用她优美的舞姿去演绎孔雀的灵逸,当太阳下的贾作光老师展现奔腾的骏马和凌空的鸿雁,当我国大型革命史诗《东方红》气势磅礴地展现在眼前时,你曾否有过美的感动,曾否有过心灵的震撼?舞蹈就是人类为反映自然、生活、社会艺术形态所使用的一种形体语言。舞蹈欣赏是指人们观看舞蹈表演时对人体动态美所产生的一种审美活动。舞蹈鉴赏，可以从如下几个方面来入手。

1. 舞蹈的类型

舞蹈分为生活舞蹈、艺术舞蹈、芭蕾舞、现代舞和民间舞等等。对于舞蹈的欣赏我们不能一概而论。因为不同的舞蹈有着它不同的欣赏标准。在欣赏舞蹈之前，搞清楚所欣赏舞蹈的类型是非常有必要的。比如，生活舞蹈与人各种生活相直接联系，功利目的性比较明确，是人人都可以参加的具有广泛群众性的舞蹈活动。对于这类舞蹈的欣赏，我们可以淡化对舞者专业方面的要求，这种舞蹈的目的往往在于大众的普及或是宗教的宣传。而艺术舞蹈是由专业和业余舞蹈家通过对社会生活的观察、体验、分析，集中概括和想象进行艺术创造从而产生出主题鲜明，情感丰富，形式完整，具有典型的艺术形象，由少数人在舞台或广场表演给群众观赏的舞蹈作品。对于艺术舞蹈，欣赏者往往要从专业方面对舞者进行一定的评价，同时这类舞蹈在情节的理解方面也有一定的要求，观众必须懂得舞者的表演是对某些社会生活的艺术再创造，存在着艺术所共有的放大与夸张的特征。

2. 舞蹈题材和舞蹈主题

所谓舞蹈的题材，就是作品中直接描写的生活现象，是舞蹈编导对其掌握的社会生活素材进行选择、提炼、加工后作为作品内容的材料。而舞蹈主题则是舞蹈作品通过对现实生活的描绘和对艺术形象的塑造所表现出来的情感、意蕴和中心思想。题材和主题可以被划为观众欣赏舞蹈所要知道的舞蹈所要表现的情节背景。只有对二者有所了解，我们才能有目的地去欣赏舞蹈，也能较为容易地从舞者的表演中有所领会。如大型音乐舞蹈史诗《东方红》正是取材于我国革命斗争的历史，以波澜壮阔的音乐舞蹈场面，展现了1921年以来中国人民争取解放、欢庆新生的生动画卷。

3. 舞蹈的情节把握

舞蹈的情节是在情节舞和舞剧中，人物的生活和事件的演变发展过程。由一系列能够显示人物与人物，人物与环境之间关系的具体事件过程所组成。对情节的把握正确与否决定了观众能否真正看懂舞者用其肢体语言所演绎的内容以及所想表达的思想。这就是所谓的舞蹈语言。同时，观众能否正确把握情节，对于舞蹈的编导和演员也是一种很大的考验，编导必须对所演绎的故事充分的提炼与加工，舞者在演绎某段舞蹈前，也应先对情节有着深刻的理解与掌握，在舞台上充分利用自己的舞蹈语言去向观众讲述所演绎的内容。如，大型舞蹈《红梅赞》的舞剧总编导杨威深谙无言的舞剧贵在故事情节的单纯和精炼。她匠心独具地设计编排了一个个精彩的舞台画面：面对酷刑和利诱，江姐刚毅顽强；叛徒则摇尾乞怜，为虎作伥。绝食斗争中，"小萝卜头"忍住饥饿的煎熬，小小心灵里憧憬的是自由飞翔的蝴蝶。疯狂的大屠杀里，"监狱之花"的母亲毅然决然地选择了舍生赴死。面对胜利的曙光，江姐与难友们一道，用自己的忠贞绣出了一面鲜艳的五星红旗。迎风招展的旗帜下，勇士们在熊熊的烈火中得到永生。

4. 客观环境的设计

舞蹈不是单纯的一个舞蹈家的独自演绎，一台好的舞蹈还有其不可缺少的客观环境成分。所谓的客观环境包括舞台背景、灯光等的设计，背景音乐的选择，舞者的服装设计等等。做好客观环境的设计可以给一部舞蹈锦上添花，做不好，可能也会成为这部舞蹈的一处败笔。我们可以把观众欣赏舞蹈的形象分为三种，即视觉形象、听觉形象和动觉形象。所谓的动觉形象是指人在运动过程中通过自身的动觉器官所体会到的一种具体形象的情感体验。观众心目中动觉形象的塑造往往取决于舞台上的舞者的表演。而观众通过视觉所感知的视觉形象则不仅需要舞者的出色表演，还需要舞台设计师的精心设计。大型民族舞蹈《大梦敦煌》整场演出的舞台设计，服装、音乐设计仿佛把观众带到了那古老而神秘的西域，让人对那里不禁有些神往。观众通过视觉的舞台设计可以了解故事的背景和情节，好的舞台背景可以给观众一种身临其境的感觉。最后的听觉形象是物体振动所发出的声音作用于人们的听觉器官而引起的生理和心理的情感体验或特定生活的形象的联想。艺术的本身是相通的，音乐与舞蹈的有机结合可以创造出观众视觉与听觉感受的最完美效果。舞蹈音乐的创作与选择必须符合本舞蹈所要表达的内容，它是为舞蹈的情节服务的。合适的背景音乐给舞蹈创造了完美的意境，背景音乐的高潮可以推动舞蹈情节的高潮。大型音乐舞蹈史诗《东方红》由30多只革命歌曲和20多个舞蹈组成，其中包括5个大合唱、7个表演唱，还穿插了18段朗诵。许多诗人、作曲家和舞蹈家参加了创作，可见音乐所起的重要作用。

5. 舞蹈构图

舞蹈构图即舞蹈画面，是舞蹈语言在舞台上存在和呈现的方式，也是舞蹈在时空和空间中的动态结构。一般指的是舞蹈者在舞台空间的运动线和画面造型，是舞蹈作品重要表现手段之一。包括下述几点。

整齐一律，也称单纯统一，是最简单的一种形式美规律。特点是无差异和队列的一致，能体现出单纯、整齐的美，给人一种节奏和次序的审美感受。

平衡对称，也称均衡对称，是比整齐一律稍复杂的形式美。规律特点是既有一致重复的一面，又有差异不一致的一面。但在差异中仍保持着一致、对称，给人以安宁，稳定的审美感受，而均衡则给人以安定中又具有自由灵活的愉悦感受。

调和对比，事物的差异和对比的统一。对比给人以鲜明、醒目、振奋、活跃的审美感受，调和则给人以融合协调的愉悦。

多样统一，也称和谐。是形式美最高级的法则，是整齐一律，平衡对称，调和对比等形式的对比统一，使人感到既丰富又单纯，既活泼又有次序。给人以整体的，多样性的审美感受。舞蹈构图可以规划为舞蹈欣赏最终极的整体效果，同样是不可或缺的一部分。

除了传统的舞台表演之外，借助各类传播媒介，舞蹈越来越多地出现在人们的艺术欣赏视野中。舞蹈这种艺术形式受到越来越多人的喜爱和关注，也成为重要的美育手段。对于优秀的舞蹈和舞剧作品，只有反复欣赏、透彻地体会和理解，并在欣赏舞蹈的同时产生心灵的震撼，才能够充分地感受到舞蹈审美欣赏中的艺术乐趣，同时也可以达到美育的目的。

第八章 人类智慧之光：科技美

在人们的习惯认识中，科学与技术属于理性的世界，而美则是感性的天空，审美教育似乎只能在文学或艺术教学中进行，与科学无关。千百年来，很多观点认为科学家所说的"美"同美学所规定的"美"，在性质和特点上都大不相同，所以科学不能成为人的审美对象，因为它不具备审美对象的三个主要的特点，即可感知性、情感性、非功利性。

然而，科学技术与审美其实都是人类物质实践活动的产物，它们是标志着人类社会发展的两条高速铁路，貌似毫无交集，实际紧密相连。科学技术的发展基于人类从事生产劳动，获取维持生存的物质资料的需求，是物质实践活动的高度发展与现代表现；而审美则是基于物质实践活动之上，人类作为有意识的存在物对世界获得认识和情感认同的需求。前者诉诸人的理性功能以追求真理价值，后者诉诸感觉经验、意象和情感等感性功能，追求审美价值。所以既然科技美缘于科学思维对自然规律的洞悉和领悟，那么，"由于感官仅能认识事物的现象或外表，只有理性才能把握自然界的内在规律，因而科学美实质上是一种理性美。"正如我们所知，"审美"最早由席勒在《美育书简》中提出，其范畴具有鲜明的、特定的时代性：它是针对工业化进程中出现的人的精神危机而提出的，是针对理性范畴的片面、狭隘、缺陷而提出的，它试图在理性占主导的文化和教育中保护和发展人的感性，使人能够重新获得感性和理性的协调平衡，重新塑造完整的人格。科技恰恰是人们眼中纯理性或纯智性活动的产物，所以人们漠视了科技研究与学习中产生的人类感性冲动，人为地制造了科技与审美之间的天堑鸿沟，忽视了科技美这一人类智慧所散发出的万丈光芒。

相比较其他院校，理工类学院尤其重视科学技术的教育，而缺乏人文类、审美类教育，从而更加需要摒弃这样的偏见，通过科技美教育培养学员理性思维能力、提高学员学习效率、修正学员科学观，促进了学员的知、情、意全面和谐发展。

第一节 你所不知道的科技美

从美学的发展上来看,科技美并不是突然冒出来的新词汇,人类对科学美和技术美的探索也是源远流长的,它是整个美学思想史的重要组成部分。由于审美是人类本能的一种价值取向及精神需要,具有渗透性,它会融入人的全部实践活动过程之中。由此,使人类审美活动表现出多样的形态。艺术是以审美为中心的活动,在相当长的时期里,艺术探索曾经占据了美学研究的中心地位,以致美学被称为艺术哲学。但是,人类审美活动的领域却远大于艺术范围,对科学美和技术美的关注几乎与美学思想的发展相伴始终。

一、源于人类的探索

翻开西方美学史,早在古希腊时代,对审美现象的考察,便与科学和技术活动结下了不解之缘。活跃在公元前 6 世纪的毕达哥拉斯学派由一批数学家和天文学家等所组成。他们提出了"美是和谐和比例"的观点,对于整个西方美学思想的发展具有重大影响。正如鲍桑葵所说:"因此,审美批判的发生在很大程度上应归功于几何科学和初级数学、声学的进步所开辟的前景,一旦人们想到可以证明音乐效果或对称图形的魅力得自数的比例,这种想法本身大概就具有进一步的意义。"毕达哥拉斯学派认为圆形是体现和谐与比例关系的最美的图形,并且揭示了音阶构成中数的比例关系。就此德国理论物理学家海森堡(1901—1976)指出:"这种数值比作为和谐源泉的数学结构,在人类历史上无疑是最重大的发现之一。"由此,数学结构的形式特性成为沟通科学与审美的重要中介。在物质生产和技术领域,对于功能美的发现也早于艺术美的探索。苏格拉底(公元前 469—公元前 399)最早提出了"美善"说,他认为"凡是我们用的东西如果被认为是美的和善的,那就都是从同一个观点——它们的功用去看的。""因为任何一件东西如果它能很好地实现它在功用方面的目的,它就同时是善和美的,否则它就同时是恶的又是丑的。"

近现代以来,许多重大科学的发展始终受到科学认识和审美这样两种行为动机的推动。1543 年哥白尼(1473—1543)发表了《天体运行论》成为近代天文学的开端。"在他和他的直接后继者的身上可以看到现代科学由之产生的互相斗争而最终相互结合的两个因素:对于一种从逻辑上看和从艺术上看都是完美无缺的自然秩序由此可以演绎出自然法则的秩序的信念和对每一种理论都进行那种可以通过直接观察做出决断的实验检验的决心。"

哥白尼的学说正是按照他所信奉的科学美学原则——简单、合理、和谐而提出的。开普勒（1571—1630）也是一位杰出的数学家，他所以相信哥白尼体系，不仅基于他所积累的大量行星观测资料，也在于他相信哥白尼体系具有更好的数学简单性与和谐。他说："我从灵魂的最深处证明它是真实的，我以难以相信的欢乐心情去欣赏它的美。"

伽利略（1564—1642）创立了严密的科学实验方法，同时又以简单的数学定律表现出物理运动的规律，由此成为近代精密科学的奠基人。在现代科学中，相对论和量子力学同样是以数学作为它的逻辑结构和表达形式。这就是说，数学语言为科学理论取得了直观和形式特性。对此海森堡指出："对于现象的丰富多彩的多样性的理解，就出现于在其中认出可以用数学语言来表示的统一的形式原则。"据此，在可理解的东西和美的东西之间也就建立起一种密切的联系。这种数学语言的形式原则为审美的直观提供了具有可感知的形象性。这种形式特性为科学理性内容的表达形式取得了走向感性直接性的途径。

科技美的形态特性并不是科学的本质，但是明确认识科技美的形态特性却是对科技美的本质探索不可回避的一步。科学理论的形式特性是构成科技美的要素之一，这就体现了传统美学"美存在于形式中"的基本观点。有些科学家曾经把"简单性""对称性""统一性"看作科技美的形式特性，但是当代非线性科学却呈现出与此不同的特性。

1975年，曼德尔布罗特出版了《分形图：形状、机遇和维数》一书，他在书中指出：海岸线的长度是随测量尺度而变化的。从不同高度观察和拍摄照片可以发现，海岸线不同层次的细部具有相似的曲折性和复杂程度。由此形成了分形几何，它是介于欧氏几何的极端有序和一般的几何混沌之间的中间状况，处于有序与无序之间。同样，混沌学所揭示的也不是自然界中的和谐与统一，而是非线性过程对初始条件的敏感依赖性，即事物之间失之毫厘而谬之千里的差别性。

这里的问题是，对科技美形式特性的分析不能脱离其科学内涵。也就是说，在科学审美中的对其形式美的判断不能脱离其特定的科学内容。这与艺术美的鉴赏道理是一样的，残缺可以成为美，完备也可以成为美，关键在于它所反映的内容。残缺往往是对历史原创性的珍重和历史感的保存。形式与内容相统一这一美学原理，同样适用于技术美的情况。

在历史上曾经有过忽视这一原理的深刻教训。罗斯金（1819—1900）是英国著名艺术评论家,他在《威尼斯之石》一书中发表了许多建筑评论,其中对圣马可教堂的表面装饰大加赞赏。以至同代建筑学家罗·克尔教授颇为反感地指出:若相信诗人和建筑师之间有任何共同之处是最危险的,"罗斯金先生的思想,在幻想艺术的诗歌中飞翔得够高的,因为诗歌是他的本行。但是它们不能降落到简单的无诗意的构造细部上来,因为建筑不是他的本行"。这就是说,对建筑美的评论,不能脱离其功能目的和结构适应性而只孤立地从外表形式来看。

对于形式与内容(功能)相统一的原理,阿恩海姆在《建筑形式的动力学》一书中做了深入的分析。他指出:就各种形式要素之间做出合乎比例与和谐的判断是没有意义的,因为这些形式的构成是与特定的功能目的相联系的并受其影响。也就是说,对建筑形式美的判断也要依据于形式与功能目的的关联,而不能只就形式关系自身确定。

人们曾经从价值论的观点对美的本质做出过各种概括。人们说:"美是真的光辉"(福楼拜);"真、善、美是些十分相近的品质"(狄德罗);"美是道德的象征"(康德);"美的形式只是真理、合目的性和完善性的一种自由表现"(席勒)以及"美是真与善相统一的自由形式"或"美是合规律性与合目的性相统一的自由形式"(李泽厚)。显而易见,这种概括既适合于艺术美和社会美,也适合于科技美。因为科技美正是以"真"即合规律性为其内容的,或者以其合目的性的"善"为内容,实现"善"即其社会功能。

包括马克思关于"劳动创造了美"和"人的本质力量的对象化"的命题,尤其是"美是人的本质力量的对象化"和"美是自然的人化"的观点,虽然是从人类学本体论的角度对美的本质的一种概括,但同样适合于科学美和技术美。科学理论作为人类对自然规律的认识成果,是人类的精神创造物。科学所具有的审美价值,成为人的本质力量的对象化和自我确证。而技术产物作为人类改造和利用自然的成果,它的美也是人的本质力量的自我展示。但是,上述这些对美的本质规定,并不能具体说明科学技术合规律的"真"与合目的性的"善"如何转化为"美",还需要我们具体论证。

二、"真善美"的统一体

我们要探讨科技美的内涵与本质,首先要搞清楚什么是科学技术。普遍意义上我们认为科学技术是科学和技术,科学是反映现实世界各种现象的客观规律的知识体系,如数学、物理等;而技术是指人们实现理想目的的操作方法,包括相关的理论知识、操作经验及技巧。科学具有抽象、理论、稳定的特点，而技术则是具体、功能、变异的。然而，随着时代的发展，科学和技术已经无法剥离。我们不会仅仅对某一科技产品的深层规律开展审美活动，而忽略其功能性；也不会只关注数学比例带给我们的视觉美感，而忽略其本质规律。所以，今天我们谈的科技美学的审美对象——科学技术，我们不再刻意区分两者的差异，而是将他们视为一个整体囊括在广义的科学概念之下。

那么我们需要了解科技的那些组成部分，才能够感受到科技美的存在呢？

第一，观察科学对象的美，这是指科学活动的对象。希腊哲学家说，"惊奇"是人的探索的驱动力，也可以说是科学探索活动的开始。自然本身就是了不起的杰作，从头顶上灿烂的星空到肉眼无法看到的微观物质结构，无不让人感到惊奇。人类总是带着这种"惊奇"去从事科学探索，发现和解释自然与人类生活的奥秘。德国哲学家康德通过对宇宙发展历史的研究提出了宇宙的"系统整体美"的假说："无限的造化是包罗万象的，它所创造的无穷无尽的财富都同样是必需的。从能思维的生物中最高的一类到最受歧视的昆虫，没有哪一个对造化是无关重要的；而且哪一个也不可缺少，否则就会损害他们相互联系的整体的美。"大到宇宙，小到细胞也具有美感，当我们把生命细胞置于显微镜下，其结构的形象美便豁然跃出，让你不能不为大自然的出神入化之美所赞叹。再如，我们所熟悉的"黄金比例"是有毕达哥拉斯学派所提出的，本来是一个数学概念，当他被应用到艺术、管理、工程设计等各个方面，却产生了一种美感，军队最常见的五角星就是黄金分割的产物。

第二，领略科学过程的美，这是指科学方法的创造和运用，以及科学发现过程中显现的人的创造力的美，展现了人类理性的力量。首先，我们可以从劳动成果中获得精神愉悦。因为科学方法是科学活动的指导，帮助人类探索自然，开阔视野，使人的认知更接近真理，在功能上实现真善美的统一；其次，我们从每一次发现得到一种充满灵感的体验，并能够产生兴奋的愉悦感。尤其是成功的发现，这种愉悦感使科学过程充满了审美的意味。比如生物学家詹姆士华生在《双螺旋链》一书中回顾了他发现DNA分子结构的情景："我的手指冻得没法写字，只好蜷缩在炉火边，胡思乱想，想到一些DNA链式怎样美妙的蜷缩起来……"这种诗意表达充分体现出了科学过程的审美性。

第三，认识科学理论的美，这是指科学理论模式所凝聚的人的创造力的美。我们通过科学过程获得真理,科学理论以特定的符号表述这些真理及人对自然及其运动发展规律的认识。科学家常常像赞美艺术作品一样赞美科学理论。比如汤姆逊(W. Thomason)把"热的分析理论"称为"数学的诗",爱因斯坦把波尔的原子中电子壳层模型称之为思想领域中"最高的音乐神韵",不止一个科学家把爱因斯坦的广义相对论称之为"伟大的艺术作品"。

通过上述认识科技美的途径,我们发现科技本身并不缺少审美所需要的"形象",也不缺少审美所需要的"人的本质力量",其具有审美要素和审美价值。科技美无疑是一种美的形态,它是科技活动中体现人的探索、开拓、创造本性和认知、运用能力的美的形象;是以揭示自然对象的本质、特征、发展规律和相互之间的内在关系为目的,而具有合目的性的"真"——规律美;是以创造、发明认识世界、改造世界技术方法为目的,而具有合功能性的"善"——功能美。它服务于人类认识世界、改造世界的目的,以科学抽象的形态或者技术功能的形式反映了和谐统一的自然和社会图景,表达了人类对未来生活的期许和愿望。

也正是因为这种对"真、善、美"的追求,才使得人类在对自然规律、真理价值的追寻中,在延续生存、改造世界的奋斗中得到了精神上的愉悦。苏联科学家巴甫洛夫说道:"浏览大自然的巨著会给智力以深深地满足,并能发现特别多美好的失误,而感知这种事物有赖于敏锐的艺术感觉和学者的深刻观察。了解美并不限于观察自然景象和发掘其意义。就是在实验室的研究成果里,在数学公式的严整性里,在哲学推理的辩证唯物主义的逻辑里,也都可以感觉到,并且真正感觉到美。"

三、学习科学美

当代的美学理论著作仍主要把美的存在领域及其表现形态分为三大类,即存在于自然领域的自然美,存在于社会领域的社会美和存在于艺术领域的艺术美。而科技美所主要研究的问题:自然科学中的美学问题,包括研究科学家对美的追求、对科学理论的美学评价和科学研究中的形象思维等;研究人类生产劳动中以及与此相关的一切技术领域里的美学问题,包括生产环境和生产过程的美化及物质产品的艺术设计等等。这些问题很容易被我们忽略,而其实,科技美已经起了并且正在起着重要的作用。

1. 促进社会进步的强大动力

(1) 有效地指导和促进社会物质文明建设,提高社会生产力。科学技术是第一生产力。科技美是这种生产力的直接反映,反过来又将促进这种生产力的发展。科技于功能上美的追求在指导工业设计、提高产品质量、增长经济效益以及美化劳动条件、组织文明生产,提高劳动生产率方面起着愈来愈重要的积极作用。并且,其对深层规律的追求,或者我们叫作理论美的追求在宏观上开拓着科学技术实践的视野,提供实践的理论基础。科技美的发展促进科技合规律合目地向生产力转化,对社会的物质文明建设已经起了,并将愈来愈起到巨大的作用。

(2) 有力地促进社会精神文明的建设,提高劳动者素质。科学技术与艺术、美学、人文的相互结合、相互渗透,一方面促进了科学技术的进步、社会物质文明的发展,另一方面也促进了文化艺术的进步,社会精神文明的发展。人类在"按照美的规律""人化自然"的同时,也在"按照美的规律"人化着自身。科技美学的成果使人们的劳动环境和生活环境愈来愈符合美的规律,这就使人们在潜移默化中受到愈来愈多的美的熏陶,促进整体生活美化。

2. 培育全面人才的重要手段

正如上文所说,科技的发展正是人类理性的巅峰表现,而"美育"是化解工业社会中人类精神危机的产物,是对理性主义至上的拨乱反正。我们可以想象,如果一味地强调科学理性乃至工具理性,就容易造成人类的精神世界的割裂。在人类的意识活动中,感性功能与理性功能是相互作用并相互渗透的,感性和理性的整合,形成精神功能的整体性和统一性。所以开展科技美教育,能够为人们找回缺失的感性,促进个体的感性功能和理性功能的沟通。因为"美是自由观照的作品,我们同它一起进入观念世界,然而应该说明的是,我们并不会像认识真理时那样抛弃感性世界"。当人们进入科学世界时,通过对科技美的观照,唤起科学美感和审美体验,将感性的成分如想象、直觉等渗透到科学的理性思维中去,强化了理性直观,这不仅对科学探索与创造本身大有益处,更重要的是还促进了个体感性功能和理性功能的沟通,维护着个体心理功能的完整性和协调性,从而避免"现代文明病"的出现。

理工类军校学员与科技的学习研究十分紧密,如果学员能够从科技的学习中体会到美感,不仅能够激发他们的学习兴趣,提高学习效率,更有助于学员的性格完善和全面发展。

通过科技美教育,唤起科学美感,培养学员热爱科学的感情,激发其学科学的兴趣,提高学习效率。科学美感是指人们在科学领域里,在客观对象审美属性刺激下所产生的以情感愉悦为主调,同时伴随着感知、想象、思维等多种心理功能协调活动的一种心理状态过程。它是科学审美主体对科学审美对象的一种主观反映、感受、鉴赏和评价。科学认识和探讨能唤起科学美感,这对科学家来说是不言而喻的。彭加勒曾说:"科学家研究自然,并非因为这样做有用处。他所以研究它,是因为他从中能得到乐趣。他所以能得到乐趣,那是因为它美。"让学员在科技学习与研究中感受科技之美,学习就不只是一种科学认知活动,也是一种审美感知过程。如果在学习中,能把求知和审美结合起来,以美求知就会激发学习兴趣,减轻学习负担,获得提高学习效率的效果。

  通过科技美教育,修正科学思维模式,为学员今后从事科学事业奠定正确的科学观。科技美所内含的目的性和隐含的价值性,即求真的规律性与求善的功能性的统一,体现了人的科学精神和人文精神的内在沟通性和关联性,这也是人类的科学观念从传统向现代转化的必然反映。传统的科学观坚持的"主体—客体"的思维模式,毕竟具有其自身难以克服的局限性。这主要表现为:单纯依靠理性思维对被认识的对象不断进行抽象,最终得到的只能是对自然界有机整体的分解性和划界性的认识。它只能达到对在场事物的认识,而难以达到对未在场的隐蔽的事物的认识;只能达到对客观自然因果必然性的认识,而不能达到对作为因果必然性之根的未在场的自组织、自调节规律的认识。现代的、新的科学观作为人的整体性的科学观,所坚持的是辩证思维的模式,它所认识的自然不仅仅是一种因果关系,而且是一种具有自组织、自调节性的自然。这就决定了对它的把握,既要靠理性思维,也要靠感性功能,如直觉和想象,以便突破传统的"主体—客体"分解性和划界性的思维模式。在这二者的关系和存在方式上,有机系统比因果必然性的机械系统处于科学发展和演化的更高层次。学员通过科技美的学习能够形成正确先进的科学观,有助于其未来工作中的科学研究具有更强的前瞻性和功能性。

  通过科技美教育,树立审美理想,确立学员美的人格,为学员成长成为有素养的科学工作者打下基础。树立审美理想,可以培养理工科学员按照美的原则改造世界、创造未来的能力。未来世界不仅应该具有使用价值,同时还要有审美价值,美好的理想、宽广的胸怀是其肩负历史使命的内在精神动力。在高雅、真善的审美理想的指导下,有了对真、善、美的追求,其科学活动才能达到"善美相乐"。当我们把这种情感转化为道德行为,表现在个体的精神结构中就是美的人格的确立,这种美的人格实际上也就是理想人格的个性化,是善的内化。人的道德活动在通过审美理想而不断追求向善的过程中，更直接地表现为对崇高理想的追求。在追求崇高理想的过程中，我们会遇见各种各样的困难，可能出现在日常学习训练中或者未来的战场，但我们正是在与这些逆境做较量的过程中不断使自身获得超越，体味到科学的美，作为科学从业人员的愉悦。而人类也是如此推动了人类历史的前进，并在此中深深体味到人的精神存在的价值，因而在人格精神上有一种不畏艰难困苦、不屈不挠的力量。作为军人，这种人格美的意义不仅仅在于审美价值，更在于那种在高尚的理想启发和驱动下所产生的为之奋斗的强大内驱力，正是这种推动力才激发无数的仁人志士、英雄豪杰投身于"为真理而斗争"的伟大事业中去。

科技美及其审美教育观念，对于时代发展和我们自身发展来说，是必不可少的。它适应了人类科学观念从传统向现代转化的要求，渗透在理性教育中的审美教育。在对科技美的感悟和理解中，我们被唤出潜在的直觉力和想象力，并运用这种理性直观不断地冲破和超越在场事物的界限，窥视到今天在场的事物背后既隐蔽着昨天不在场的事物，也隐蔽着尚未出场的未来的事物，从而把自然界显现的因果必然性与隐蔽的自组织自调节的规律性融合起来。这种对规律的认识能力，成就人类对自身和世界的整体掌控能力。投射到我们每个人身上便是一种难能可贵的自我认知和积极向上的精神意识。

四、科技让世界更美丽

科技的美并不是不可感知的，如果我们留心，会发现很多貌似枯燥乏味、冰冷无情的"科学技术"反而让我们的生活更美丽。哥白尼在《天体运行论》一书中写到："在人类智慧所哺育的名目繁多的文化和技术领域中，哥白尼清楚地表明了他是多么欣赏科学中蕴含的美。科学史上的迈克尔逊-莫雷实验，利用光干涉仪证明光速在不同方向都是相等的，爱因斯坦称赞这个实验是"物理学所有实验中最美丽的一个实验"，迈克尔逊是"科学家中的艺术家"。而爱因斯坦的相对论则被许多科学家誉为物理学中最美丽的一个理论，德国物理学家玻恩将相对论看作"像一个被人远远观赏的艺术品"。

科技能够给我们带来美的感受，是因为科技的产生与发展与我们生存与生活的环境紧密相连，与我们接触大自然、艺术作品、文学作品的感受相类似却又不同。

1. 科学理性是美丽世界的最好装饰品

我们质疑科技美存在一个重要因素就是科技的"理性"本质，难道理性真的与充满感性的"美"背道而驰吗？其实不然，理性同样能给我们带来审美感受。

  我们所熟知且容易认知的常态美，比如自然美和社会美都是一种现实美，具有可感的形象。艺术美是艺术家通过观察现实，对那些原始的、朴素的、粗糙的现实进行去粗取精、去伪存真、由此及彼、由表及里的改造与制作，创造出更生动、更强烈、更深刻的艺术品。艺术美源于现实，但又高于现实，是现实美的集中概括，是一种高级形态现实美。

  但是，科技美并不仅仅是一种现实美，它既有经验形态，又有思辨形态的。经验形态的科技美主要指的是科学事实美，包括作为科学研究对象的自然现象美和在实验室人工制作的实验现象美。思辨形态的科技美主要指的是科学理论美。但无论是经验形态的科学事实美，还是思辨形态的科学理论美，根本特征都在于其内容的真实性。这不仅因为科学事实本身就是客观的，即使实验室人工制作的实验现象，它的美也不在于其色彩、状态、味道等能让人感官快乐、精神愉悦，而在于它能最充分、最真实地显示隐藏在物象背后的本质与规律。这就说明科技美与自然美、社会美、艺术美不同，其观照的科学研究、科学实验、科学理论、科学公式和科学成果中所蕴含的美，在于在一种揭示自然界的本质和自然规律的抽象美。而我们是如何追求抽象的，难以通过感官而得到的科技美呢？正是人类意识的高级形式——理性给我们带来了帮助。逻辑思维与审美意识交融、渗透，使我们能够感受到美的现象，同时发现隐藏在事物背后的规律才是形成美好现象的根源。也许我们可以如此想象，我们看到美丽的日出，是因为光影的和谐搭配；我们听到优美的交响乐，是因为音符逻辑严密组合；我们为故宫建筑群所震撼，是因为其整体对称的几何美感。这就是说，科技理性美的内涵在于"内在性""理智性"和"逻辑性"，是本质规律在人类意识层面的体现。它是一种更深层次的美：

  （1）和谐。美在于和谐，或者和谐就是美，这是古典美学的一个基本特征。早在古希腊时代，许多哲学家都认为大自然就是一个和谐、有序的统一体。毕达哥拉斯学派最早提出"整个天体就是一种和谐"的思想，认为美就在于"和谐与比例"。我国古代早在《尚书·尧典》里就提到："八音克谐，无相夺伦，神以人和。"这里既有乐音之间的谐和，又有人与神关系的和谐。苏联物理学家米格达尔指出："科学的美在于它逻辑结构的合理匀称和相互联系的丰富多彩。在核对结果和发现新规律中，美的概念证明是非常宝贵的；它是自然界中存在的'和谐'在我们意识中的反映。"

  和谐主要表现为有序和节奏：自然界中的有序和节奏最突出的是表现在

宇宙的组成和物质的结构上。太阳系中的恒星、行星、卫星之间有序的排列和有节奏的运行，物质结构中的原子核、质子、中子、电子等之间有序的排列和有节奏的运动，都体现出科学理性的和谐美。开普勒的行星运动三定律是从一首古老的乐曲《和谐的序曲》中得到启发，认识到天体运动就是一首连续的和声乐曲，并揭示出天体运动是如此惊人地和谐有序。后来有人据此写成名为《宇宙的和谐》的歌剧。玻尔提出的原子中的电子壳层模型是原子内部电子分布状况的形象化描述，爱因斯坦称赞这个模型是"思想领域中最高的音乐神韵"。

（2）统一。科学理论、科学公式、科学定律实际上不过是自然界不同层次、不同领域的现象的统一的反映。科学理论统一性的适用范围越广，在科学家心目中的美学价值就越高。伽利略的惯性定律是自然界物质匀速直线运动统一性的反映；麦克斯韦的电磁运动理论是电与磁统一性的反映；门捷列夫的化学元素周期表是化学元素统一性的反映；牛顿力学定律是宏观世界物质运动统一性的反映；量子力学是微观世界物质运动的统一性反映。爱因斯坦的相对论，使无数的科学家为之倾倒，它不仅适用于光速运动的电磁理论，也涵盖了低速运动的牛顿力学理论，有着更高统一性的美学价值。丰富多彩的大千世界本身就是多种多样的，大千世界的美也是各种各样的。科学家总是希望将这个多种多样、杂乱无章的世界统一起来，但是又害怕这样的世界显得单调。因此，只有把多样与统一结合起来考察，才能从多样中寻求统一，从统一中演绎多样，才能对千姿百态的宇宙做出科学的解释。

（3）简洁。自然现象是纷繁杂乱的，科学研究的本质就是力图用最简单的理论、定律或公式，去概括和总结大量的、复杂的自然现象和宇宙奥秘，反映其中固有的规律。英国的威廉·奥卡姆指出：简单性原则应当运用于人类的自然过程的认识上，越是简单的理论就越美，也就越能在竞争中获胜。利用数学公式构建科学理论，能更突出地体现科学理论的简洁美，正如法国哲学家狄德罗指出："算学中所谓美的问题，是指一个难以解决的问题，所谓美的解答，是指一个困难复杂问题的简易解答。"开普勒的行星运动第三定律，将过去许多天文学家观测和积累的杂乱无章的数据，用数学公式 $T^2=D^3$ 表达出来（式中 D 为行星与太阳之间的距离、T 为行星的公转周期），人们看到这个公式的简洁，称赞为"奇妙的 2 和 3"。在物理学上，牛顿力学方程、麦克斯韦的电磁感应方程、爱因斯坦的相对论方程、狄拉克方程、海森伯格方程……构成了整体物理学理论构架的骨干，体现了几个世纪实验物理和理论物理的精髓，达到了科学研究的最高境界，它们以极其浓缩的语言，谱写了物理世界基本结构的诗篇，充分地体现了科学理论的简洁美。

（4）严密。优美的理论体系是那些基本概念数目最少而蕴涵自然现象最为丰富的逻辑体系，也是在内容上和形式上都表现出逻辑完整性和统一性的理论体系。爱因斯坦认为他的相对论最值得欣赏的美在于"逻辑上的完整性。"美国物理学家英弗尔德在评价相对论时认为"它在优美、深邃和逻辑合理性方面，远远超过了另外一些引力理论"，因而是"引力理论中唯一的合理的优美理论"。逻辑严密性在数学的研究上也有表现，早在两千多年前的雅典，欧几里得从十条公设和十条公理出发，就创造出用简洁的几何公式及演绎逻辑法，完成了举世闻名的《几何原本》，它的优美和逻辑力量是人类智慧的结晶，是科学理论体系美的典范。许多科学家称这为"雄伟的结构""巍峨的阶梯"。两千多年后希尔伯特又完美漂亮地把欧几里得几何学整理为从公理体系出发的纯演绎系统，他在1900年的世界数学大会上提出了23个著名的数学问题，甚至大胆建议用数学的公理化方法去演绎出全部的物理学。

（5）对称。对称给人以美的感受，毕达哥拉斯有句名言："一切立体图形中最美的是球形，一切平面图形中最美的是圆形。"而圆形和球形正是几何中对称美的杰出体现，圆形对于圆心是对称的，对于通过圆心的任一条直线也是对称的。球形既是点对称，又是线对称，还是面对称的。正是由于几何图形中有这些点对称、线对称、面对称，才构成了美丽的图案，精美的建筑，巧夺天工的生活世界，才给我们带来丰富的自然美，多彩的生活美。对称不仅是一种美的表现，同时也是科学创造的一个原则。在物理学的研究中，这种对称性常常使得我们可以不必精确地去求解就可以获得一些知识，使问题得以简化，甚至使某些难题迎刃而解。例如一个无阻力的单摆摆动起来，其左右是对称的，不必求解就可以知道，中间平衡位置和两边相当位置处的摆球高度、速度和加速度的大小一定是相等的。

对称变换是对称概念的拓宽。例如一朵有5个花瓣的花（如香港特区区旗上的紫荆花）绕它的轴旋转一周，在5个位置看上去是完全一样的，这种对称性称为对称变换。又如在物理学上将观察对象在空间上从一个地方平移到另一个地方，其物理规律是不会改变的，牛顿三定律无论是在地球上还是在火星上都是不变的，这种对称性又称为空间对称变换；与此类似，在不同时代对观察对象进行研究，其物理规律也是不会改变的，牛顿三定律无论是在唐朝，还是在现代乃至1 000年后的21世纪都是不变的，这种对称性又称时间对称变换。因此，我们把事物的从一种情况变化到另一种情况叫作变换,如果一个变换使事物的情况没有变化,或者说事物的情况在此变换下保持不变,我们就认为这个事物对于这一变换来说是对称的。这个变换称为事物的对称变换或事物变换中的不变性。如物理学上的伽利略变换的不变性、洛伦兹变换的不变性、规范变换的不变性。

当然,我们也不能把对称性绝对化。对称中也可能有缺损。对称和对称缺损,构成了自然界的另一种对称。在对称中寻求不对称,使对称和不对称保持必要的张力,这是对称方法的更深层的智慧。例如宇宙反映了我们这个世界的左右对称性或镜像对称性,这种守恒性叫作宇称守恒,曾被认为是自然界的一条基本守恒原理,但杨振宁、李政道发现在弱相互作用下,空间的镜像对称将被破坏,宇称不再守恒,这是科学创造的一个范例。

当然,我们不能说这些形态就一定最美的,但是如果我们注意生活学习中的点滴,会发现甚至是在社会美、艺术美这些常态美中,但凡经过人类理性改造的部分都具有这些形态的特征。尤其是与人类实践最为接近的科技美正是如此装点着我们的世界。

2. 形式功能让美丽生活更真实

科技给我们带来的还有一种美感体验,比起上文中抽象的理性更加真实。它主要体现在科技产品中。这种美能给我们带来与自然美、艺术美等相类似的感官感受,如舒适、愉快、轻松等。这里我们就要谈谈科技美另一个重要来源,就是其"合目的的善",即功能美感。

产品的功能是指产品的合目性、合规律性的功用和效能。是人们在使用产品时使劳动变得轻松、愉快,生活变的舒适,从而感受到生活的美。这是设计的目的和"美的尺度"。古希腊学者苏格拉底有句名言:任何一件东西如果它能很好地实现它在功能方面的目的,它就同时是善的也是美的。功能美是功能整体所体现出来的美,这是科技产品的设计者对材料、结构、形式、符号等占有所创造出来的和谐化的结果,是这些综合因素在生产过程中和产品上的具体表现。

(1) 有效的功能是一种美。

一件科技产品对使用者来说,主要是使用功能。如电冰箱的使用功能是冷冻、冷藏食品,耗电量要小,震动噪音要小。一把电动剃刀的使用功能为经由电动机使刀片震动和转动,适合不同的脸型的固定刃、可动刃以去须毛。产品给予使用者直接的物理、生理作用的所有功能,均归类于使用功能。一把椅子椅面的宽度、深度、倾角、圆角、有否软垫等设计,用于支撑身体重量,避免臀部、腿部不合理的受力分布,节省体力消耗、保证自由活动空间与坐姿的改变；椅背高度、宽度、形状、有否软垫等设计等，用于支撑脊椎并放松背部肌肉、减少疲劳；扶手用以支撑手臂、保持坐姿。这一切均是提供使用功能，以满足使用者的要求，提供舒适的座位，避免疲劳等等。科技产品的创造是以提供某种功能和效能为目的，否则将失去整个工业存在的基础和依据。功能的效用性是一切科技产品或者科技存在的依据，也是产生美感的必要条件。但是。功能本身不是美，但功能的完善服务于人的需要，满足人的使用功能，这体现着美的特征。一把椅子如果不符合使用目的，坐着不舒服，即使装饰的再华丽看起来也不美；又或者同样是电脑键盘，符合人类机体功能的字母排列的键盘与仅按照 26 个字母顺序排列的键盘相比较，早在电脑出现的那一天，人类就已经做出了自己的选择。可见有效的功能，即符合人类需要的功能才是美的。

(2) 形式与功能统一更美。

当然，如果仅仅把使用目的、有效功能会成为一种价值取向，并不能使人充分产生美感。并且如果过度追求这种价值取向，单纯以使用功能程度作为衡量美的水准反而会使科技美变得贫乏甚至走向毁灭。有一部香港电影《百变星君》可以帮助大家理解这一点。主人公将自己与各种科技产物相结合，从而把自己变成了一个高科技怪物，并引发了各种爆笑的事件。然而我们并不因为主人公的多功能性而感受到美好，反而会因为他奇怪的外表和形式产生一种"审丑"意识，功能的美感也沦为滑稽、搞笑、丑陋等感受。这就是因为只符合实用功能并不能使人充分产生美感，因为功能并不构成审美价值，是由于它被组织在科技或者科技产品整体中才取得美的要求，成为最基本的审美要素，因此，我们要注意科技产品的整体性，即要产品的功能与形式相统一。

没有形式的产品实际是不存在的。形式与功能共处于一个动力系统中，二者相互依存。功能美既要解决特殊的使用目的，又要通过形式完善的表现出来，形式是功能的载体，两者某一方受到损伤，势必影响到另一方。某些产品灰暗单调的外观与造型，功能上的不尽人意常令消费者感触不已。成功的产品设计应该是美观的外形与优良可靠的功能的有机结合。徒有迷人的外表而却缺乏内在质量，或仅仅使用而外观陈旧落后的产品都不是完美的产品。

科技产品的功能和形式的划分仅仅是为了分析和思考的方便而已，不能把他看成工业产品的固有特性，所以，形式与内容在产品中是一体的。所谓产品的形式不是单纯形态要素简单叠加而成的，他们构成一个系统来组织人

第八章 人类智慧之光：科技美

与机器之间的相互作用，从而体现产品特有功能。换言之，产品的外形式不仅是产品的功能和结构（内形式）所决定，它也决定着产品的功能状况。产品的功能作为内在活动通过相应的形态表现出来，产品的内容与它的外在形式相互交融统一。产品首先是按照它的物质功能（实用功能）的要求来选择形式和造型。汽车、火车、飞机的形体随着内在机体变化而变化，宇宙飞船的外形适用于宇宙飞船飞行的物理功能，流线型的形式适用于汽车。有些功能全新的产品刚刚被创新出来，还找不到自身功能的恰当形式，往往借用已有功能相近的产品形式。如最早的汽车就是用马车的形式创造出来的。1885年，德国人本茨发明了两循环汽油发动机的汽车。最初的汽车发动机置于车身后部。1895年出现了新式车盘，开始将发动机置于前部，改善了操纵和驾驶。二十世纪以来，各国相继开始了汽车的生产。这时汽车已经摆脱了原来轻便马车的形式，取得了自己的独特形态。随着车速的不断提高，车身的气动阻力变成了行驶阻力的主要组成部分，并影响到燃料的消耗，车身的空气动力性能对汽车在侧风时行驶稳定性也有重大影响，从而关系到行驶的安全，由此出现了流线型车型。小轿车的造型由甲虫型、船型、鱼型、而发展到楔形，轮廓线也有弯曲的流线型变成直线或斜线，给人以简洁而流畅的感觉，并简化了厢体的冲压加工。

一件产品的基本功能和外部条件已确定，产品的造型设计选取什么形式，往往有多种形式可以选择，但其限量值不可超过最大、最小阈限，否则就会脱离功能。一盏台灯，只要符合照明规律，可以设计出多种样式。汽车的设计在功能设计改进余地不大的情况下，仅仅形式的更新也可以创造出耳目一新的新产品，形成某种新样式，创造更美的产品。

形式与功能的统一使产品具有了更丰富的审美价值，将审美实践中主观与客观相统一，功利性与非功利性相结合，让科技美更加真实可靠。

（3）高科技创造更美的生活。

高科技（high-tech）是一种人才密集、知识密集、技术密集、资金密集、风险密集、信息密集、产业密集、竞争性和渗透性强，对人类社会的发展和进步具有重大影响的前沿科学技术。新的时代会出现新的高技术，伴随而来的发明创造为人类揭示和展现了更加美丽壮观新奇的奥秘，为人们提供了更加舒适方便的美好的生活条件和生活方式，使人们直接感受到了科技美的强大魅力，充分认识到了高科技对于美的创造的特殊贡献，体现了美的创造对于高科技的创新和发展的依赖。

在20世纪的科技史中，有无数发明创造改造了我们的生活，比如，蒸汽机能量的开发为世界带来了一种更有效更强大的动力,是工业革命最重要的发明之一。因为蒸汽机的出现带动了冶金、煤矿和纺织业的发展,从而也提高了工业的用铁量。

电话掀开人类通讯史的新篇章。"沃森先生,请立即过来,我需要帮助!"这是1876年3月10日电话发明人亚历山大·贝尔通过电话成功传出的第一句话,电话从此诞生了,人类通讯史从此掀开了一个全新的篇章。人类进行无线通信的梦想则是1973年在美国纽约实现的。当时,这台世界上第一个实用手机体积大,重达1.9千克,是名副其实的"大哥大"。

汽车改变了人类的整个交通状况,拥有汽车工业成了每一个强大工业国家的标志。汽车的发明使人类的机动性有了极大的提高,使20世纪人类的视野更加开阔,更追求自由。当然,汽车工业的发展也带来了道路网挤占土地资源、大气污染和高昂的车费等问题,但不管怎么说,汽车确实载着人类向前发展,向前奔驶。

电视的设想和理论早在1870年就出现过。1884年,德国发明家保罗·尼普科夫设计了全个穿孔的"扫描圆盘",当圆盘转动的时候,小孔把景物碎分成小点,这些小点随即转换成电信号,另一端的接收机把信号重组成与原来图像相同但粗糙的影像。1926年,苏格兰人约翰·贝蒙德采用尼普科夫的"大圆盘"制造了影像机。真正制造出画面稳定的电视是从俄罗斯移民到美国的拉基米尔·佐里金和出生在美国犹他州的菲洛·法恩斯沃思。在1939年的世界博览会上,世界第一台真正清晰的电视开播,电视真正诞生了。

电脑,1946年2月4日,美国军方和政府部门的代表和著名的科学家一起挤在宾夕法尼亚大学的一个房间里,当一位陆军将军轻轻按下电钮后,占满整整三堵墙的机器立即亮了起来,人们热烈鼓掌,高声欢呼:"ENIAC活了!"并且向总工程师爱科特祝贺。"ENIAC"就是世界上第一台电脑。

1969年夏天,国际互联网的雏形在美国出现,它由四个电脑网站组成,一个在加州大学分校,另三个在内华达州。1972年,实验人员首次在实验网络上发出第一封电子邮件,这标志着国际互联网开始与通讯相结合。到了90年代,国际互联网开始转为商业用途。1995年网络发展到第一个高潮,这一年被称为国际互联网年。在电子商业浪潮的推动下,国际互联网在21世纪对人类社会的影响将更加深远。

登月,人类航天史上迈出一大步。美国宇航员阿姆斯特朗登上月球刹那所说的名言"对个人来说,这只是一小步;对人类来说,这是迈出一大步"

第八章 人类智慧之光：科技美

牢牢铭记在地球人的心上。登月确确实实是人类航天科技的一大进步，因为正如登月者塞尔南上校所说的："在月球遥望地球，我看不到任何国界，我觉得地球就是一个整体，我的整个思想也就开阔了。"

基因，破解生命的千古密码。10多年前，科学界就预言说，21世纪是一个基因工程世纪。1866年，奥地利遗传学家孟德尔神父发现生物的遗传基因规律；1868年，瑞士生物学家弗里德里希发现细胞核内存有酸性和蛋白质两个部分，酸性部分就是后来的所谓的DNA；1882年，德国胚胎学家瓦尔特弗莱明在研究蝾螈细胞时发现细胞核内的包含有大量的分裂的线状物体，也就是后来的染色体；1944年，美国科研人员证明DNA是大多数有机体的遗传原料，而不是蛋白质；1953年，美国生化学家华森和英国物理学家克里克宣布他们发现了DNA的双螺旋结果，奠下了基因工程的基础；1980年，第一只经过基因改造的老鼠诞生；1996年，第一只克隆羊诞生；1999年，美国科学家破解了人类第22组基因排序列图；未来的计划是可以根据基因图有针对性地对有关病症下药。

类似于上文的高科技及高科技产品数不胜数。可见，高科技对于生产、科研、国防等方面产生了重要的影响，如果我们仔细观察自己的生活，也会发现令人欣喜的变化：

我们去店内买新衣的时候，可以根据自己的喜好通过计算机输入款型、衣料、大小等相关数据，由计算机进行设计、制板、放码、排料，几秒钟便顺利完成。再经过后工序的制作加工，不一会便可得到自己定制的衣服。这就是计算机辅助设计与计算机辅助制造在服装加工中的应用，简称服装CAD/CAM系统。从20世纪60年代初开始，美国Gerber公司率先将CAD引入服装加工领域，40年来已经带动了一个新兴的技术密集型服装产业。服装CAD/CAM体现出三大优点：缩短新产品开发周期，提高劳动生产率；提高产品设计精度和产品质量；节省人力、物力、时间、空间，降低生产成本。总之，服装CAD/CAM系统正促使服装业朝着多品种、小批量、短周期、高质量的方向发展。这是创造成果改变人类"衣"的现状的一例。

一位退休老人住在某个智能化住宅小区内，虽然是独身一人居住，却没有感到任何不便：他通过电话同异地亲人相互问候，通过电子邮件和海外朋友保持联系，还通过互联网浏览国际新闻、查找图书资料、参与感兴趣问题的讨论等。日用品的购置，外出旅行的安排，银行账户的结算等也都是通过网络在家中完成的……智能化住宅的概念20世纪80年代后期起源于美国、日本等发达国家，其内容既包括带有家庭内部网络、相关设备和安全系统的智能住宅本身,又包括通信、广电等基础设施。智能化住宅的技术基础是区内用户接入网络的综合布线,通常需要具有宽频带和电话、数据、有线电视"三网合一"的多种传输功能。在我国,2011年3月15日通过的十五计划纲要,第一次明确提出"三网融合":"促进电信、电视、互联网三网融合",到了2011年,我国已有30多个城市成为三网融合的试点。

2009年6月15日,国内首列具有完全自主知识产权的实用型中低速磁悬浮列车,在中国北车集团唐山轨道客车有限公司下线后完成列车调试,开始进行线路运行试验,这标志着我国已经具备中低速磁悬浮列车产业化的制造能力。中低速磁悬浮列车是一种新近发展起来的轨道交通装备,性能卓越,适用于大中城市市内、近距离城市间、旅游景区的交通连接,市场前景广阔。中低速磁悬浮列车利用电磁力克服地球引力,使列车在轨道上悬浮,并利用直线电机推动前进。与普通轮轨列车相比,具有噪声低,振动小,线路敷设条件宽松、建造成本低,易于实施,易于维护等优点,而且由于其牵引力不受轮轨间的粘着系数影响,使其爬坡能力强,转弯半径小,是舒适、安全、快捷、环保的绿色轨道交通工具,在各种交通方式中具有独特的优势,被誉为"轨道上的飞机",并且,磁悬浮的技术还可以被用到航空母舰上解决战机在甲板上的弹射问题。

总之,通过改变衣、食、住、行和其他的众多领域,高科技正在改变人类的生活,还将改变人类的一切。随着知识经济时代的到来,高科技为我们描绘和展示着更加美好的前景。高科技所体现的无穷无尽的美,不断吸引更多的人去从事高科技,促使人们以更加饱满的热情去追求高科技,完善和发展高科技,并由此发现更加奇特的自然奥秘,创造出更加美好的壮丽图景和生存形态。

第二节 关于军事科技美的疑问

尽管科技对我们生活产生了很多美的影响,但是它仍与文学艺术不同,枯燥乏味、理性抽象的特征使他缺少一定的说服力,尤其军事上的科学技术更具有一些冷酷无情、充满血腥的味道,与审美的距离更远。殊不知对于军事科学家来说,军事科学王国也是美如艺术境界的奇妙无比的自由天地,军事科学家们也有令人难以言喻的审美愉快。在军事领域,"美"也是一个重要因素。在美学框架下的军事科技,能够诗意地揭示军事活动并产生科学美感,并基于艺术美感的情商指数,培养军事科技美感,提升军事科技智商。

科技美观照下的军事事实和军事理论，在对美的主观反应、感受、欣赏和评价等审美心理、审美活动的支配下，审美主体因为动情而动智并产生出一种对意义的体验——美感，正因为这样，军事科技才诗意地、有意义地出现在人们面前。

针对军事科技的审美研究包含研究军事领域本身的和谐与秩序，并对军事领域内在合规律性、合目的性的"真"作深层的透视；研究军事领域内的科学理论形态和活动，并掌握其内在审美价值；研究军事领域的规律性和合规律性表述的科学理论之美，鉴赏这种美所特有的审美心理，以及与科学创造的关系诸问题。军事科技的审美研究能够有效指导和促进军事科技领域的各项建设，繁荣与发展军事科学理论，并在宏观上开阔视野，为军事科技实践的理论提供基础。同时，根据真善美统一、美中有真和美中有善的规律，可以以美引真，以美促善，不仅推动军事科技技术的发展，还促进美学学科的建设，丰富和发展美学理论。

一、如何体验美的军事科技

军事科技是科学技术的一个重要组成部分，以科学技术为对象产生的审美体验同样会产生于军事科技的审美过程中。因为军事科技，不论是军事活动、军事理论、武器设备等，都会使审美对象产生愉悦、喜爱、快乐等积极的审美心理活动。一部军事科技发展史，就是人类精神与审美意识从低级向高级发展的历史。加强军事科技的审美体验有助于军事科技的发展、有助于从事军事科技的人们对于真善美的追求。

1. 愉悦的情感

情感在审美活动中最为重要。美感的总体特征就是情感的愉悦，一切的美感心理都会融化在情感之中。从心理学意义来说，情感是人对客观事物是否符合自身需要而产生的心理体验，是人的主观态度。审美情感的性质很大程度上是由美的价值、美的特性所决定的。政治家为某一项政绩而高兴；科学家为了某一新发现而振奋；军事家则会为了打了一次胜仗而欣喜，研制出一台新型武器而振奋，激起对于军事科技的审美情感是建立在理解、领略军事活动、技术理论的内在性质和存在价值。军事科技审美情感的表现形态有三：一是它是一种心理体验，一种主观态度，它能使感知成为情感的感知，想象成为情感的想象，理解成为情感的理解；二是作为美感的整体效应，表现为自由的愉快、智慧的愉快；三是作为审美创造的内在动力之一，表现为创造欲望的激发，想象的促进和思维的升华。面对美的科学研究对象和具有科学美性质的科学研究成果，审美主体会产生类似欣赏自然美和艺术美的情感愉悦。当军事家运用某一战术打了一次漂亮仗，即合规律性的"真"与合目的性的"善"和谐统一时候，他们就能感到一种美的愉悦和智慧的快感。

2. 真实的想象

想象是审美活动中的重要心理形式，是一个合旧为新的心理过程。在美感活动中，如果说感知是出发点，情感是动力，理解是归宿，那么，想象就是融感知、情感、理解于一体的载体，并且是实现由审美感知到审美理解的中介。从本质上看，军事科技审美想象是一种创造性的思维。与逻辑思维不同的是，想象是在占有的材料不够充分、推理的环节不够完善的情况下进行的。比之逻辑思维，想象更能显示出人的自由创造的本质力量。爱因斯坦把科学家比作"首先搜集必要的情况，然后用纯粹的思维去寻找正确答案的侦探家"，他们"必须搜集漫无秩序地出现的事件，并且用创造性的想象力去理解和连贯它们。"他还说："想象力比知识更重要，因为知识是有限的，而想象力概括着世界上的一切，推动着进步并且是知识进化的源泉。"由此看来，想象并不是文学艺术审美的专利，军事科技审美活动中同样需要想象。只是二者在指向方面有些区别：前者主要求美，后者主要求真。艺术审美想象的基本材料是生活形象的记忆表象，始终不脱离感性形象的个性特征，它是感性的，并且是允许且应该虚构的；军事科技审美想象的基本材料则是综合性的，始终不脱离抽象化的共性特征，它是理性的，想象只是载体和过程，并不形成成果。军事科技审美想象的品质包括：想象的现实性（来源）、主动性（定向拓展）、丰富性（对时空制约的冲破）、生动性（形象性与鲜明性）、独创性（创新功能）与无限可能性（创造自由与超越）。这些品质相互联系、相互制约、共同构创完整的军事科技审美想象的品质结构。

3. 激发直觉与灵感

美感心理包含理性与非理性两个层面。如果说，情感与想象主要属于理性层面，那么，直觉与灵感则属于非理性层面。直觉是一种美感的特殊形式。从思维学角度看，直觉是一种特殊的形象思维，它的特点是直观与思维的二重性，即审美对象的形象与审美主体的意识融合后所形成的、能够排除其他所有干扰而独树一帜的、最直接的理性觉悟。这种理性的觉悟是认识的高级阶段，它由形象作为思维元件而激发，伴随着强烈的情感活动，思维成果不是概念，并表现为非理性的模糊认识。根据不同的直觉类型，有的非理性模糊认识能够发展为概念体系。在生活的任何领域都存有直觉，这两种直

第八章 人类智慧之光：科技美

觉虽然基本规律相同，但仍有所差别：从直观阶段发展到觉悟阶段，艺术直觉的中介是情感，军事科技直觉的中介则是智力。直觉激活了艺术家的思维，艺术家按照情感即"美"的模式进塑造；直觉激活了科学家的思维，科学家按照知识即"真"的模式进行塑造。

美感的一个重要的特点就是自觉性与非自觉性的统一，非自觉性则主要来自审美直觉。科学审美直觉不是按照通常的"三段论"进行推理的思维方式，它比较直接、迅速、自由，不受形式逻辑规律的束缚，常常是"思维操作"程序的压缩或简化，有的推理环节省去了，有的甚至根本没有明确的前提，建构其思维环节的是跳跃式的想象与猜测。此乃"东一榔头西一棒"，最后才归结到某一点上。这表明审美直觉认识方法的高度灵活变通性及其自由创造性。它以事物的整体为出发点，最后又落脚到事物的整体上，从而完整地把握事物的本质。此乃"殊途同归"。在复杂的军事活动中，军事家根据战场上反常的现象，如敌人突然使用重武器，直觉是"敌人要跑"（电影《南征北战》）；敌人突然寂静，直觉是"敌人要打"（电影《英雄儿女》）。

美感还有一个重要的特点就是"灵性感觉"即灵感，它具有当下直观性、情感愉悦性、认识的启迪性性质，是人们在有意无意间发现"真谛"时产生的顿悟。正因为它的神奇给人带来美感，同时也能给人以创造性思维。处于灵感状态的人具有这样几个明显的心理特征：注意力高度集中、瞬间飞跃性、无意识梦境。非逻辑性的审美直觉推导以及灵性的感觉，是一种在现有条件不充分情况下，不经过逻辑论证和模拟，凭借美的创造规律和审美直觉能力，迅速透过繁复的现象抓住本质，抓住问题的关节点，颇有点"跟着感觉走"的味道，因此导致的重大军事理论突破和创新的案例，在军事领域是屡见不鲜的，如坦克这种集火力、机动与防护为一身的新式作战兵器，就是灵感的产物，随之产生的装甲兵作战理论亦是这一产物的产物。翻开科学史册，我们不难发现，不少科学家在"山重水复疑无路"之际，又"柳暗花明又一村"，在苦思冥想而不得其解的时候，却因某种"灵感"而猛一拍头：有了！茅塞顿开，忽得其解。作战时，指挥员的灵感则往往直接导致战斗的胜利。军事科技审美灵感是在创造活动中的一种最佳创造性状态，是人们在创造性活动中出现的一种复杂的科学美感的心理现象，是创造性思维能力、创造性想象能力和记忆性能力巧妙融合的一种难以把握的最佳创造力效应。灵感是美感的极致，它的产生，往往是科学研究成功的信号。

二、军事科技美在哪里

军事科技美作为科技美的一个类型,从本质上来看它应该是真与善的统一,合规律性与合目的性的统一。其最主要的审美特色就是"真",通常包含两方面的含义,一是军事活动本身的存在方式及其内在规律性;二是指军事活动本身存在方及其内在规律在人们头脑中反应的产物即"真理"。一是客观存在,一是客观存在在人头脑中的反映。

1. 因"真"而美

军事科技如同传统科学技术一样具有"真"的本质,也表现在经验形态与思辨形态两个方面。经验形态的美主要是指军事科技事实的美,也包括作为军事科技研究对象的军事活动和实验室里人工制作的军事模拟。经验形态的美不在于其表面现象,而在于它能够最充分、最真实地显示出隐藏在现象背后的本质、规律。军事家之所以研究战例、军史,甚至遨游在 WAR-GAME 里,就是要在事实中总结、概括其合目的性的规律来。由此看来,军事科技的美就在于其是特殊性与普遍性、个别与一般的统一,是"真"的典范形式。二是思辨形态的美。这种美就是军事科学理论美,是军事科技美中主要的美。科学理论是科学家根据自己对规律的认识、把握,用符号体系表现出来的形式。只是军事科学理论的符号并不要求也不必建构类似客观实际的形象,它的符号体系只是军事活动领域内在规律的表述;军事理论只反映本质,重视现象也只是为了从中提取本质,如研究局部战争战例,就是为了得出其规律和本质,从而能够从容应付战争;最重要的是,军事科技反映的客观世界,重在客观,尽管科学家本身也有民族性、阶级性之分,但他们不能也不应该将他的民族性、阶级性带进他的科学成果之中去,他的科学成果只要一条最根本的评价标准——真不真。

2. 因"善"而美

在大部分人眼里,与军事科技相关的,如战争、武器等,其实与邪恶、暴力等伦理上的"恶"联系更为紧密。那么军事科技是不是就是恶的了呢?其实不然,善的含义很多,狭义的善是伦理学意义上的,指的是具有正面价值的道德行为的一般性评价。广义的善是哲学意义上的,列宁在《哲学笔记》中对善下了一个定义:"善"是"对外部现实性的要求"就是说,"善"被理解为"人的实践=要求+外部现实性"。实践的"要求"内涵很丰富,至少包括"需要"。"要求"和"需要"必然导向实践——人正是通过实践来满足自己的需要,同时也实现自己。从哲学的角度,我们把人类实践主体的根本性质叫作"善"。军事科技的美及其价值,就是对人的本质的肯定。人类需要军事科技,人类必然从事军事实践;人类崇尚军事领域的真,人类也崇尚军事领域的善。在崇尚真和善的过程中,人们进行了认识世界和改造世界的活动,而当人们在审视认识世界的成果——军事科学理论的时候,自觉地或不自觉地产生出一种作为人的自豪感,实现了人对自身的观照。军事科学理论是军事实践的产物,是人类智慧的结晶,从它所体现出的探究和创造功能以及爱美心理,可以观照到人类所特有的本质力量。

三、为什么要进行军事科技的审美

相信一定有人会质疑,作为军人从事军事科学活动是天经地义的,何必要绕个圈子考察军事科技美不美。实际上,能够以审美的眼光看待军事科技,应该是军事科学创造的新思维、新方法和新的发展趋势。借助美学诗意去理解军事活动,创新军事理论有助于我们发现军事规律,运用军事规律实现军事科技的更高层次的发展。

1. 军事科技审美有助于以美启真

科学创造与艺术创作一样,都是人的一种自由、自觉、有目的性的创造性活动,而且是一种极其艰难困苦的劳动。文学艺术审美牵动着感情,军事科学审美牵动着智慧。古往今来,无数军事科学家呕心沥血,投身其中,正是出于他们对真的追求、对善的献身和对美的热爱,并从中体现人自身本质力量的巨大和高贵。军事科学审美的热情与情感,能有效改善人的感知、想象、思维等,使诸多心理功能和谐一致、配合默契,并使感知变得更敏感,想象变得更自由,思维变得更活跃,触发灵感和直觉,从而构创最佳的自由创造心境。灵感和直觉往往有助于人们揭示军事领域的本质和规律性的真,有助于揭示军事领域合目的性善的内容,成为善的选择的内驱力,有助于人们揭示军事理论的不美之处而创造出更完美的新理论,并有助于军事理论可持续发展与向深刻化方向发展。军事科学领域中,军事科学家似乎总是处于两重环境之中:一方面是脑中保留着的某些已知的"真"即科学定理、原则和机制,另一方面却是眼前出现的那些明明白白的"真"的事实,而两者又往往矛盾重重,难以互圆其说。在这种情况下,军事家的科学美感就成了进行探索的情感中介和智慧源泉——激发探索的动力,做出科学的选择。

2. 军事科技审美有助于做出科学预见与假说

拉丁格言说道"美是真理的光辉",美既然是"光",就会有吸附和导向作用。军事科学创造中由此及彼、触类旁通的科学审美想象，同样能够显示出军事科学家自由创造的本质力量，而自由创造的本质力量主要体现在审美联想必然导致的科学预见和假说上。预见和假说是以美启真的进一步发展，有着更为丰富的内容、科学理论一般要对科学发展做出某种预见——预见是人通过想象来推测未来的能力，而科学预见便是假说。军事科学审美预见和假说从总体上说有两个方面的内容：一是时间性上的审美预见和假说。从时间性上来说，其预见性和假说的精确性愈高则愈具有科学审美价值；被证实的时间间隔愈长，则科学审美的预见性愈大，理论性愈美。当年朝鲜内战爆发，毛泽东就预言，美国会在新中国未立稳脚跟之际出兵干涉，果然美军在新中国成立不到一年时出兵朝鲜和中国台湾。二是空间性上的审美预见和假说。从空间性上来说，空间预见的范围愈大、精确度愈大，则其科学预见和假说愈具有科学审美价值。美军出兵朝鲜后，中共中央军委就预言，麦克阿瑟有在人民军后方的西海岸仁川一带涨潮时登陆作战的企图，果不其然，美军进行了一次成功的冒险。

现代军事科学预见预测的方法很多，如利用科学的网络模型进行的"交叉点"预测法、"功能分析"预测法及利用电子计算机预测的方法等。这都是通过逻辑思维的途径来进行的，其基本原理是在头脑中建立起因果联系构创的事件环链的模型。同时应用过去的经验，在重复出现的现象中找出规律。从而可以沿着模型化的事件环链推测出它的最后一环，做出预见和假说。"作战实验室""作战模拟"和传统的沙盘作业等行为，就是为了预见、预测而推出各种假说。

军事科学审美预见和假说主要通过两种途径产生：一是在理性基础上以美启真、以美求真，在已有科学成果基础上大胆地构想一个新的科学概念或理论。中国特色军事理论体系的建设，就是党的创新理论的组成部分。二是非逻辑性地审美直觉推导。所谓直觉推导，是说这种科学预见和假说是一种在现有条件不充分情况下，不经过逻辑论证和模拟，凭借美的创造规律和审美直觉能力，迅速抓住问题的关节点，透过繁复的现象抓住本质，从而提出新的科学预见和假说。"跟着感觉走"而导致重大军事理论突破和创新的案例，在军事领域是屡见不鲜的。

3. 军事科技审美有助于军事活动的创新

所谓"高超的军事指挥艺术"，其实反映了关于文学艺术美与军事科学美的困惑：美似乎就是文学艺术的专利，于是，人们朦胧中假借艺术美的表述来表达对军事科技的美感。这其实表明了人们已经不自觉地对军事科技展开了审美活动。正如科技美这一大范畴一样，军事科技美同样来自于形象思维和逻辑思维的交互，与其他学科有着千丝万缕的必然联系。这种联系必然有情感与意志作为中介。中介是架通此岸与彼岸的桥梁，是联结彼此的纽带。审美作为科学创造和艺术创造的中介和纽带，表明了军事科技审美与文学艺术审美之间内在的联系，也促使了二者的互动、互补、互促和共同创造。这就是说，向来被认为是枯燥乏味的科学领域，其实也充满了如同艺术一般的情趣，人们完全可以诗意地从事军事科学活动，并在诗意般的活动中诗意地进行军事科学创造。当然，这种"诗意"就注定了以审美为视角的军事科技创造必定是体现着创新意识的，它与"生产""制造"有本质的区别：并不仅仅是某一个大型杀伤力武器的再生产和研发，或者诺曼底登陆的环太平洋战区的重现。确切地说，军事科技审美创造的真正意蕴是造就出相对于整个军事领域来说根本不曾有过的东西，而且这种崭新的东西，无论是内容或形式，在经过一定时期的发展演变之后，将潜移默化地成为军事领域更高级文明中的构成因素。

第九章 硝烟中的猎猎旌旗：军事美

从美学体系发展来看，最早进入审美中心的是艺术、自然、社会等领域，甚至在很长的时期里，艺术探索曾经占据了美学研究的中心地位，以致美学被称为艺术哲学。由于审美是人类本能的一种价值取向精神需要，具有渗透性，它会融入人的全部实践活动过程之中。所以，人类审美活动的领域却远大于艺术范围，对军事美的关注几乎与美学思想的发展相始终。但其成为独立的美学研究体系却是近几年的成果，还有待深入和继续。

第一节 解密军事美

战争与暴力到底美不美？

读朱增泉的多卷本著作《战争史笔记》，有一种挥之不去的感觉，那就是中华五千年的文明史，差不多也就是一部连续不断的战争史！也就是说，人类社会的发展，从阶级产生、国家出现、民族集团构成那天起，直到今天，基本上一直都有战争在进行，绵延不绝。

两千多年前的长平之战，尸横遍野，血流漂杵，坑卒百万；1894年的甲午中日战争，日本攻城掠土的贪婪，打家劫舍的野蛮，中国将士誓死捍卫的坚决，视死如归的勇敢；血雨腥风、硝烟滚滚、战火纷飞的场景，不是热情的欢庆，不是纵情的狂欢，那是对生命的践踏，对尊严的侮辱，对人性的蔑视，累累的白骨控诉着战争、企盼着和平，这里到底有没有一种叫"军事美"的存在呢？战争本来就起源于掠夺、征服、霸权、残杀、屠戮这些人类最卑鄙、最邪恶的心理欲望。人类战争的历史，本来就是一部血淋淋的征服史、掠夺史。私有制的产生、国家的产生、战争的产生、军队的产生，本来就是用来相互残杀、互相掠夺的。战争最基本的特征：如掠夺、血淋淋、残杀等，本来就是反理性、反人类、反人性的负面价值。克劳塞维茨、列宁等军事理论者，都有关于战争是"政治的继续""战争是流血的政治，政治是不流血的战争"的观点。马克思也说过，战争是人类互相残杀的怪物，它们终究有一天，会随着私有制的灭亡而消亡。

第九章　硝烟中的猎猎旌旗：军事美

那么，战争与暴力究竟美不美？军事美怎么能够从人类最丑恶的"社会实践"和"战争实践"中建立起来呢？让我们剥茧抽丝来探寻军事美。

一、军事美产生的土壤是军事活动

军事是某一阶级或社会集团，为了维护自己利益，直接或间接组织和实施战争而从事的一切社会实践活动的总称。只要有阶级的社会存在，就有军事和军事美存在。原始社会有没有军事和军事美存在？没有。虽然人有进攻本能，社会有暴力现象存在，但没有军事美，因为军事活动还没有出现。以自然方式存在着的原始人类，他们制造工具从事劳动，是为了个人的生存和延续。原始人用以捕获猎物的石头，陈列在博物馆是社会美的审美对象，而不是军事美。军人及其活动进入审美领域是从有军事活动开始的。中国早在殷代就有专司战斗的甲士，商周更替时的武王伐纣已能组织起数千人的队伍投入战场，这些职业军人"以有道伐无道"、"止干戈以卫社稷"的形象，以及他们在战争中所表现出来的勇敢、智慧、体能和高超的技战术，便成为最早的军事活动和军人美形象。荷马史诗和古希腊时期的武士雕塑则表明西方有着以军事活动和军人为审美对象的悠久传统。

二、军事美是人类军事本质力量的对象化

人类的军事本质力量指人类在从事军事活动过程中所表现出的精神、情感、意志、心境、生命意识等内在要素的总和。怎样区分人类一般本质力量和军事属性的本质力量？首先，人类一般本质力量是大概念，军事本质力量是小概念。军事属性的本质力量只是人类本质力量多种属性之中的一种，严格的军事属性只限定在某一社会、阶级和团体范围之内。其次，军事属性的本质力量只能通过军事活动表现出来。精神品格，如忠勇，在唐代魏征身上表现出来主要构成社会美，而不构成军事美。在宋代岳飞身上表现出来就构成军事美。同时，某一精神品质在某一人身上，也有不同表现而构成不同的美。诸葛亮的智慧，表现在政治生涯中构成社会美，表现于军事生涯中构成军事智慧美。人的一般本质力量必须灌注军事的属性，才构成军事本质力量。是否人的所有本质力量都可以对象化而生成军事美？如果不是，哪些本质力量可以生成，哪些本质力量又不可以生成呢？

明确回答，人的所有本质力量都可以生成军事美。从事军事实践活动的时候，我们整个身心都全方位向军事领域展开。我们不可能只显示某种本质力量而隐藏起某种本质力量。比如人的七情六欲、喜怒哀乐、亲情友情爱

情，进攻与防卫、隐逸、生的眷恋、死的恐惧等等，哪一种和人类本质密切相关的东西，不可以在军事领域得到充分表现，生成强烈而富有感染力的军事美？只是，比如：同为描写饥饿，张贤亮小说《绿化树》中，章永璘的饥饿，是社会美、人情美；《金色的鱼钩》长征途中老班长钓鱼喂伤员，则是军事美、情感美。同为爱情、同样经历生死磨难，《红与黑》中于连的爱情不是军事美，《静静的顿河》中格里高里的爱情则是军事美。同为生，耶稣的降生，是宗教美而不是军事美，《红岩》中"监狱之花"的降生则是军事美。刘胡兰的死是军事美，梁山伯、祝英台的优美化蝶，则不是军事美。因为他们没有和世界结成军事属性的审美关系。刘胡兰、监狱之花，她们的生与死，都同周围的环境和人物，结成了军事关系。刘胡兰的死和监狱之花的生都处于一场民族解放的人民革命战争之中，刘胡兰的死宣告了新中国的生，监狱之花的生宣告了反动派的死。她们都获得了同等价值的审美属性，诠释着人类生命在战争的利爪百般蹂躏之下生死的意义和奥秘。

三、军事美的根本意义在于军事美的价值

（一）正义是军事美价值的根基

"正义"是军事美的基本要素。军事与战争，以暴力的手段，摧毁、颠覆、打乱、破坏了人类的基本价值，同时作为军事审美价值的"正义"，又将这种被摧毁、颠覆、打乱、破坏了的基本价值，再拨乱反正、匡扶建立起来。"匡扶正义"，成为人类社会生活中，尤其是军事领域最基本的价值要素形态。

美能够对审美主体产生美感，那作为基本价值要素的"正义"能满足军事主体的哪些需要呢？正义是军事主体价值和国家、民族、社会历史发展价值的统一。

我们决不能认为"军事与战争、暴力就是互相残杀，没有正义可言"。无论这个世界有多少战争与暴力，无论生活在这个世界的人，人性还有多少缺点，我们这个世界，还有多少灾难和痛苦，但是我们一定要坚信，人类总体价值追求，千百年来总是朝着一个大体进步、文明与和平的目标前进。尽管这个目标有时清楚，有时模糊。而且这个目标，也并非一成不变。我们不能想当然地全盘否定，这个世界固有"正义"的一种基本价值。军事与战争，敌我双方从古至今都是在互相残杀的。军事与战争的结果，从来都是胜者为王，败者为寇的。所以说这个世界不存在什么"正义与非正义"的问题，因此就没有军事美，这样的一个基本要素和价值——正义，也就不存

在。对这种观点,我们的态度是否定的。如果没有"正义",在这个世界上生存的人类,就和一群野蛮的野兽无异。假如世界上没有正义,可能就没有我们人类的生存和人类世世代代的延续。我们要树立起关于"正义"的心理依据。这个依据,是对这个世界的正确价值判断,我们生存的这个世界,是有价值的,而且这种价值,对我们人类的生存和发展,是有正面意义的。这种正面意义,是值得人类肯定和普遍向往的。人类社会的发展,哪怕在战争与烈火中发展,都是按照一定的必然规律在运行。

正义,作为军事审美价值要素,它是一种理性,一种规律,一种符合人类社会向前发展的总体价值追求和信仰。

(二) 力量是军事美价值的源泉

力量是凝聚和显示在军事主体和军事客体上的人类生命强力的美。它是人类在从事军事实践活动过程中表现出来的,带着军事活动固有的生命活力色彩,刚强、昂奋、无坚不摧、坚忍不拔。

军事美中力量的彰显主要包括军事主体、军事客体的力量美。侧重军事主体的军事力量美主要指军人力量美,比如虎虎生威的气势、站如松坐如钟的身姿、不达目的誓不罢休的意志,尤其在民族危亡之际,为了力挽狂澜宁愿抛头颅洒热血;为了民族解放自由不惜赴汤蹈火、视死如归,这种力量的展现,精神的张扬都是军人力量美的体现。军事客体的力量美主要指武器、装备、环境的美,它们的范围广,种类多,比如 1964 年,中国第一颗原子弹爆炸。这一朵神奇的蘑菇云,在我国西部茫茫无际的大沙漠上升起,构成了我国军事史上的一大奇观。它标志着中华民族的军事实力、综合国力已经有了质的飞跃,它是中华民族挺立于世界强国之林的高耸的脊背,它是中华民族摆脱屈辱、落后历史的一首壮丽诗篇,标志着我国一种新型军事力量的美和一个爱好和平的民族宽广胸怀的美。

(三) 智慧是军事美价值的精粹

军事智慧美是人类在从事军事实践过程中以最有效的方式、手段和方法来达到最直接的军事目的的军事思维和技巧的美。军事智慧美源于军事主体对客观军事现象的正确把握和认识,并表现于娴熟的军事技巧。它的特征是手法上的灵活多变、军事目的的相对集中,军事行为的奇诡神秘和出奇制胜。真正的军事智慧美是一种大智慧、大技巧的美,它诞生于生死攸关的军事对抗过程中,在社会、历史中生成独特的价值,为正义和真理的价值实现提供有效的军事手段,集中闪现着人类生存与发展智慧美的光辉。

军事活动的对抗过程必然体现着敌我双方智力的抗衡,每一次的战略制定、计划部署都是智慧的集中体现,在军事史上著名的战例有很多,比如韩信的井陉之战、张巡的草人借箭、毛泽东的四渡赤水等等,留下了许多脍炙人口的战争史话,这不仅是人类智慧的展现,也是为了实现军事目的的技巧方法,值得参考借鉴。

(四) 人性是军事美价值的终极关怀

只要是战争,无论是正义战争还是非正义战争,都要以消灭某一类人的生命为代价,而生命是只有一次、不可复生的。从人类社会终极意义的观点看,从生命至上的观点看,战争永远都是和人类生命与人类本性相矛盾的,而且这个矛盾,只要有战争存在,就不可调和。战争的本质是以暴力使对方屈从于己方的意志,包括消灭对方的肉体。战争中何谈人性的存在?战争与人性存在着必然的冲突,可是战争双方的目的是不同的,正义的一方为了捍卫自由、正义、独立等等,与非正义的一方进行着生命的较量。只有遏制罪恶生命的嚣张才能维护弱小生命生的自由,迎来人类生命的再生与新生,这才是战争中对人性的终极关怀。

战争和人类生命是一对矛盾体。它既可摧毁生命,同时它又可以保护生命,发展生命。每经历一场生死搏斗、尸横遍野的战争之后,社会发展到休养生息的和谐时期,又有多少新生命来到这个世界?从这个意义上来说,战争是以一种曲折的方式,在人类生命的生存与发展历史上,达到新的和谐,体现着对人类生命的终极关怀。

军事美是一个长期被常人忽略或者误解的审美领域,它有时呈现为波澜壮阔的社会生活美;有时又呈现为波诡云谲的历史变革美;有时又呈现为惨烈悲壮的生存悲剧美……催人感奋、引人深思,或俯首低吟,或仰天浩叹!它的情思如白云悠悠,它的骨骼似泰山耸立,它的血液似长河流淌。忽略或者误解这样一个美的王国,是无尽的"遗憾",也是我们生命和精神的某种"缺失",尤其对于军人。

第二节 探寻军事美内涵

军事不是个体行为,而是整体社会实践,因此,军事美具有整体社会价值创造的特征。如何认识蕴含在战争中的军事美,这是认识不断深化不断升华的过程。

第九章 硝烟中的猎猎旌旗：军事美

一、壮阔与雄浑

所谓壮阔，就是雄壮而开阔，它指审美对象气势的磅礴和巨大的空间。雄浑指雄健和浑厚。司空图《二十四诗品》中有"雄浑"一品。"返虚入浑，积健为雄。具备万物，横绝太空。"壮阔、雄浑，都有审美对象空间的巨大、气势的磅礴，和天地万物浑然一体，超出了人的视觉和感觉，难以完全尽力把握的意思。

军事美之所以具备"壮阔、雄浑"的审美内涵，是军事与战争的特殊性质决定的。战争是群体行为，攻防补给必须在开阔的空间展开，不可能局限于某点某面。战争是对抗性的行为，无论从事战争的人们，还是军人所处的环境，都必须给人气势与力量之感。战争是人类本质力量的显现，是力与智慧的彰显，如果畏首畏尾、前瞻后顾怎么能打胜仗？"横绝太空"还指军人的精神和心理，可与日月，与天地并存，比如文天祥一句"留取丹心照汗青"，就可以与人类和天地长存。突兀高耸，言其雄；没有边际，言其浑。雄健，还指有力量，排山倒海、锐不可当的意思。军事艺术"壮阔与雄浑"的审美价值内涵，无论在客观的军事事物，比如军事建筑和军事英雄人物，还是在表现军事题材的艺术作品中，都可以创造和表现出来。

我们每走进一个军营，它的营门和道路，都能给人壮阔之感。但营门和道路却不能指称雄浑。雄浑多指军事气势和精神。走进某些军事遗址，尤其是展开过宏大战争场面的军事遗址，就能感受到雄浑。比如走进辽沈和淮海战场遗址，这里既有战争场面的雄浑与壮阔，还有军事力量的"积健为雄"，也有军事精神的"横绝太空"。

文学艺术作品中的"壮阔与雄浑"比比皆是。一般的、非军事美的壮阔与雄浑，没有军事与战争的审美指向。

比如星垂平野阔，月涌大江流。（杜甫《旅夜书怀》）

该诗的大体意思是：遥远的星辰，似乎垂落在苍茫的边陲，广袤的平川，更显得辽阔邈远，这是远景。近景，或者近乎特写的是，晶亮而散碎的月光，在奔腾的江水中汹涌。江流的雄壮和原野的开阔，真可谓雄壮到了极致，与天地浑然一体，但作品的审美指向，没有指向战争，背后也没有战争背景。

高适《燕歌行》中有"山川萧条极边土"、"大漠穷秋塞草腓"等句"山川萧条，大漠穷秋"也是极为雄壮的，其审美指向，是直指战争的，或是为了战争而写的。因为接下来就是"胡骑凭陵杂风雨"和"孤城落日斗兵稀"

这样的战争场面的描写。军事艺术和非军事艺术,在选材构思、艺术技巧、审美指向(主旨和目的)上的区分,是十分明显的。

那么,军事艺术作品中壮阔的审美价值,又是怎样表现出来的呢?那种雄浑与壮阔是从哪些方面表现出来的?

比如《荷马史诗》,取材就很壮阔与雄浑,写了几个世纪古希腊战争的历史,《伊利亚特》和《奥德赛》加起来,煌煌二十四卷,数万行。既是时间的壮阔,涵盖了十数年的历史,也是空间的壮阔,整个希腊的广袤国土。前面望不到头,后面望不到尾,浑然无际。和那个壮阔与雄浑的时代史诗记录相比肩的是,中国的《左传》《春秋》和《史记》,这类作品描写战争,又使人觉得并不单单写战争,而写战争中的人物和心理,记录中国社会在战争中成长的壮阔历程。

杜甫还给我们留下了很多壮阔的诗句:

会当凌绝顶,一览众山小。(杜甫《望岳》)

硕大无朋的宇宙,硕大无朋的心灵,何其壮阔!但这种壮阔,没有军事意义,也没有战争情绪的流露。表达的是"站得高才能看得远"的人生与心灵哲理。

忽如一夜春风来,千树万树梨花开。(岑参《白雪歌送武判官归京》)

岑参的诗,表面写自然环境,实际上描写的是北方边陲的军事与战争环境,这种壮阔,就属于军事艺术美。表现了战士们在极其艰苦的自然条件下勇猛作战,其军事价值和意义是很明白的。

军事艺术作品中壮阔与雄浑的审美价值,我们认为主要是指:取材——时间与空间雄浑与壮阔,它必须处在宽广、雄壮的历史进程之中,同时,又表现出军事与战争的独特力量。那种力量,使作品充满高昂的、悲壮的气氛。比如《荷马史诗》和司马迁的《史记》,历史与心灵的结合,人物和景物的结合。第二,历史与社会生活的雄浑与壮阔。战争中的社会生活本来就无比广阔,战争在宽广的土地上展开。那么,描写战争的壮阔,就能够给军事文学艺术提供表现的舞台。第三,战争的激烈和军人意志的雄浑与壮阔,军事题材的文学艺术作品,表现出人类征服黑暗的力量,并由此走向光明,走向新的社会形态。第四,人物心灵的壮阔和雄浑。比如,刘邦的《大风歌》,项羽的《垓下曲》,都是一种心灵的壮阔。那种壮阔把军人心灵在战争中的感受和表现,同自然宇宙联系在一起。看起来是那样的远古和苍凉,那种美,既是壮阔的美,也是雄浑的美。

古代军事题材的文学艺术作品,为什么具有那么大的审美价值呢?

第九章　硝烟中的猎猎旌旗：军事美

立足军事，超越军事，成为普遍的社会、历史与人生的诗意记录。比如，古希腊的三大悲剧，我们好像忘记了它们是军事题材，而是真正的社会生活，历史进程的记录。怎样才能立足军事，又超越军事呢？就是说，它们的作品，不仅仅具有军事意义，更重要的是具有普遍的社会意义。它是整个社会历史发展过程史诗般的记录。司马迁的《史记》，我们从中获得的，不仅仅是战争的记录，更主要的是，把整个社会历史、人物心灵、形象性格，浓缩熔铸在作品中。军事艺术作品之所以具有永恒的价值，就在于主要不是描写军事事件，而是在刻画军事与战争中的人物。他们可能是军人，比如阿喀琉斯。司马迁《史记》人物的塑造，使我们忘掉了他们是军事人物，更重要的是社会、历史人物。他们的作品还表现了军人的伟大力量，那种力量，又和社会生活紧密联系。鸿门宴上的每个人物，都栩栩如生，不仅刘邦、项羽，还有范增、樊哙，甚至没有正式出场的曹无伤，都呼之欲出。之所以这些人物形象如此鲜明，就在于从他们身上，表现出了一种人类普遍的，不仅仅属于军事的生命力，首先成为美的艺术画廊，然后才成为军事美的艺术画廊，或二者熔铸为一。

二、冷艳与凄美

我们在审美活动中，经常有冷艳与凄美的感受。社会生活中，有许多使人觉得冷艳和凄美的形象，并把它们描写在文学作品中。比如，梨花凋谢，既是冷艳的，也是凄美的。说它冷，就是在乍暖还寒的风雨中凋谢。说它艳，就是说它凋谢的时候，也表现得很美，正如黛玉葬花：

花谢花飞花满天，红消香断有谁怜。
游丝软系飘春榭，落絮轻沾扑绣帘。

（曹雪芹《葬花吟》）

这里的冷，从第一句"飞满天"的花瓣中可以看出来，风吹落花飘满天空，无可奈何。这里的艳，可以从花的颜色、花的形态和花的心灵中看出来。颜色红、形态柔（"游丝软细"）、心灵美（铺满绣花的帘幕，不愿离去，不忍离去）。以花喻人，就是说，即将在这个世界上离去的美人林黛玉，像花瓣消失一样，也离去得很冷，很艳，很美。在世上留下她们最美丽的倩影。凄美而冷艳，这种美给人一种凄凉和凄清的感觉。但黛玉葬花，不是军事美。

"梨花一枝春带雨"，是白居易《长恨歌》中，写杨玉环的名句，读来和"花谢花飞花满天"一样冷艳和凄美。春雨淅沥，洁白的梨花飘飘洒洒，也是他们留给世界最后的倩影。杨玉环的凄美，就是军事美。

为什么同样凄美、冷艳的林黛玉不是军事美，杨玉环是军事美呢？一是杨玉环的死和战争有关。因为这场战争，是杨玉环和李隆基，贪图享乐，不理朝政最后引发安禄山叛乱造成的。林黛玉的死，是生命本身的悲剧，而不是战争引起的悲剧。尽管林黛玉和薛宝钗之间争夺爱情，也是一场战争。但那是比喻的战争，而不是拿着真刀真枪，明火执仗在战场上拼杀。二是杨玉环在马嵬坡三尺白绫葬送生命的时候，也很凄美和冷艳。这里的冷，主要是指军事与战争的环境和刀兵相见的气氛。"六军不发无奈何，宛转蛾眉马前死"。在那种气氛中，杨玉环生命消失的那一刻，那么美的杨玉环，就像春雨中的梨花一样，倒在站满兵士和战马的山坡，更显得她冷艳和凄美。三是杨玉环的审美指向，直接指向战争，指向人类关于生命（纵欲）与战争（"渔阳鼙鼓动地来，惊破霓裳羽衣舞"）关系的思考。就是说，对生命（纵欲）的稍有不慎，哪怕是帝王，哪怕是帝王的爱妻，都会有导致灭顶之灾的悲苦命运，接踵而至。悔也来不及，谁也救不了。林黛玉的死，我们无法得出关于人类生命与战争关系的思考。

一般美的冷艳与凄美，和军事美的冷艳与凄美，联系和区分是十分明显的。

基本上所有表现军事与战争的作品，都会给人冷艳、凄美的感受。诗经中的"蒹葭苍苍，白露为霜。所谓伊人，在水一方"，那是一种追而不得的凄美，但那种凄美，和军事与战争没有关系，表现的不是军事与战争的凄美。

因为军事与战争特定的环境和气氛，使这种凄美染上了战争的色彩。比如，毛泽东的"西风烈，长空雁叫霜晨月"，那是一种战争环境与心境的凄美的。这种冷，和西风联系起来，和早晨的时间联系起来，和早晨的遍地寒霜联系起来。因为冷，这种场面，也很美和艳丽。一轮明月挂在天边，红军战士早晨慢慢地出发。"苍山如海，残阳如血"，更是一种凄美。苍山和残阳，都是美的自然景物，但是，又显得那么空旷，看不到一个人，如血的残阳，又使人想到在战争中牺牲的人们，更是一种战争中的凄美。

曹雪芹的《红楼梦》最主要的核心，就是黛玉葬花，而那些花，在风雨中消失，马上就要失去生命，或者已经失去了生命的那一刻：那时的花，又是林黛玉生命和命运的象征，给人一种最美的生命，在消失之前的那种状态，很冷又很美的生命，在风雨中消失，消失得那样的美丽而又凄凉。但黛玉葬花不是军事美，是一种生命陨落的凄美和冷艳。

那么，要怎样的冷艳和凄美，才能够成为军事审美对象呢？

冷艳与凄美，必须包含着战争和与战争相关的场景、人物和气氛，不一定非要在风雨之中。战争本来就是人类生活的风风雨雨和暴风骤雨。那时作者的思想感情，因战争而引发。我们把战争中的冷艳与凄美，作为一种基本内涵，就是因为战争中的冷艳和凄美，和一般人的冷艳与凄美不一样。

战争中的冷艳与凄美，还表现在战争的残酷性。战争要夺去人的生命，即使再美的自然环境，沾染上了军事与战争的色彩，也可能成为冷艳与凄美审美对象。

比如，战士在边塞上看到了那么美的雪景，像无边无际的梨花一样开放，这是很美的自然景观。但罩上了战争阴影，就使人觉得很冷。人生命的消失，也是一种美，那种美，在战争面前，又显得不堪一击。这样的美，我们在古今中外文学艺术作品中屡见不鲜。

比如，著名油画《自由引导人民》中半裸女性手举的枪杆，预示人们要拿起枪杆，和黑暗的势力作拼死的抗争，惩恶扬善，追求自由和完美。这是军人和战争时期的非军人，人类一切人——像女性胸前所象征的意义一样——神圣的使命。再者，她的胸，正如大地和孕育大地的伟大母亲，有它在，任何战争都不能完全吞噬这样完美的生命。高擎枪杆的袒露胸膛的女性，她所表现的美，就是一种战争中的凄美，她的头部和下面的冰冷的尸体，形成鲜明对照。那个女性，感受到战争的冷，是和死亡联系在一起的。她女性特有的美，在那样的背景下出来，更显得她的艳丽。美之中，又使人感到人类在战争过程中，在消灭反动与邪恶势力的征途上，一个伟大的生命，一个凄美的生命，一个冷艳的生命，在那样的战场上，顶天立地站起来，给人一种永恒的思考。它显示出来的审美本质就是，战争的本性，在吞噬人类最伟大、最美丽的生命。同时这样的生命，又永远在死亡的废墟上显示出来、站立起来。她还没有死亡，这么美的生命，必然已经面对死亡，她那美丽的身躯，挺立在人们的面前，随时都可能消失，因为那是战争。不过，她并不使人绝望，即使再大的艰难，人类也是要踏着这样的生命前进。哪怕未来流血牺牲，在没有牺牲前的那一刻，人类的生命总是那么完美。正因为这种深意，才决定了这幅作品的美学和军事美学价值。《自由引导人民》这幅作品，本质上不是告诉人们，战争会夺去这么美的女性的生命和人类生命。她半裸的身躯，昂然挺立于尸体横陈的战争血火之中，还告诉人们：无论战争多么残酷，人类完美的生命，会在这样的血火中，再生和永生。她那纯美如初的乳房，将孕育出铺满鲜花的大地和人类的和平。

军事题材文学艺术作品的审美价值，就是这样完美地表现出来，在最深刻的、人类的、人性的"生命哲学"深处，去寻找到战争与社会、战争与人性、战争与生命的自然的矛盾与和谐。只有在那样的基础上，把战争的一切价值和意义表现出来，才是最美的战争艺术和文学。军事题材的文学艺术作品中，所展现的外在环境和人物心灵世界的凄美和冷艳产生的心理根源来自于战争的本性，战争与人性的剧烈冲突与矛盾的悲剧。

三、粗犷与豪迈

粗犷与豪迈是一种大体相似的审美感受。不是军事艺术，也可以具有这种类型的美感。粗犷指不羁，不受约束。豪迈侧重指审美对象的整体气势壮美、精神的旷达和目标的邈远。军事艺术之外的粗犷与豪迈，可以指艺术作品给人的审美感受，还可以指个体人格。大碗喝酒，大口吃肉，既粗犷又豪放。比如樊哙、李逵、张飞。为人做事，都是如此，描写他们的文艺作品，也是如此。军事艺术怎么又从军事本身转到了军事作品审美价值的粗犷、豪放与豪迈？战争哪些特征，决定军事艺术具有粗犷、豪放与豪迈的审美品格呢？

（一）战争的目的和手段

战争的对抗性质，使得军事艺术不得不具有金戈铁马的金属味，刀光剑影的碰撞声，大漠落日的荒凉色彩，粗犷、粗粝。来不及细腻，也不可能细腻。

车错毂兮短兵接，严杀尽兮弃原野。（屈原《国殇》）

战争场面的粗犷悲壮。

醉卧沙场君莫笑，古来征战几人回。（王翰《凉州词》）

军人行为的粗犷。"醉卧沙场"，没有文人之间的觥筹交错、技艺切磋，有的是军人的狂放不羁和内心苦涩，也是生死之间选择的豪迈。

（二）战争过程的生死考验

粗犷、豪放与豪迈的审美风格，源于军人面临生死选择的心灵依据，面临生死的刹那间，一股为民族、为正义、为自由、为解放的豪气油然而起，铸造军人粗犷豪迈的风范。

劝君更尽一杯酒，西出阳关无故人。（王维《送元二使安西》）

酒，不仅是文学的催化剂，也是军队离别时的壮行歌。曾有一句俗语："活着干，死了算"，就是这种豪迈之意。

黄沙百战穿金甲,不破楼兰终不还。(王昌龄《从军行》)

这句诗,既是粗犷的——数百次的恶战,绵延不尽的风沙,将厚重的铠甲都磨穿了;又是豪迈的,即便战争环境如此艰苦,军人还保持着如此高昂的战斗精神,立下"不破不还"的铿锵誓言。

军事艺术中的粗犷、豪放与豪迈,来源于战争场面的宏大,又来源于军人心灵的宏大。比如:

大漠风尘日色昏,红旗半卷出辕门。(王昌龄《从军行》)

落日照大旗,马鸣风萧萧。(杜甫《后出塞五首·其二》)

摐金伐鼓下榆关,旌旆逶迤碣石间。……杀气三时作阵云,寒声一夜传刁斗。(高适《燕歌行》)

以上几句诗,有场面的粗犷与豪迈,如"红旗半卷出辕门""杀气三时作阵云""不破楼兰终不还"就是军人心灵的粗犷与豪迈。

粗犷与豪迈,那不仅是战争场面的淋漓展现,也是军人精神气概的张扬。

(三) 战争力量的显现

粗犷、豪放与豪迈的审美风格,更主要的是,来源于军人压倒一切,而决不被敌人屈服的精神力量和神圣职责。

作为军事家的毛泽东同志,他的战争诗歌更彰显了无穷的力量。

"雾满龙冈千嶂暗,齐声唤,前头捉了张辉瓒。"

"雾满""千嶂"用语大气,显示了豪迈的气势,"齐声唤,前头捉了张辉瓒",更是在战争环境的衬托下彰显了人民军队的军事力量,尤显军人风采。

二十万军重入赣,风烟滚滚来天半。

唤起工农千百万,同心干,不周山下红旗乱。

这首诗的下半阕,让人看到雄赳赳的行军队伍,烽火硝烟的战争场面,戮力同心的工农群众,这是一种粗豪的战争状态,没有细腻的心理描写,没有如画的风景描述,有的是豪气干云,有的是军事力量的凸显,因为豪迈的气势,更显得军事力量的势不可当、锐不可当。

生死之交一碗酒,你有我有全都有。

路见不平一声吼,该出手时就出手。

(电视剧《水浒传》主题曲《好汉歌》)

刘欢演唱的电视剧《水浒传》主题曲《好汉歌》,之所以受到欢迎,正是因为他把这种军事艺术粗犷、豪放与豪迈的审美风格,表现得淋漓尽致。

审美是一种生命。军事艺术的审美,来源于一种属于军事的生命,军事艺术家的生命,然后成为一种军事艺术的生命。他们环环相扣,水乳交融,永不可分。直言之,军事的粗犷、豪放与豪迈、雄浑,熔铸了军事艺术家心灵的粗犷、豪放与豪迈,然后,从那里自然而然地流淌出来,成为军事艺术作品审美风格、审美价值的粗犷、豪放与豪迈。

四、悲剧与崇高

理解军事美的价值,尤其是理解军事题材文艺作品的审美价值,最关键的美学命题,是战争本性和人类本性之间、战争本性和社会发展之间、战争本性和自然之间不可调和的悲剧性矛盾、冲突与和谐。这种和谐,是通过战争手段之后,经历战争的悲剧与苦难之后,达到的新的自然、社会、历史与人性的和谐。

(一)战争中自然悲剧审美意识:战争与人性的矛盾

军事自然悲剧审美意识,起源于战争的本性。战争在毁灭生命的同时又在创造生命。但是,这种创造,不是用生命来创造,而是用死亡来创造。哲学上有一个观点,就是生的欢愉和死的悲凉与悲怆,往往是紧密联系在一起的。或者,表现死的悲凉的同时,一定有生的欢愉与它做陪衬。因此,战争与人性,战争与生命的矛盾,最本质的核心,就是在生与死的临界点上,表现出来的军人的承担和痛苦,是最沉重的、最悲壮的,也是最惨烈的。

军事艺术审美价值,把战争中的生命,表现得悲壮而且完美。悲壮中的完美,是因为死亡无法吞噬的军人生命和精神的长存。他们要么活着,带着战争的悲剧与苦难活着;要么他们活着的同时,又是精神的死去。怀着理想战胜苦难,走向遥远的路程。在这里,有磅礴天地的军人的灵魂和生命的价值。这种价值和战争中的生命毁灭,每一场战争,都可以表现出来,暴力摧毁生命,但人性深处固有的某些基本价值,无论什么样的战争,也无法摧毁。

西方古代著名悲剧作品《荷马史诗》和古希腊悲剧,和中国古代著名作品《春秋》《左传》《史记》一样,其题材和精神氛围,都有残酷的战争背景。极高质量的、人类精神产品创造大量涌现的黄金时代,往往也是极其野蛮、残酷的战争时代。战争和死亡的悲剧,把人类本质力量更加沉重而充分地表现出来。悲剧意识和苦难意识,奠定了一大批著名哲学家的精神基础。亚里士多德、黑格尔、尼采及其悲剧学说,是他(它)们中最优秀的代表。

军人首先承载的是人类普遍的悲剧意识。这种悲剧,是社会与历史的,也是整个人类本身的。我们每个人,无论是否军人,都是这个世界的匆匆过客。生命总会消失,这是笼罩在人类头顶的普遍悲剧意识。但这还不是军事与战争的悲剧意识。军事艺术作品中的悲剧意识,是社会和军事赋予军人的双重的悲剧意识。他们既要承担人类普遍的悲剧,生命个体的消亡,同时也要承担战争带给军人生命的悲剧,即通过战争的非正常生命消亡。

比如肖洛霍夫《静静的顿河》的主人公格里高利,几十年的战争带给他的,是军人命运的不断变化,同时,他的经历,也是那个时代普遍社会、历史、人生变迁的缩影。个体生命的悲剧和战争给他带来的悲剧,相互交织在一起。从作品中,我们可以看到广阔的社会生活,以及战争对人类个体生命、命运带来的荣耀和苦难,是何等的、同样的巨大。

(二)战争本性与军事审美悲剧哲学

战争是人类旷古的、最大的悲剧。古今中外最伟大的哲学家、美学家都认为,悲剧是人类最崇高、最华丽、最动人、最震撼,又最伤感的诗。军事这一片人类悲剧的沃土,产生了哪些如此震撼的诗呢?或者说,古今中外的悲剧学说,包含哪些军事美学意义呢?

1. "过失""净化"说与军事美学思想

亚里士多德和弗洛伊德都提出过悲剧人物所以产生悲剧的原因,在于他们性格和命运存在"过失"。所谓过失,就是他们犯错误了。比如"弑父娶母"的古希腊悲剧,违背天伦;哈姆雷特的悲剧,是他没有杀掉已经霸占了母亲的叔叔,犯了过失,即遭到上帝的惩罚。军人在战争中的悲剧,不存在他们性格和命运的"过失"。即使有过失,也是战争中的过失,而不是性格和命运之类的过失。秦始皇从战争英雄演变为历史的悲剧英雄,后来作为残暴的统治者,他建立的政权被陈胜、吴广起义打击,被刘邦、项羽推翻的悲剧,不是他一时犯错,也不是性格使然,而是他违背了社会历史发展规律。可能有人会说,难道项羽的失败,不是因为他"妇人之仁"的性格,鸿门宴上没有杀掉刘邦,不是一种性格"过失"造成的么?我们承认战争中的军事指挥者,可能因为自身的性格而指挥失误,造成战争的悲剧,但这是军事个体性格,而不是俄狄浦斯王那样"弑父娶母"性格的"过失"。西方悲剧的"过失"说,不能用来解释军事与战争。再说,项羽如果没有把握军事与战争规律和指导规律,即使鸿门宴上杀掉了刘邦,他也未必能够取胜。我国20世纪的解放战争,蒋介石的军事指挥,也可能因为他性格的"过失"而指挥失误,导致惨败。但是,蒋介石造成的战争悲剧本质上是他逆历史潮流而动，发动反人民的战争。这不是他个体性格和命运的问题。李自成、洪秀全的悲剧也是这样，他们个体性格和命运的"过失"和明末农民起义、太平天国运动失败的悲剧之间，可能会有影响，但绝不是必然的联系。

所谓"净化"，就是观照发生在其他悲剧人物身上的失误，来洗涤自身，使自己身心得到洁净和澄明。这种悲剧学说，在军事与战争中倒是可以应用的。项羽的悲剧，李自成、洪秀全的悲剧，蒋介石的悲剧，完全可以观照到"只有掌握战争规律和社会历史发展规律"才是取得胜利的军事美学思想。当然，这种军事悲剧美学观照，和我们在俄狄浦斯王、哈姆雷特等悲剧里获得的心灵"净化"，价值和意义都是不一样的。

2. "和解""超脱的慰藉"与黑格尔、尼采悲剧学说的军事美学意义

黑格尔和尼采，都是彪炳史册的悲剧美学大师。但是，他们的多数悲剧美学观点，都不符合军事美学意义。有些和军事美学观点是背道而驰的，甚至十分有害。当然，论述之前先说明一点，我们是吸取他们悲剧美学思想的精华，来认识和阐释军事美。不是说他们的某些悲剧美学观点，不符合军事美学，就贬低他们悲剧美学的价值和意义。他们压根儿就没有考虑到军事美学问题。

黑格尔按照人物性格和命运来阐释悲剧。他不再认为悲剧源于主人公个体人格和命运的"过失"，而在于双方都有"过失"。悲剧不是产生于"正义战胜邪恶"，而在于双方都坚持自己的"个性原则"，最后斗得两败俱伤。悲剧之所以给人美感，就在于最后，我们看到了双方同归于尽之后，达到了新的和谐。"和解"，人性的和解，而不单单是各自坚持"个性原则的和解"。我们认为的军事美产生发展规律"正义战争邪恶""新生战胜腐朽"，在黑格尔悲剧学说里，成为没有原则的和解。所以我们说，黑格尔某些悲剧美学观点和军事美学不一致。

战争中的悲剧美学观，不是对双方"过失"各打五十板。军事悲剧美学观点，没有这种双方无原则的重新"和谐"。秦始皇和陈胜、吴广起义之间，刘邦和项羽之间，他们没有同归于尽，也没有重新和谐。他们各自坚持的，也不是同样正确的个性原则。秦始皇和刘邦，刘邦和项羽，曹操和周瑜、诸葛亮，不可能在同一舞台握手言欢。甚至也不能在新的生命舞台握手言欢。如果不掌握军事与战争规律，如果不能正确地把握社会历史的发展，假如重新搭起战争和人生的舞台，他们各自的命运并不能发生改变。

但"和解"说包含的军事美学意义，倒十分深刻。就是，无论战争多么残酷，无论双方战斗得多么激烈，"战"，终究是为了"和"。正义与邪恶较

量、新生与腐朽较量，美丑较量，战争之后，依然是一种从未有过的安宁祥和。只不过这种祥和，有时还残留着战争的硝烟。

据载，淮海战役，黄百韬自杀之后，也就是经历了几十个昼夜的战争喧嚣、人仰马翻之后，陈官庄一带的田畴、小河、房屋、村落，浓雾弥漫，三日不绝。

这是自然的和谐。可能还有点"和谐"的天意。英灵与亡灵惋惜、哀悼，历史、军事和战争的沉思。天地搭起的舞台，比任何人生舞台和戏剧舞台都更广阔。这种观点，被尼采的悲剧理论，阐述得十分透彻。

每一种悲剧都给人一种超脱的慰藉。它使人看到人类的个性原则之下所掩藏着的本性，那就是人类历尽万劫而长存的永生。尽管万象流动不居，而生活本身到底牢不可破，而且可喜可爱。（尼采《悲剧的诞生》）

尼采的意思是，在悲剧之后达到了社会和谐、自然和谐、人性和谐和生命和谐，就是人类"历尽万劫而长存的永生"。在这里，他们各自坚持的个性原则，已经被掩藏，退到了幕后。战争就是人类"万劫"中最惨烈的劫难。劫难之后，生活本身到底是牢不可破，而且可喜可爱的。这个观点非常符合我们的军事美学观点。油画《自由引导人民》中那位举枪的女神，在死亡的废墟上挺立着哺育人类生命的胸部，说明的是什么呢？就是人类世世代代的生命传承，爱与美，将从那里源源不断地孕育生长出来，冲破战争的帷幕，光照千古。这就是对尼采关于"生活本身到底牢不可破，而且可喜可爱"最形象、最艺术的注脚与诠释。

3. 战争与生命、人性、心灵、情感的永恒悲剧、和谐与美

军事题材的作品要怎样表现生命意识，才是最伟大的艺术作品呢？那就是对战争与人性矛盾不可调和性的深刻独特创造和理解。苏联电影《第四十一》，讲述的是两个军人漂到了一个孤岛上，一男一女，他们是敌对关系，代表不同的阶级。在这荒无人烟的孤岛上，他们由仇人变成了亲人、恋人和情人。从战争中的枪炮相对，到远离战争荒岛的人性融合。但是，当最后敌方，也是男方军队的船只出现在大海上，来搭救他们的时候，男方向船跑去，而女方，是不能登上那个敌方来的救命船的。显然，那个时候，他们之间的敌对关系又出现了。荒岛上表现得那么美好的人性与爱情，在残酷的战争面前，立即变得十分脆弱。搭救船临近码头，男方即将登船，女军人最终还是向他举起枪，将枪里剩下的最后一颗子弹，向男方射去，并把他打死在海滩上。那时，阶级性又超越了人性，压倒了人性。这部作品最主要的特点，是构思的精巧。作者想显示的依然是一种深刻的战争哲学和人性哲学。

就是战争毁灭人性、不可调和！她的子弹打出去的时候，就没有了人间亲情、爱情和友情，只有仇恨与战争。

西方战争题材的电影，大多数都有反战倾向。战争毕竟是残酷的，反战题材的电影，就是在表现战争与人性矛盾的主题。比如《魂断蓝桥》，还有福克纳、海明威的作品，都是反战的。无论多么美丽的生命，在战争面前都表现得那样的渺小。战争终究是该诅咒的，也是应该由人的生命来承担的。这种生命承担，无一例外显示出来的就是一种狰狞的战争之美。其最终审美指向，依然是诅咒战争，热爱生命，珍惜生灵，呼唤和平。只有把那种美，在战争中表现出来，才成为流传千古的文学艺术作品。军事美学的悲剧美学观，创造和表达的是战争、历史与生命，经历战争悲剧之后美与人性的再生与新生。

第三节 战争究竟有没有胜利者

伴随着社会发展几乎与之同步的战争，它的目的不仅是让我们认识其中的美与丑，尽管美与丑确实实实在在的存在于战争中，而且也让我们透过面目狰狞，被人诅咒的战争的外在形状，发现它起着阻滞、改革、倾覆的社会作用。

一、"没有一个女人，愿意送她丈夫上战场"

"没有一个女人，愿意送她丈夫上战场"，电影《魂断蓝桥》的这句台词，是深刻的，符合一般战争实际状况的。尤其是对那些在战争中失去亲人的女性看来，这句台词表达的意义，饱含着无可言说的生命伤痛，艺术的感染力也是非常强烈的。但是，严格地说来，这句台词不符合军事美学观点。军事美学认为，战争面对的是整个人类的伤痛，而不仅仅是某个个体具体的伤痛。以个体的具体伤痛来否定整个战争，尤其是匡扶正义的战争，不符合人类战争的实际状况。

送上战场的丈夫都有回不来的可能，要不就不会有陈琳的"君独不见长城下，死人骸骨相撑拄"。可是当自己的国土被践踏、被侵略，当自己的民族面临生死存亡的时候，你能躲进桃花源吗？这个时刻哪里又能远离是非的桃花源呢？这时每个个体的伤痛和不舍就让位于祖国和民族的利益，否则就是亡国灭种的危险。实际上，当年的抗战，的确无法统计中国的女人，眼睛不眨地把自己的丈夫送上了正义、反侵略战争的战场。有许多丈夫战死沙场，为国捐躯，他们的女人和他们一样都是民族的脊梁，女人们无私奉献的精神和男人们英勇杀敌的精神是一样的。冯德英小说《苦菜花》中娟子的母亲，不仅自己上战场，还把正值青春年华的女儿们送上战场，大敌当前，从来不缺乏女人可歌可泣的行为和选择。

没有正义与非正义，没有战争性质的是与非，怎么能够确定战争的胜利和失败呢？怎么能够在送不送自己的丈夫上战场这个问题上，做出正确的抉择呢？军事美学肯定的正是一种面对正义与非正义，面对国家、民族和自己的生死存亡而站出来，为自己、为邻里、为民族、为国家，义无反顾、奔驰疆场、拼死搏杀，或荣归故里，或虽死犹生的军事生命。无论这种生命，属于丈夫还是妻子，都是值得歌颂和肯定的对象。军事美的存在状态，就是在这样的挽救国家民族危亡"义薄云天"的军事价值中。我们不希望战争，但我们也不惧怕战争，时刻准备着为捍卫正义、自由、主权独立而斗争。

二、何为战争

为什么要学习和研究军事美？学习和研究军事美的动机和心理根源是什么？也就是战争究竟是什么？战争在做什么、能做什么，怎样从事战争等，研究、考察、明白这些关于军事与战争的根本问题，是我们研究和学习军事美的动机和心理根源。

研究军事美学的心理根源，有一个最重要的组成部分，就是对战争价值和作用的认识，即人类社会基本上是军事与战争雕塑出来的。

（一）革故鼎新——军事与战争雕塑人类社会基本形态

我们这里所说的"雕塑"，是一个中性词，不存在特别的褒义或贬义。也不是指作为艺术门类的雕塑。战争"雕塑"人类社会，往往是不自觉的，也不是运用现成的手法和既定的规律。哪怕是历史上最伟大的政治家、军事家，在他们从事改变社会历史进程的战争之前，或者从事战争过程中，都不是根据个人的主观愿望，通过战争来"雕塑"人类社会与历史。社会历史在战争中的演变，是敌对双方整体的战争行为纵横交错的结果。但是，进行正义战争的军事领袖，他们通过战争顺应社会历史主观愿望，是非常明确的。比如华盛顿、毛泽东等，他们通过战争改变社会历史发展方向和形态的种种努力，不仅明确，而且是一步步实现了的。

那就是信念！

只要有信念，就会有希望。（影片《赤壁》台词）

人类社会发展，从阶级产生、国家出现、民族集团构成那时起，直到今天，基本上一直都有战争在进行。据载，世界上完全没有战争的日子，全部加起来也只有几十天。我们说军事与战争雕塑社会，不是歌颂战争，也不是说人类社会只有和必须通过战争才能发展，而是指出实际情况。无论怎样诅咒战争，也不能否定战争时时刻刻都围绕我们的事实。因为我们处于有阶级社会这样一个社会历史发展阶段，还有种族、国家、代表不同利益的军事与战争集团存在。我们向往人类没有战争的"大同"社会，现在还遥不可期。

就目前以往的历史看，战争在根本意义上制约、规定着人类社会历史的发展。指出这一事实，不能笼统认为，我们呼唤战争，希冀战争来临。军事美学只能使我们明白：革命军人为正义而战，赴汤蹈火，在所不辞，这是我们必须树立、固守的职业核心价值和肩负的神圣使命。当侵略者把战争强加到我们头上，军人的宣言就是"我们讨厌和诅咒战争，但为了人类的正义和平，我们不惧怕战争"。纵观人类社会发展的历史，基本上每一次重大的社会历史形态的转型，都是因为战争起到了推动、破坏和建设的作用。中国历史上的朝代变迁，实际上和一连串农民起义和他们领导者的名字紧密联系在一起。这些改变中国社会历史进程的人物和事件，他们使用的工具和手段，就是战争。一个社会、一个政权腐朽没落了，成了反社会、反人类的帮凶的时候，那么就需要一种正义的力量和新生的力量，拿起战争的武器，把旧的朝代推翻，埋葬腐朽的罪恶王朝。

"革故鼎新""吐故纳新"，最能说明军事与战争的社会历史作用和意义。我们对战争的美学分析，不是说一切战争都能创造美。反动的战争、非正义的战争，恰恰毁灭了美，也毁灭了社会正常、健康的发展。我们歌颂的，是代表历史社会发展进步力量的正义的战争。马克思说："暴力是每一个孕育新社会的旧社会的助产婆。"我们歌颂的是埋葬旧时代、催生新时代的战争，分析的是它们的社会历史价值。反动的、非正义的战争，正是我们努力排斥、对抗和鞭挞的。同时，我们也要明白，正义与反动，总是相比较而存在，相斗争而发展。没有非正义的战争，就没有正义的战争。它们的美学价值和意义，实质上是通过比较，黑白分明可见的。

（二）破中有立——军事与战争规定和制约人类社会演变发展

军事与战争"雕塑"人类社会，是从整体方向看，并不是说所有战争都在"塑造"社会。维护腐朽反动政权的战争，就不是在"雕塑"社会历史形态，而是抱残守缺，终将失败和灭亡。即使反动的、非正义的战争，也可以从另一种方面，以另一种形态，催生出它们不可想象的力量，来雕塑和推动人类社会历史的发展。比如，鸦片战争，从世界格局和具体战争进程来看，

第九章 硝烟中的猎猎旌旗：军事美

的确"雕塑"出了中国近、现代社会的基本面貌，在某种程度上，规定了中国近、现代历史的发展脉络和格局。清朝政府的没落腐朽，日益明显地摆在了人们面前。李鸿章等倡导的洋务运动，在修补中国晚清封建社会方面，起到了一定的作用，原因在于洋务运动本身包含了一种强大的新生"资产阶级"力量，正在萌芽和兴起，但它承担不了，也没有主观意愿承担推翻满清王朝的统治、改变中国社会历史形态的重任。辛亥革命、北伐战争，对中国封建社会给予了致命的一击，对中国近代社会向现代社会转型，起到了决定性的促进作用。第一次国内革命战争，打乱了中国现代社会雏形的平衡，使中国历史向新的社会形态发展。抗日战争和解放战争，直到中华人民共和国成立，完成了中国现代社会的历史转型。从很大程度上可以说，近百年的战争雕塑出了中国现代社会，使中国历史以崭新的面貌出现。

我们并没有整体肯定鸦片战争的正面军事价值，因为它是赤裸裸的侵略战争。但是，在鸦片战争和八国联军入侵中国的战争中，表现出来的抵抗外国侵略者的中华民族不屈不挠、英勇顽强的精神，那就是美的，也是值得歌颂和肯定的。辛亥革命和北伐战争，从整体积极的意义上看，具有正面的社会历史价值，因而具有独特的军事美学价值。抗日战争从反面、解放战争从正面，直接改变了中国社会历史的进程，我们说"人类社会基本上是军事与战争雕塑出来的"这样一个军事美学论题的时候，我们的审美思维，就是在寻找代表新生的、革命的、创造未来的那种军事与战争的美学价值，而不是笼统歌颂一切战争。

近百年战争对中国社会历史的"雕塑"作用，它们的正面军事价值，有些是一目了然的，因为它们促进和推动了中国社会历史的转型和发展。有些战争，和某一具体社会发展，好像联系不那么紧密，但只要深层分析，还是能够看到它们对社会历史的推动和促进作用。新中国诞生后，中国人民解放军进行了一场场战争，比如朝鲜战争，中印、中苏、中越边境自卫反击战等，虽然它们没有直接改变新中国社会的整体面貌，但也很明显地雕塑和制约了中国当代社会的历史发展。如果没有朝鲜战争，或者，中国人民解放军不进行支援朝鲜的战争，或者，假如朝鲜失败了，那当代中国社会历史的发展又可能是另一种面貌。中印自卫反击战和对苏、对越的自卫战争，如果我们不采取"积极防御"的战略方针，中国社会肯定又会出现另一种面貌。因此，中国人民解放军进行这一场场战争，也直接或间接地雕塑和制约着中国当代社会历史的发展，改变了中国在国际社会中的地位和形象。只要是正义的、革命的战争，在特定的历史条件下，总对历史的前进与发展，具有强大的促进和推动作用。

三、战争与生命

只要是战争,无论是正义战争还是非正义战争,都要以消灭某一类人的生命为代价。从人类社会终极意义的观点看,从生命至上的观点看,战争永远都是和人类生命与人类本性相矛盾的。而且这个矛盾,只要有战争存在,就不可调和。战争的本质,是以暴力使对方屈从于己方的意志,包括消灭对方的肉体。那么,应该怎么看待正义战争和人类生命之间,不可调和的矛盾呢?

(一)摧毁罪恶生命有助于人类生命生存

对战争魔王和杀人机器,我们根本就不能把他们当作正常的人来看待,就可以把他们看作是随时都在威胁、随时都准备撕咬我们和我们亲人肉体的野兽。

因此,假如我们早日举起枪,准确消灭战争魔王和杀人机器,虽然也是杀人,但是却能挽救成千上万的人类生命。在这样的环境和条件下,生命平等又不尽然。因为战争是社会中的战争,必然是有社会属性的。在最终能够保护更多人类生命好好生存的基本点上,正义战争和人类生命的矛盾,达到了短暂的和谐。以结束和消灭罪恶生命的方式,达到了整个社会前进的历史辩证法的统一。

(二)表达对人类生命的终极挚爱和关怀

为正义而战的军人上了战场,用枪杆和暴力来表达对敌人的仇恨,也是以打败敌人的方式来表达对祖国和民族、对家乡和亲人的热爱。在战场上,如果没有"俯身散马蹄,扬手接飞猱"的杀敌本领,那自己的生命就面临着丧失的风险,自己所要保卫和捍卫的国土就面临着被践踏的可能。因此练就硬功夫才能够和敌方对抗,才能够占得先机,才能够实现正义战争的目的。

正义战争也是要杀人的,而且是必需的。它是以消灭一部分罪恶肉体生命的方式,来保护和捍卫人类生命获得更好的生存方式,基本是战争的唯一方式。比如,潘冬子杀死胡汉三、李向阳杀死松井小队长、《苦菜花》中的娟子娘杀死汉奸王谏之,都是以杀死罪恶生命保护更多的无辜生命不被消灭。

据参加过南方某边境作战的战士回忆:一天清晨,战斗结束,他和排长踏上某某高地。面前一片狼烟,树枝上挂着断肢残臂,他们对属于敌我双方谁的躯体都不清楚。这时,路口低洼处,倒下了几个敌兵,其中一个胸、腿已被打得血肉模糊,但还没有断气,还在抖抖索索的操枪向这边射击。排长急忙拽过他，对他说，快快，去把他弄一下。所谓弄一下，就是再补他一刀或者一枪。不用说，这个战士听了排长的话，去弄了那个试图开枪射击的敌兵。敌兵死了，当然也没有子弹从他的枪膛里射出来。假如这个战士稍加犹豫，敌兵的子弹射来，他和他的排长的生命就可能消失。

活生生的军事事例说明，战场是一个不是你死就是我亡的地方，对敌人的仁慈就是对自己人的伤害。正义战争中，消灭敌人就是保护自己，就是保护自己身后的千千万万个无辜的生命。

（三）可以迎来人类生命的再生与新生

战争不是目的，和平、爱与美将永生。一位美国摄影家阿尔佛雷德·艾森斯塔特的作品《胜利之吻》绝妙的宣示了这一主题。战后，阳光明媚、熙熙攘攘的纽约大街，一对"恋人"忘情拥吻，周围的人们向他们投来和善、艳羡的目光，他们全然不顾，浑然不觉，沉浸在自己"爱与美"的表达里。关键是，他们并不认识，从穿着上看，男的是水兵，女的是护士，听到战争胜利的消息，水兵顺势就拥揽了这位姑娘忘情拥吻，战争阴霾随着热情的拥吻瞬间荡然无存，从他们心灵深处，升起了一缕灿烂的阳光，照彻人类生命之海。拥吻表达的是爱，这样的爱，是可以在战争之殇后孕育生命的。据载，这位姑娘现在已经成为白发苍苍的老妇，她还在刻骨铭心地回忆和追忆这突如其来的吻，扫除了战争带来阴暗和不确定，如阳光一样照耀着她的生命。

战争和人类生命是一对矛盾体。它既可以摧毁生命，同时又可以保护生命，发展生命。每经历一场炮火硝烟的战争，就会有数千万生命丧失，社会就会发展到一个休养生息的状态，又有多少生命来到这个世界？从这个意义上，战争又可以以这样曲折的方式，在人类生命的生存与发展历史上，达到新的和谐。

第十章 崇高的生命史诗：军人美

马克思认为，所谓美，是人的本质力量的对象化。军人的本质力量就是战斗力，是打赢能力。"能打仗，打胜仗"这是军人区别于其他社会集团的本质所在。有了这个灵魂，我们才能更深刻地理解由军人本质力量所决定那种跃马横刀、剑啸长空的威武之美；没有这个魂，欣赏军人的美无异于欣赏一只花瓶，一群模特的表演。因此，军人的美总是与英雄联系在一起，与扭转乾坤的力量联系在一起，与胜利联系在一起，与军旅实践联系在一起。军队整齐划一的行动、火热艰苦的战斗生活、千军万马的气势构成了一幅幅恢宏壮丽的军旅图卷。我军老一辈革命家，在长期的革命实践中对军旅生活做出了生动的描绘："万木霜天红烂漫，天兵怒气冲霄汉""雄关漫道真如铁，而今迈步从头越""此去泉台招旧部，旌旗十万斩阎罗"，这些诗句都酣畅淋漓地表现出革命军人的壮美人生。

第一节 军人个体美

军人要实现对崇高美的追求，就要在军事生活的实践中自觉地按照一定的规范去塑造军人美。军人美首先体现在军人的个体美。军人的个体美表现军人的外在形象和内在品质，两者相辅相成，造就出军人特殊的美。

一、军人的外在美

军人的外在美主要是指军装美、军容美、行为美和语言美。

（一）军装之美——征衣与战袍

无论哪一国的军队，其着装都是统一的，这不仅是为了适应军队行军、作战、操课及执行任务等军事上的需要，而且体现了一个国家、一个民族、一个军队的威严。军装，古人称为戎装，杜甫笔下有一幅壮美的军旅人生图："风尘三尺剑，社稷一戎衣。"一身戎装关系国家前途命运，是无比威严而神圣的，这就是军服所蕴含的内在美。

早在殷商时代，人们就懂得打仗时使用防护品，如身上披些防刺的荆藤等。但那时人们穿的是上衣下裳（类似裙子的围布），宽袍长带，打起仗来牵牵挂挂，很不方便。到春秋战国时，赵国经常遭到匈奴的袭击，军队屡吃败仗。赵武灵王继位之后，发现失败的原因不是国衰民弱，而是战法及服装落后于匈奴。匈奴将士穿的是窄袖短袍，皮靴皮带，既防寒又便于作战。于是，赵武灵王决定改变赵国宽袍长带式的军服，把匈奴人的服装（即胡服）以及骑射推广到赵军中。赵王带头着胡服上朝，并颁布命令，全军统一穿胡服，习骑射。果然，这场"胡服骑射"的改革，大大提高了赵国军队的战斗力。从此，一种专门用于打仗的军服，在我国出现了。随着武器的发展，作战人员的服装开始在防御敌人刀箭上下工夫，产生了盔和甲。汉代以后，盔甲越做越漂亮，不仅用铜用铁，而且装饰金银，又佩以亮闪闪的护心镜，头盔上竖起红缨。有趣的是，清朝还在士兵们的前胸或后背绣个"勇"字，表示士卒冲锋在前，勇猛善战。

  我军的军服，各个历史时期的变化也很大。红军的第一套制式军装诞生于1929年5月2日，为灰色八角帽，灰色列宁装。抗日战争时期，国共实现第二次合作，八路军接受当时国民政府的编制，军装改为灰制服，臂章上有"八路"二字。解放战争中，一律都穿黄军装，胸前佩戴白底红边、有"中国人民解放军"7个黑字的胸章。志愿军出国时，穿的是密纳格棉衣。实行军衔制时，军官戴大盖帽，战士戴船形帽。到了1955年，军装真正统一了。

  今天，我军改着新式服装，比过去的军装更威武、更美观、更规范，无论颜色还是式样，都更加符合美的原则。它不仅反映了时代的特点，有利于加强军队的严密组织、统一指挥和军容上的整齐划一，也有利于明确军人职责、加强纪律，增加荣誉感和自豪感。

  军装的美体现在3个方面。

  首先，美在和谐。我军现行的07式军装，每个人都可以根据自己的身材挑选适当型号，使之穿着合体。男式军装为T字形，让男军人看上去肩膀更宽，而剪裁合体的裤子也让他们看起来更加魁梧。女式军装的剪裁式样是X形；腰身收紧，还换上了更能体现女性特点的卷檐帽。这身军装集内外美于一身。从造型上看，它不追求华美和怪异，以简洁质朴的长方形为主，在整体长方形中，既变化，又统一，给人以沉着庄重的美感。军服的肩章、衣兜和兜盖以及领章都是长方形的，看起来有舒适和愉快的感觉。长城和盾牌代表着人民军队是维护国家主权和安全的钢铁长城，松枝叶图案则是军人斗风雪战严寒的意志象征。从形状看，我们的军帽、帽徽和纽扣都是圆形的，能给人一种饱满、充实、完整的感觉。如果说圆形体现一种柔性美的话，那么方形则体现一种刚性美。柔性美给人轻松之感，刚性美给人振作之感。我们的军帽、帽徽、纽扣这种柔性美与肩章、兜盖、领章的刚性美一起使用，可收到刚柔并济、相得益彰之妙。

其次，美在实用。"功能第一，形式第二"，这是军装设计的基本原则。军服的美，就在于它有利于作战。如飞行员的服装，几乎找不到一粒纽扣，大多采用尼龙拉链式样。这是由于20世纪50年代初，在西欧某国一次陆海空三军联合演习中发生的一件使人奇怪的事故所确定的：一名技术优秀的飞行员驾驶最先进的飞机刚刚离开地面，两翼在低空中摇晃了几下，便一头栽倒在跑道上，机毁人亡。原因在哪里呢？经过调查，原来是由于飞行员胸前一颗纽扣掉进仪器中而造成的。随后便取缔了飞行服上的纽扣。水兵的无檐帽，也是适应战时的需要而设计的。它避免舰艇在高速航行中帽檐兜风或使用观察仪器时，帽檐碰坏精密仪器和设备。另外，由于水兵经常在狭窄的舱室进进出出，要求衣着利索方便，因而水兵的上衣都采用套头式，紧领口，下摆塞进裤腰里，免得上下舷梯、进出舱口时牵挂衣服。

最后，也是最重要的一点，军服的美，美在神圣、威武。军装是军人的标志，大灾大难面前，只要绿军装出现，老百姓心里就有一份踏实。有一首诗写道"新式五星闪射出耀眼的光辉，星中'八一'是我军诞生的晨曦。齿轮麦穗昭示着我军的性质宗旨，军衔符号敦促人们把神圣的职责牢记……新式的装饰更彰显军人的风采，象征新一代军人踏浪驾云所向披靡！"身着具有这么丰富的美的内涵的军服，怎能不使我们的荣誉感和自豪感油然而生？

身着军装，更要注意仪表的整洁。军装美也是有条件的：《内务条令》中规定"军人应当按照规定配套穿着军服、佩戴标志服饰，做到着装整洁庄重、军容严整、规范统一"。军人在不同季节、不同场合、执行不同任务时应穿着不同的服装，做到衣料颜色要一致，领章帽徽要钉正，衣扣、领钩要扣好，不披衣挽袖、敞胸露怀。部分官兵喜欢军服混穿，不及时清洗，有的衣冠不整，有的甚至敞胸露怀，这些行为不仅不符合部队着装规定，不能体现军人的阳刚之美，而且有损于军人的形象。所以，一定要严格按规定着装，保持清洁整齐，无论在什么场合都要自觉维护军装的美。

（二）军容之美——强健与刚毅

这里的军容，主要指军人强健的体魄与整洁的仪表。

军人形体美是根据军人的责任与使命塑造出来的外在形象的美：挺拔、昂扬、规范、向上，是泰山压顶不弯腰的人类生命精神脊梁。

第十章 崇高的生命史诗：军人美

从普通老百姓到军人，必须经过严格的甚至是痛苦的形体训练。三个月新兵生活过去，千百次的摸爬滚打，原来的一个缩头缩脑、站立歪斜、走路松弛、站没站相、坐没坐相的普通青年，被塑造成有棱有角、刚毅挺拔、坐如钟、立如松、行如风的标准军人。

军人形体美是军人用血肉之躯来塑造完成的。如何坐、如何立、如何走、如何跑，都有严格的规范。头发多长，腰如何直，腹如何收，每一步跨多少尺寸，都有严格的规定和比例。这是美的规范和比例，正因为符合这些规范和比例，我们说，军人形体美是按照美的形式法则塑造出来的美，既符合军事规范美，又符合军事力量美。从照片上，从生活中，我们看某人如何坐，如何走路，就分辨得出某人是否受过严格、正规的军事训练。这种军人气质，不是装腔作势，也不是故意表现某种军人气质外加上去的。它是军人素质、修养、品德、气质、个性和军人形体的完美统一。

军人形体美是外在形象和内在品格、素养的自然显露：蒋介石与毛泽东，哪一位更符合军人形体美的标准？

斯诺在《西行漫记》中写道：严格地说来，毛泽东并不是标准的军人。他没跨过军队的大门，没受过严格的军事训练，身上从没带过枪，枪法也十分糟糕。他走路步子拖沓，抽烟时嘴里发出南方农民才有的"啯啯"声。坐在延安窑洞前的枣树下，阳光照着他，有无尽的智慧从他慵懒的身体内散发出来，形成共产党大本营的思想库。

对当时重庆的蒋介石，斯诺的描绘是：标准的军人，新式拿破仑。挺直腰板，动作僵硬。没有笑容，说话简短，装腔作势。军装考究、笔挺，雪白手套。会见客人时也挺直身子。他描绘了蒋介石一个细节：谈到使他难堪的话题时，蒋介石便不安地抖动着僵直的腿……

我们在分析军人形体美的时候，举出斯诺笔下的蒋介石和毛泽东，究竟说明什么？毛泽东似乎不标准的军人形体中包含着一流的军事智慧，而蒋介石似乎标准的军人形体，却外强中干。军人的形体美是军人品格、气质、素养的自然流露，而不是故意装腔作势。

无论在熙熙攘攘的大街上行走，还是在荒无人烟的海岛上执勤，面对铁流滚滚的百万大军，军人，只要他的行为和军事活动联系起来，他就必然地保持着美的姿态，构成世界上一道昂扬、挺拔、力与美的屏障和风景。军人的形体，傲立天地间，是屏障，也是丰碑；耸立于祖国大地，也矗立在期盼安宁与和平的人们的心灵深处。

仪表，就是指容貌、姿态等方面。质朴、英俊、端庄、整洁、威武、严整等，这些词汇都可以用于人的仪表。仪表美是人的外在美的重要方面，而且也可以折射出人的内在美。人们都愿意而且应该注意自身的仪表美。但是，仪表美与不美，并不是主观的想象和爱好所决定的，而是有它客观的尺度。作为革命军人有着自身特有的仪表美。军队是高度集中统一的武装组织，这个"武"字，就烘托出了军人仪表的主要特点。如果说一般人的仪表美都应当端庄、整洁：男性仪表应有阳刚之美，女性仪表应有温柔之美；那么，不论是男军人还是女军人，除了应具有一般人的仪表美之外，还应当加上英武之气。也就是说：英武之美，是军人特有的仪表美。

军人的面容应当保持整洁、庄重、保持得体、大方的"军式发型"。我军《内务条令》明确规定："军人头发应当整洁。男军人不得留长发、大鬓角和胡须，蓄发（戴假发）不得露于帽外，帽檐下发长不得超过1.5厘米；着军服时，不得化妆，不得留长指甲和染指甲，不得围非制式围巾，不得在外露的腰带上系挂移动电话、钥匙和饰物等，不得戴耳环、项链、领饰、戒指等首饰。"有些战友在理发时，将头发留得长一些，认为头发稍长一些更有风度、更酷。其实不然，规定的发型是最实用的，它适合训练和作战的需要，它既能体现青年人活泼好动、朝气蓬勃的特点，又能焕发出一种独特的阳刚之气。

（三）行为之美——挺拔与抒情

行为美是指军人的行为举止符合公认的社会规范，堪称社会的表率，受到社会的称赞，而表现出来的一种美。军人的行为美突出地表现为端庄有礼、干练利落、严守纪律。

端庄有礼，就是举止稳健潇洒，行为得体大方，使人感到有风度、有礼貌、有修养。军人的举止要做到"立如松，坐如钟，行如风。"稳健、优雅、端庄、大方的军人姿态，加上敏捷、准确、果断、规范的军人动作，不仅能直接表现出军人形体美，而且还展现出军人特殊的气质。"静如处子，动如脱兔，"是军人姿态美最生动的写照。最能体现军人姿态的是站、坐、行三种姿态，美的军人姿态是站如松，坐如钟，行如风。

站如松，是军人站立姿态的美学要求。青松刚正挺拔的性格，刚正挺拔的身躯，给人以刚正不阿，坚强有力，奋发向上，精神勃发的感觉。正因如此，才把"站如松"作为军人站立姿态的形象比喻。

在所有站姿中，军人标准的站姿被公认为是最美的。军人的站姿分立正、稍息两大类。动作要领是根据人的生理特点和体现军容军威的原则制定出来的。军人标准的站立姿势，总是身体保持平衡、匀称，重心平均地落在两脚上，躯干挺直，头抬起，眼平视，两肩舒展，挺胸收腹，而不过分紧张突出。从背后看，脊柱骨呈一条垂直于地面的直线，这样的站立姿态犹如劲松，气宇轩昂，生机勃勃，给人以挺、直、高的美感，显示出军人的挺拔、刚毅、坚不可摧。1986年，英国女王伊丽莎白二世和丈夫菲利浦亲王到我国进行友好访问。一天，女王来到上海港，在女王专用的"不列颠"号皇家游艇上举行答谢宴会。游艇下的一座浮水码头上站着一名礼宾哨兵——仪仗兵解绿江。宴会开了四个多小时，解绿江自始至终身躯正直，钢浇铁注般地站在摇来晃去的甲板上。女王从小解身边走过时，那高大的仪仗兵如雕塑一般。女王不由地显示出惊讶，在他面前停留了一会儿，她把一个中国仪仗兵的身影永远地印在了脑海深处。后来，女王对我外交官说了一句感叹的话："中国仪仗兵，堪称举世无双"。在这里，标准的站姿，表现出一个士兵美的形象，为祖国，为我军争得了荣誉，体现出我们的国威军威。

坐如钟，是坐姿美的形象反映。"坐"是象形字，指人席地而坐。我国是礼仪之邦，古时就讲究坐姿，坐时要求双膝着地，臀部压着脚跟，上身直立，不可东倒西歪，前俯后仰。所谓"正襟危坐"就是这种坐姿。

军人的坐姿通常分席地而坐和坐在凳椅上两种。席地而坐的正确姿势是左小腿在右小腿后交叉，听到口令迅速坐下，两手自然放在膝上，上体保持正直。在凳椅上落座时，两腿自然并拢，头、颈、胸顺其自然而挺直，身体重心落在骨盆上。决不可半躺半坐、两腿笔直前伸、跷二郎腿、腿脚不断晃动等。在社交场合，入座要轻，离座要稳，切不可急起猛坐，造成紧张气氛。良好的坐姿应显示出军人的稳重、坚韧、稳如泰山、不可动摇。有一次，三军仪仗队的官兵在某礼堂看演出，他们人人坐姿端正，双手除鼓掌外，都放在膝上，没有一个人的背靠在椅背上，更没有人东张西望。他们标准的军人坐姿引起了与会首长、演员和观众的赞叹，人们称赞他们表现了军人训练有素的气质，展现了解放军的精神风范。

行如风，是对军人动态美的形象描绘。当国庆大阅兵时，人们对轰鸣的飞机，隆隆的战车，精良的新式装备固然会感到精神振奋，情绪激昂。但最激动人心的，还是那排山倒海般的一浪涌过一浪的徒步方阵。几千个人踏着同一个节拍，举步生风，足音如鼓，用中国军人雄壮、威武、自尊、强大的脚步声，撞击着人们的心弦。这种军人队列行进的英姿，无疑是所有走路姿势中最为壮美的，显示出军人的气势，勇往直前，锐不可当。

军人行走有齐步、正步、跑步三种。队列条令对姿态和速度都有明确规定。上身要正直、挺胸，两臂自然摆动，两脚迈步均匀、稳健，步子坚定有力。按条令行走，有如风驰电掣般，给人一种矫健、敏捷的美感。而东倒西歪，上下晃动，勾肩搭背，左右扭动，既不美观，又显得轻浮飘荡，是不美的表现。

军人在日常生活中，行走的姿势也是很美的，精神抖擞、步伐稳健，把条令的动作美和自然美结合起来，大方舒展，稳重自如。

总之，军人的站、立、行三种姿态，都是根据完成军事目的有利的原则和体现军容整肃性的原则，结合人的生理特点和中华民族的审美习惯，科学地制定出来的规范动作，既符合科学规律，又合乎军事目的，是二者的完美统一。军人姿态是阳刚之美和素养之美的体现，是身心内外的和谐统一。

（四）语言之美——洪亮与明了

"言为心声"，语言是思想的外壳，是心灵之光。人的思想大部分是通过语言表现出来的。语言的使用有高尚与鄙陋之分，有粗细、文野、雅俗、美丑之分。军人职业特点要求军人的语言尤其是在军事活动中的语言，要准确、简洁、明了、洪亮、有力。这是军人独有的语言美，其特点如下：

威严。军人在执行战斗任务或日常生活中，往往通过传达口令、下达命令来统一指挥、统一步调、统一行动。这些口令、命令具有确切性、权威性、强制性，因而具有一种其他行业用语所无法相比的威严美。

比如在队列训练中，"立正""向右看齐""向前看""正步走"等口令喊得铿锵有力，给人一种刚劲坚决的美感。又比如，在阅兵式、分列式上，首长问候受阅部队："同志们好！""同志们辛苦了！"受阅部队则异口同声地响亮回答："首长好！""为人民服务！"既体现了军人雄浑统一的气质，又显示出指战员之间的亲密关系。当一个严整的受阅方队正步通过阅兵台时，"向右看""一、二"的口号更是声震云霄、气壮山河。这洪亮的口号使所有观礼的人受到振奋和鼓舞，体验出军队的威严。特别是当军人在战场上冲锋陷阵时，冲锋的喊声地动山摇，从精神上、气势上压倒了敌人，激励战友们奋勇向前。

准确。军人在队前讲话，因受时间或制度限制，在举止和用语上，都表现得准确明了。讲话、发指示，应要言不烦；下命令、口令，不容啰嗦。就是著述，也独树一帜，自有兵家风格。如著名的《孙子兵法》，就以"简易明了"见长。指挥员下达命令或发布指示时，都会使用军语。军语，是军事术语的简称，是表示军事概念的规范词语。它具有准确无误，简洁明快，信息量大的特点。新版《中国人民解放军军语》已于2011年12月21日颁发全军施行，内容设"综合""国防""战争·战略""作战（综合）"等26

个类目，收词 8 587 条，共 105 万字。

生动。这是指军人语言要做到逻辑严密、语音标准、语言规范、词汇丰富，以表现出军人语言的修辞美，使人受其感染，心悦诚服。比如，为了使语言更加生动形象，以利于启发人的思维，可采用一些比喻、象征等修辞手法。幽默诙谐的语言，也是富有美感的。打靶一发未中，先进评比中没有名次叫"剃光头""吃烧饼"；炊事员叫"火头军"；战士豪情满怀激动昂奋叫"嗷嗷叫"；坚强团结的党支部叫"战斗堡垒"；会餐时要求不剩饭菜，吃饱吃好，叫"抓落实"；杜绝了某种现象，叫"消灭"；全面发展，经得起考验叫"硬邦邦"。这些别具特色的军营流行语是官兵牺牲奋斗的誓言，是一往无前的豪言，是保家卫国的格言，是自励自勉的铭言，是发人深省的妙言；它们组成了一道酣畅淋漓荡气回肠的军营语言风景线。

要使自己的语言真正变美，首先要加强思想修养。"心之所感有邪正，故言之所形有是非"。还要加强文化修养，学习一些语言表达技巧。语言美要靠多方面知识的积累和实践，每个同志都要从点滴做起，逐步养成谈吐文明的语言习惯，正确地使用语言，以反映我军的文明程度，树立我军崇高美好的形象。

二、军人的内在美

军人内在美包括心灵美和情趣美。

（一）心灵之美——永存的精神

心灵指人的精神世界，它的表现是多方面的，如思想、道德、情趣、节操、智慧、才华、意志。在人类长期的社会实践中，人们总是把心灵美看得比人的外表美重要，尤其是与人的体形、容貌相比较时。柏拉图说："应该学会把心灵的美看得比形体的美更可珍贵。"荀子在《非相》中说："形不胜心，心不胜术。术正而心顺之，则形相虽恶而心术善，无害为君子也；形相虽善而心术恶，无害为小人也。"的确，一个人形体外表长得再英俊，但如果灵魂丑陋肮脏、学识浅薄、低级庸俗，那这个人必然是丑陋的，是"金玉其外，败絮其中"。相反，如果一个人其貌不扬，但他只要有一颗高尚纯洁的金子般的心，同样被人们认为是美好的人。为什么心灵美在人的美中起主要作用？这是因为人是"社会动物"，人的感觉在根本潜伏着社会功利的因素，是一种精神的感觉。事实上，人的心灵美是最难能可贵的。它不像外在形态的美容易被发现，但却比外在美更充实、更丰富、更深刻，可以长存不灭，历久弥真。歌德认为：外貌美只能取悦一时，内心美才能经久不衰，达到永恒。

对军人来说，心灵美是一种高尚、纯洁的精神境界。这种精神境界以"有理想、有道德、有文化、有纪律"为基本内容，是军人思想道德素质和科学文化素质的综合。

中国人民解放军是中国共产党缔造和领导的军队，军人的美好心灵集中体现在对共产党，对社会主义祖国，对人民的无限赤诚、奉献和牺牲上，体现在对共产主义美好未来的坚定信念和开拓进取上。其本质和核心就是"全心全意为人民服务""毫不利己，专门利人""一不怕苦，二不怕死"。无论是在艰苦卓绝的战争条件下，还是在和平建设的环境中，革命军人都表现了大无畏的英雄气概。

南疆前线曾流传这样一首诗："吃亏不要紧，只要主义真。亏了我一个，幸福十亿人。"我们的战士，就是这样心甘情愿地用自己的生命和鲜血来换取全国人民的安宁和幸福。雷锋说："对待同志要像春天般的温暖，对待工作要像夏天一样的火热，对待个人主义要像秋风扫落叶一样，对待敌人要像严冬一样残酷无情。"这正是新一代革命军人心灵美的高度概括。

翻开我军的史册，军人为了人民的事业付出了多么大的代价！他们牺牲了健康，牺牲了爱情，牺牲了青春，甚至牺牲了生命。这是那种奉行"人不为己，天诛地灭"人生哲学的人，那种只顾追求和满足个人私欲的人所无法理解的。

军人心灵美是军人仪容美、行为美、语言美的基础和源泉，是军人各种外在美的精华和核心。军人的各种外在美无不是心灵美的表现和外化，军人的心灵美选择、制约、创造着军人的外在美。比如，军人强健的体魄是受军人思想的支配而自觉锻炼出来的；军人端庄的仪容是军人根据自己的审美理想修饰、约束的结果；军人的行为举止、语言表达更是来自充实的头脑、活跃的思想和高度的文化素养。这一切无时无刻不受着军人自身的认识、情感、意志、信念的支配。

（二）情趣之美——高尚的寄托

情趣，通常指生活情趣，它是指人们对生活的情感态度和趣味倾向，是一种生活中的审美意识和活动。情趣有高尚与卑下，健康与庸俗，文雅与粗野，正确与错误之分。这两种生活情趣分歧的产生，根源于人们审美意识的不同，判断生活情趣的健康与否，主要取决于这种情趣是否符合科学的审美意识。

有人说："军营生活紧张有余，生活枯燥乏味，缺少情趣"，这实在是一种片面的见解。其实，军营生活是五彩缤纷的，军人的情趣也是丰富多彩的。读书、影视、棋牌、歌舞、运动等等，军人自有军人的情趣。军人大多是青年人，年龄的优势，赋予他们青春的活力和广泛的情趣。节令的变化，也会给军人增添无穷的乐趣，如春节放鞭炮、吃饺子、贴对联；元宵节观灯、看秧歌；端午节吃粽子、赛龙舟；元旦、"五一""八一""十一"的庆祝活动、联欢活动等等。由于执行任务、驻防地域的不同，都会给军人的生活增添情趣：有的置身于名山大川，有的驻守在名胜古迹；有的尽情领略浩瀚的大海，有的在高空鸟瞰广袤的大地；有的穿行于无际的林海，有的驰骋于肥美的草原……在祖国的每一个角落，都会有她美妙的地方，都会有军人体验不尽的乐趣。

军人的情趣之美，包含着军人对生活的向往、追求和寄托，反映了军人的道德情操和精神风貌。如房前屋后种花草、栽果树，在营区修筑一条条鹅卵石甬路，室内窗台上摆几盆花或盆景，室内地面用碗碴或石子镶嵌成各种图案。这些高尚、健康、优美的生活情趣，对提高审美能力，美化军容，起了很大作用，使得我们的生活丰富多彩，情趣盎然，心旷神怡；使我们精心充沛，情绪高涨，更加热爱这难得的军旅生活。

军人的情趣之美具有独特性，它是物质条件有限性与生活情趣无限性的统一，是生活范围的特殊性与情趣视野的超越性的统一，是政治信念的坚定性与生活情趣的浪漫性的统一，是业余活动的集体性与个人爱好的多样性的统一。军人担负着保卫祖国、保卫人民安宁的特殊使命，偏远的高山、荒芜的孤岛、寂寞的边寨，往往就是军营驻地和军人活动的场所。物质条件的有限性，并不能限制军人对军旅生活的热爱，对浪漫主义的追求，他们总是能在有限的物质条件中寻找到无限的生活乐趣。正是在艰苦的环境下顽强地追求军旅生活的美，才形成了以苦为乐的军人生活情趣的鲜明特色。

这就是今天和平年代的军人特有的生活情趣，是生命力最旺盛的显现，发掘并享受这样高尚的生活情趣正是我们军人的自豪与骄傲所在。

俗话说，对于有心人，没有什么东西是无用的。生活情趣也是如此。火热的军旅生活作为整个社会生活的一部分，同样有着美好的情趣。在军营这个色彩斑斓的世界里，豪放与婉约并存，崇高与优美同在。高尚、健康、优美的军营生活情趣，有利于军人丰富知识、开阔视野，充实生活，陶冶情操，鼓舞士气、增强团结，激发我们对军旅生活的热爱。愿军营独特的情趣之美伴随你走完美丽的军旅人生！

三、外在美与内在美的统一

军人美的塑造是一种高境界、全方位的追求,军人美必须是外在美与内在美的和谐统一。一个军人在自身形象、人格的塑造过程中要力求达到这种统一。一个人的形体相貌包含着很大的自然因素,而人的行为、语言和心灵美却是在后天的社会实践中形成的,这里有社会环境的因素,但更主要的是个体因素,即自己的努力。

(一) 军人外在美与内在美的和谐统一,就是真善美的统一

军人外在美与内在美的和谐统一,是军人美的完整表现,从本质上说,就是达到真善美的和谐统一。军人外在美和内在美首先都是建立在"真"的基础上的。这个"真"是符合客观规律之真,是心灵与行为、语言统一之真,即表里如一之真。

军人的外在美和内在美又都是与国家、人民的利益息息相关的。人民军队所要求的善,绝非小团体、小家庭或个人的私利,而是有利于人类社会的进步与发展,符合人民的根本利益。军人的一言一行,所思所想都具有功利和价值,要为祖国和军队的现代化建设所需要。军人的外在美与内在美都要符合美的自身规律,具有激荡心灵的美感,才能产生巨大的感染力。这种真善美的和谐统一,构成了军人内在美与外在美的统一。

(二) 军人外在美与内在美的和谐统一,就是风度美的体现

山川有其意态,风云有其韵致,花卉有其资质,狮虎有其雄风,作为万物之灵的人,自然也有其独特的风度。风度是指一个人在长期实践中形成的风采、气度。风度在人的神态表情、举止谈吐以及衣着打扮等方面显露出来,是外露的、感性的,但它又绝不只是外在的东西,它有丰富的内蕴,是人的气质、情趣、道德、文化素养等方面的综合反映。这就是说,风度包容了人的多方面因素,是人的外在美与内在美的和谐统一,它往往给人以整体的审美印象。

风度美的具体表现是丰富多样的。例如,气宇轩昂的风姿、飞扬飘逸的风采、气度宽厚的风格、英俊潇洒的风流、雍容雅致的风韵等等。

怎样培养军人的风度美呢?

1. 应该加强文化修养

文化是养育气质最肥沃的土壤,尽管有文化的人不一定有气质,但没有文化的人必定没有气质,因此,要达到气质美,一定要有深厚的文化素养。

这里所说的文化素养,是一种综合素质。既要通过书本的学习,又要通过生活的教诲;既要以各种知识为基础,又不单是知识的积累;它还包括对人生的理解,对美的追求,以及所处环境的文化氛围。

(1) 要提高文化素养,首先要努力学习,掌握各种知识。一个人学识渊博、才华横溢,会给他的气质增添风采,会受人尊敬,令人钦佩。我们常常惊叹于诸葛亮表现出的惊人的才华,羡慕其潇洒、儒雅的气质,而这正是因为他具有丰富的政治、军事、天文、历史、地理等知识而造就的。正因为诸葛亮有渊博的知识、深厚的修养和大无畏的勇气,才会有"羽扇纶巾,谈笑间,樯橹灰飞烟灭"的令人叹服的风度举止,才会令人崇拜和敬仰。

(2) 其次,要注重环境的熏陶。社会环境和生活环境对人的文化修养也有很重要的影响。新战士即使穿上旧军装,我们仍然看得出他是新兵;而老兵穿上新军装,不但不会像新兵,反而更加英俊、威武;转业退伍军人不穿军装了,但在很多人眼里,一望还是军人。这是因为新战士对军营感到陌生,对军旅生活缺乏体验;而老兵们长期生活在部队这样的环境氛围中,有一种无形的力量,耳濡目染、日久天长受熏陶而形成了共同的军人气质。由此可知,气质是一个人内在文化素养自然的外在流露。只有加强文化修养,才可能有气质。

2. 应该做到谈吐得体

评价一个人有无气质,语言能力是一个非常重要的方面。因为良好的文化素养、渊博的知识、精深独到的见解,是构成气质的重要内在因素,而它们又常常通过得体的谈吐转换为气质美的外在形式。因此一个人的气质风度、聪明才干也常常通过机智的语言来展现。曾有一个笑话,说一个不会说话的人请四位客人来家里吃饭,到时间来了三位。他心里着急:"嗳,该来的怎么还不来。"来的客人中有一人想:"难道我是不该来的吗",就借故走了。主人这时更急了,说:"该来的不来,不该走得又走了"。剩下的有一人又犯疑:"难道我是该走的",也借故离去。余下的客人热心地对主人规劝道:"你怎么这样不会说话,难怪人家听了生气,今后说话注意点,"主人听后涨红脸辩解道:"我不是说他们俩呀!"这位客人吃惊地瞪着他,心里想:"不是说他俩,那一定是说我了",也生气地走了。我们可以想象当时那种场面的尴尬,对此人也不会有好的印象。

说话还应讲礼貌,有分寸,讲艺术,不然也会给自己的形象抹黑。

3. 要保持优雅的姿态

举止端庄、姿态优美,是人的气质风度的主要表现特征之一。世界上许多杰出的政治家十分讲究仪表、举止，非凡的仪表举止显示了他们高超的外交才能和博大的政治家的胸怀，杰出的政治家、外交家，我们敬爱的周恩来总理早在青年时代读书时，在南开大学的一面大镜子旁贴了一张字条，上写着："面必净，发必理，衣必整，纽必结，头宜正，肩宜平，胸宜宽，背宜直，气象勿傲勿急，颜色宜和宜静宜庄。"从中可以看出，周恩来从小就注意培养自己具有良好的仪容、仪表，这为他成为杰出的外交家、政治家打下了良好的基础。

美的气质、美的形象的获得是要付出巨大的代价的。要表现出良好的军人气质，体现出站如松、坐如钟、行如风的美姿，就要靠平时的训练和养成。每个军人都应从立正、稍息、转法、步法等最基本的动作开始练起，做到姿态端正，动作迅速准确，协调一致。

4. 要准确把握自己的表情

面部是人的气质最富生命力和表现力的关键部位，人们通常把颈部以上各个部位（主要包括眼、眉、耳、鼻、嘴、下巴）的情感体验的反应称为面部表情。人类的七种基本情感：喜、怒、忧、思、悲、恐、惊都是通过面部表情来表现的，人的气质风度也常常通过面部表情得以体现。

表情源于内心，是我们情感的真实流露，美的表情应该是自然的，任何装腔作势、虚伪、做作的表情都是不美的。美的表情同时又是理智的，理智的表情来源于对情感的控制，我们提倡积极向上的激情，这样的激情是做好工作的动力。

在军人的工作和训练中，最能表现军人气质的表情是目光炯炯有神，表情严肃、坚定、刚毅、沉着，给人以威严、自信之感，表现军人英勇无畏，正气凛然，坚强不屈，不可战胜的气魄；但当军人面对战友、百姓时，在业余生活中，最具魅力的表情是微笑。真诚的微笑，是人生的一笔巨大财富，它是解愁、健身、美容的法宝；它使陌生人变为朋友，使朋友更加知心；它使看见你的人愉悦，使人与人之间的交往更加和谐，它让世界充满温馨，充满爱，充满美。

第二节　军人整体美

军队要实现对美的追求，就要求每一位军人在军事生活的实践中自觉地按照一定的规范去塑造军人美。这主要体现在军人的整体美也就是军队美的塑造。这种塑造不仅体现在军人的自身，还体现为军人创造的外在环境。符合军事规律的真和符合历史的善,即为军人整体的美。

一、军人整体美的塑造

(一)整齐之美——壮阔与雄浑

无论是谁,来到军营都会有这样的感受,军营一切都是"直线加方块",都是整齐有序的。这种整齐有序,给人以整洁、统一、和谐的美感,展现了军人特有的风格。

整齐有序不仅表现在军营的环境中,更表现在军人整齐的军容。军容是否整齐一律,直接反映着军队的精神面貌和战斗作风,是战斗力的一种表现。我们的军容是含有革命内容的必要形式,体现了我军的性质、传统和作风。没有这种整齐一律的形式,就不能表明我军作为革命军队的性质,就不能体现出革命战士的精神面貌。

古今中外的军事家都十分重视军容的整齐一律。早在春秋战国时期,就有"观兵以威诸侯"的记载。西汉的贾谊在其所著的《容经》篇里指出:"军旅之容,湢然,肃然,固以猛。"说的是整肃的军容能够巩固和提高士兵的勇猛斗志。三国时期著名军事家诸葛亮就把"军容孰整"列为决定战争胜负的十二个因素之一。第二次世界大战期间,美国第二军同德军作战失利,部队士气低落,士兵穿着各种颜色各种式样的衣服,不理发,不刮胡子,犹如一群乌合之众。巴顿将军接管该军后,首先整顿军容,命令全体官兵包括野战医院的护士,一律按战场上的规定着装、携带武器。结果,这个军的精神面貌发生了很大变化,成为一支比较有战斗力的部队。

整齐美更表现在军人动作的整齐划一。正如一首歌中唱到的:军人"着装一个样,站队一条线,跑步一溜烟,冲锋一个点"。人们都不会忘记,国庆 60 周年大阅兵时的场面:陆海空三军方队气势磅礴,齐刷刷震撼大地的脚步声、气壮山河的口号声体现了排山倒海之势和所向无敌之力;一列列整齐的钢盔、钢枪,体现了军威、国威,体现了不可侵犯、不可征服的英雄气概。如此壮观的场面,连外国朋友都情不自禁地赞叹:"你们的国庆游行说明了什么是伟大!"中国军人为何具有如此巨大的魅力?正是因为这支军队具有雄豪刚健的整体美:横一直线,纵一直线,斜也一直线,千万双脚,正步向前,一个步伐,一个足音,地动山摇,威武雄壮,气势磅礴。国庆受阅三军方队是一种象征,它象征着我们的军队整肃如一、坚强如钢、群威群胆,威武雄壮。一支军队,只有建立在共同的理想,目标的基础上,才能有高度的团结和统一,才能有铁的纪律。军队整齐一律的美的基础是军人个体的美。宏伟壮观的长城就是用一块块整齐一律的方砖砌成的。伟大的军队，靠的就是它的每一位成员按照条令条例规范自己的行动，表现出良好的军人素质。

整齐有序不仅是一种外在美，同时也体现了一种内在的美。从表面上看，统一着装，统一内务，两人成排，三人成行等，似乎与打仗并没有直接联系，但它对军人养成服从命令和统一行动等，赢得战争胜利所必需的军人素质，增强军队的集体感和荣誉感等，却起着不可缺少的潜移默化作用。

高度整齐划一的生活也许是单调的。但就是在这单调中，体现了军人极其丰富的内心世界，反映了军队的精神面貌和战斗作风，塑造了军人特有的威武和阳刚之美，是一支军队训练有素、高度文明、战斗力强的表现。当我们行进在人民军队的行列中，人人都会体验到一种庄严、伟岸、肃穆的美感。在一举一动的外在观感中，呈现出我们对军队生活的积极肯定，从中看到自己能动创造的伟大力量，从而产生出一种崇高的感受和愉快的情感。整齐有序的美也潜移默化地陶冶着军人的心灵和性情，使我们养成整洁严谨的生活习惯和军人风度。沉浸在这种壮美的境界中，又会更自觉地为创造和完善这种美而奋发努力。有了这种高度的整齐有序，我们的军人才能步调一致，在艰难险阻面前表现出强烈的集体意识和无坚不摧的整体战斗力。

(二) 纪律之美——力量与效率

纪律将本来是分散的人的精神力量凝聚在一起，汇成一束，指向一个目标，变成一柄锋利无比、锐不可当的宝剑。我们的军队就是在铁的纪律凝聚下结合成的最有战斗力的集体，从而创造出体现强大力量的崇高美。纪律能够创造出军营生活的形式美。和谐、比例、均衡、节奏、重点，这些都是形式美的共同原则，纪律就是有意识地根据这些原则，去创造美的事物和生活。直线加方块的队列，整齐划一的内务，显示了有条不紊、井然有序的军人生活的美；清一色的国防绿，使人产生一种庄严、神圣、威武的美；阅兵场上，一个步伐，一个足音，步调一致，令行禁止，显示了整齐一律的美。可以说，在军营里，不论是着装美，还是仪表美，风度美，都是严格纪律的表现，它们的美实质上都是由纪律创造的美。

军队纪律美具体表现在森严的等级、鲜明的层次、严格的制度、规范化的行动和整齐的军容等诸多方面，它与整齐一律美有着较密切的联系，但更多地强调时间上的顺序性和空间上的排列性。

纪律以及体现纪律的制度、规则和习俗，是一个群体达到完整、统一、有序的保证。对于一个军事集团来说，更是提高战斗力的重要保证。十七世纪末，拿破仑率大军远征埃及。埃及的奴隶军队叫马木留克兵，他们骑术精良，武艺高强，骁勇善战，而拿破仑手下的法国兵却骑术不精。如果法国兵同马木留克兵单个格斗，肯定是不能取胜的。那么，拿破仑靠什么取胜呢？主要就是靠纪律。因为马木留克兵虽然善于单个格斗，但纪律很差，各行其是。而法国兵尽管骑术不精，但纪律严明。所以拿破仑认为两个马木留克兵绝对能打败三个法国兵，一百个法国兵同一百个马木留克兵能打得势均力敌、不分胜败，三百个法国兵能战胜三百个马木留克兵，而一千个法国兵则绝对有把握打败一千五百个马木留克兵。

这次战役，引起了恩格斯的注意。他在《反杜林论》中，曾经"为量转变为质找一个证人"，就引用了拿破仑描写的"骑术不精但有纪律的法国骑兵和当时无疑地最善于单个格斗但没有纪律的骑兵——马木留克兵之间的战斗"。由此我们不难悟出一个道理：纪律出战斗力。对于一支队伍来说，纪律美可以使一支队伍的战斗力产生质的飞跃，相反，纪律差则会使一支队伍的战斗力出现质的滑坡。两军对垒，强弱易势，很重要的原因是纪律的力量在起作用。

纪律美不仅在于其井然有序，更在于经常性、长期性的培养坚持。我军历来重视良好秩序的建立，并把搞好纪律建设看成是一项经常性的重要任务。迄今为止，我军已形成了一整套健全纪律的规章制度和方式方法：即建立健全正规的战略纪律，使部队保持良好的战备状态；建立健全正规的教育训练纪律，不断提高训练质量；建立健全正规的工作和生活纪律，提高工作效率。

在中国人民的革命战争中，我军之所以能在艰难困苦的年代以少胜多，由弱变强，用劣势装备战胜优势装备，是与我军严格的组织纪律分不开的。在和平时期，我军在人民群众心目中树立了威武之师、文明之师的形象，得到了人民群众的拥护和爱戴，仍然靠的是纪律。

我们前面说过：组织得好的军队能创造一种整体之美，同样，组织得好的军队也能成为一股无坚不摧的钢铁洪流，具有钢浇铁铸般的风采，从而创造出一种井然的纪律美。随着我军现代化、正规化程度的不断提高，我军的纪律美一定会更加充分地显示出来。

（三）和谐之美——多样与统一

和谐是指事物或现象的各方面的配合与协调符合理想，使人感到完美。黑格尔说："和谐一方面现出本质上的差异面的整体，另一方面也消除了这些差异面的纯然对立，因此，它们的互相依存和内在联系，就显现为它们的统一。"可见,和谐是各种因素的协调一致,是多样的统一。和谐是形式美的最高法则,也是形式美创造的最高追求。

军队是一个多样统一的和谐的整体,军队的和谐之美(也称军队多样统一美)是军人整体美的最高级形式。它同时也涵盖了前面我们所讲的整齐划一、秩序规范、铁的纪律等各种美的形态,是这多种美的形态所达到的整体效果的美。正如英军元帅蒙哥马利所说:"一支军队的真正力量是,而且必须是,远远超过它的各个部分的总和。"军队的和谐之美就在于"各种不同部分的结合中",就在于"整体的多样性"。

军队的和谐美作为军人整体美的重要形态,它的具体表现是多方面的:军人服饰所体现的和谐美,军营关系的和谐美,军营的自然环境所呈现的和谐美,以及战争中的和谐美等。而在这诸多的和谐美中,军营关系的和谐美是最重要的因素。因为军队是个多系统、多层次的战斗集体,也是一个以人和武器装备相结合的有机整体,无论是战时还是平时,都应该充分发挥各个整体要素的作用,追求它的整体效应,即调动一切积极因素,促进人力、物力、财力、时间、信息、机构和章法中各种因素的多样统一,以最大限度地凝聚和发挥它的整体力量。在这多种基本因素中,人是最重要的因素,而军营关系的主体也是人,所以,要求得整个军队的和谐美,首先要求得军营关系的和谐美。

军队是一个相对独立的社会整体,军队内部官兵之间、战友之间,军队成员与外部社会环境之间的三大关系美构成了军营关系的和谐之美。

首先,革命军队中官兵之间即是上级与下属的关系,这种关系决定了官兵相互之间必须按条令条例的有关规定执行,下级必须服从上级,一切行动听指挥,杜绝一切各行其是、破坏统一、涣散整体的行为发生,以便从组织上确保军队在各种情况下都能保持或恢复有效的指挥,使所有军人始终处在明确的隶属关系中行动。同时,官兵平等。干部必须以身作则,做遵守纪律的模范。在纪律面前,无论职位高低,人人都是平等的,谁也不能特殊。尊干爱兵、官兵一致,是我军的光荣传统,这一原则形成了我军官兵关系的和谐之美。

其次,军队中的战友多数性别相同、年龄相近,加之战友间朝夕相处、生死与共和共同的组织纪律观念,使得军队内部的战友之间很容易形成和谐的关系。这种关系美在密切配合、团结协作,美在互帮互助、友爱体谅,美在批评提醒、治病救人,美在生死之交的阶级战斗情谊。可以说,革命军队的战友关系美是用鲜血和生命凝成的,较之一般的关系之美,更具有永久的魅力和牢不可破的力量。

再次，军队与社会环境相联系的美主要是指军民关系的和谐之美，包括军政、军民两个方面。我军是全心全意为人民谋福利的军队，是纪律严明的军队。在和平年代的今天，我军发扬了战争年代的优良传统，与人民群众友好相处，从而形成了部队拥政爱民，地方拥军优属，军爱民，民拥军，军民团结一家亲的和谐之美。

二、军营环境美的营造

军营环境美是指军人的工作、学习、生活的营区自然环境美和由军人组成的社会环境美及军营思想文化氛围的美，是塑造军人崇高美的外在因素，是军人整体美的重要组成部分。

军营环境美的创造则是促进军队物质文明建设不可缺少的内容。军营是青年人生活和工作的场所，生活环境的美化直接关系到人们的工作效率和身心健康。安静幽雅、诗情画意、整齐清洁，完美和谐的军营生活环境，会给人们的工作和生活带来方便，给人增添乐趣，提高精神境界，得到美的享受。因此，用美学观念把营区建设好，是广大官兵的普遍愿望和要求。

军营生活环境的美化主要包括三个方面。

（一）自然环境美——智慧与适用

军营自然环境美是指军营范围内的客观环境美，是军人按照美的规律保护、创造、发展起来的，反映着军人的精神面貌、审美情趣，并积极地影响着人的心境、情绪、精神、性格等。其审美意义是在利于军人生活、训练和作战的基础上，通过军营物质环境空间序列的构成，烘托出一种气氛、一种意境，陶冶官兵的情操、并使人从中得到教益。军营自然环境的美是一种实用与观赏相统一的美，其审美标准主要体现在整体和谐、方便适用和整洁朴素等方面。

（1）整体和谐美。城市讲市容，军营讲营容。营容是由一座军营自然空间内的天地、山水、花木、道路、建筑等共同组合而成的整体形象，营容的美是整体的美，和谐的美。我们看军营环境美不美，不仅是看其某一部分的美观奇特，更要看其整体和谐的美。军营自然环境整体和谐美，首先体现在建筑群体的造型、色彩、布局之中，其次体现在建筑群与树木、花草、道路、山水等的相互衬托统一之中。军营的总体设计，要根据地势地貌，因势利导，确定其中心点和中轴线，以布局房屋、道路设施，佐以树木花草、假山水池、雕塑等，构成多样统一、整体和谐的美。军营自然环境整体和谐美还体现在色彩的和谐中。构成军营自然环境的任何物质因素都具有色彩,色彩与建筑、道路、气候、环境等的和谐,构成营区整体和谐美。绿色是中性色,最容易与其它色彩协调,营区环境的绿色为主色调,绿化也就成了营区环境美化的主要手段。

(2) 方便适用美。自然环境美的最主要特征是适用性与审美性的统一,适用方便是环境美的前提和基础。军营自然环境更强调方便适用的美。第一,要适用方便于战备,营区环境必须首先便于部队的组织指挥和作战训练,甚至隐蔽;考虑到在特殊情况下军队的迅速集中、疏散、撤离和坚守;武器装备安置于方便拿取的地方。第二,要方便官兵生活。军营营房多采用整齐的条列式布局,道路平坦宽畅,饭堂、厕所、文化场所、训练设施等相对集中,便于部队生活和作战训练。

(3) 整洁朴素美。整洁有序、洁净卫生是军营自然环境美的基本要求和原则。军营环境整洁与否,一方面反映了军队管理水平,另一方面也体现了军队的精神面貌和军人的完美形象。所以,从室外的建筑、道路、设施的布局,到室内器材、装备及生活用品的放置都要整齐统一、井然有序。由于军队的性质、特点和目前的经济条件,朴素也是军营自然环境审美标准的一个基本原则。

(二) 文化环境美——健康与高昂

军营文化美是指存在于军营文化氛围之中的各种文化因素所表现出的审美特征,它是军人在文化审美实践中的共同创造,反过来这个共同创造的美好的文化环境又制约和影响着军人的文化价值取向。

高昂明快的主旋律是军营文化环境美之所在。军营文化姓军,保持明显的军队特色,那就是其高昂明快的主旋律——强烈的爱国主义、革命英雄主义和集体主义。围绕这一基调,军营文化倡导爱国尚武精神,树立爱国之志、报国之心,展示当代军人风采。军队文化工作是军队精神文明建设的重要组成部分,对官兵们的思想、道德情操、生活方式、审美观念等产生着积极的影响,是形象化的思想教育工作,对提高官兵的思想文化素质,形成正确的人生观、审美观,造就"四有"革命军人,有着其他工作所不可替代的作用。因此,军营文化必须坚持坚定正确的军营文化方向,用社会主义思想占领军营文化阵地,营造健康美好的军营文化环境。

军营文化环境还美在健康向上的军营文化品格。文化品格是指文化形态所具有的品质、风格、格调。军营文化作为无产阶级的人民军队的集团文化,具有自己的独特品格——健康向上的思想、情感和形象为基调。具体表现在以下几方面：

格调高雅、战斗气息浓郁。军队是战斗的集体，战时担负作战任务，平时亦贯穿着适应战斗生活的养成教育。军营文化内容多与官兵们的军事生活，特别是与作战、训练生活以及与之相联的思想、感情相联系；形式上短小精悍，生动活泼。

官兵同乐。官兵共同创作、共同演出、共同鉴赏评论，是军营文化品格的重要特点。官兵同乐的目的主要在于沟通思想、增进友谊、促进团结、增强群体意识。

寓教于乐。军营文化具有娱乐休息、宣传教育、认识、审美等综合性的社会功能，最本质的是身心愉悦作用和思想熏陶作用。一般说来，官兵参加文化活动的更多更直接动因是寻求娱乐消遣和增长知识、扩大视野；而作为文化工作，则在满足官兵的一般文化需求的基础上，更注重对官兵进行形象化的思想教育，寓教于乐，陶冶情趣，在知中求乐，乐中有知。形式多样。军营文化内容的广泛性，决定了其形式的丰富多彩。文艺活动、体育活动、游艺活动、游览参观活动、科普活动和文化宣传教育活动等形式在军营中都很普及。特别是歌咏、电影、电视、读书、演讲、朗诵、知识竞赛、书画摄影展览、墙报、板报、球类、棋类等文化活动形式更是经久不衰深受欢迎。

军营文化不是封闭文化。适应时代，适应社会，继承传统，不断创新，是其发展的必由之路。革命军队永远是一个健康向上的充满感染力的整体，军营文化环境更是健康美好的。

（三）生活环境美——创造与热爱

就军人生活的大环境而言，驻守在海岛、海上、边防、山区、沙漠、江湖之畔，名胜古迹、城市农村，在祖国的每一个角落，都会感受到美。军人也为祖国每一寸土地的美化而流血流汗。军人生活环境的美，不能追求富丽堂皇的陈设，豪华奢侈的排场，而是要从部队建设实际出发，以朴素、大方、整洁、美观的审美观点，净化、美化自己所处的环境。要以整齐一致为美，清洁为美，清爽为美，条理为美，利于工作，利于学习，利于生活，利于军队素质的提高，利于正规化建设。达到净化、绿化、美化的目标。

军人的室内环境，应保持青年军人的风格，环境在某种程度上反映人的精神状态，要注意简洁，尽力避免搞得繁琐堆砌。要井井有条，整齐划一，要干净利索，洋溢着年轻人的蓬勃朝气。墙壁的色彩尽量采用冷色。字、画、小摆设要少而精。家具尽量要少，使人的行动自如。牙具、毛巾摆放整齐，挎包要挂得齐，被褥要叠得有棱有角。保持也很重要，不随地吐痰，不乱扔纸屑、烟头杂物。保持整齐不凌乱、清洁无污染、干燥、宁静、无灰尘、无烟、无蚊蝇、无脏物、无邪味。集体宿舍要轮流值班进行清整和检查。

  任何美的形式背后，都有其深刻的社会因素，长期的战争实践使人们认识到，严格的纪律和有条不紊的生活秩序，是我们军队战斗力的重要保证；若无严明的纪律和协同一致的行动，就不可能完成各项战斗任务。而这种严格的纪律观念和协同一致的精神养成，与士兵平时的生活环境则有着很大关系。因为，军营的环境是整洁有序还是拉沓凌乱，直接可以看作是军人素质的外在表现。另一方面，环境又无时无刻不在对人们起着潜移默化的影响。当然，军营的环境美，虽有其独特的气势，却并不意味着它排斥有序的韵律变化。像营区中那些错落有致的花坛、战士们用砖石砌成怪象横生的假山等，都会在整齐庄重的基调上点缀起几分轻松活泼来，二者并不矛盾，而是相得益彰。从根本上说，整齐一致、庄重大方是我们军营环境美的主要风格。

  创造军营环境美与艰苦奋斗并不矛盾，它的意义在于"创造"。创造就是奋斗，而且需要广大官兵的奋斗。在奋斗中培养大家创造美的精神。

  军营环境的美化，需要军人的勤劳、智慧，需要有健康的审美情趣，更需要有热爱部队、关心部队的满腔热忱和兢兢业业，恪尽职守的高度责任感。

三、个体美到整体美的升华

  军队的群体美制约、统率军人的个体美。所谓群体，指其所属成员相互协助活动为基础的具有一定聚合力的共同体。群体中的成员有着共同的目标、利益、需要、价值、舆论和规范，因此彼此依存，相互影响。军队的性质和所担负的任务决定了它具有严密的组织系统和铁的纪律。正因为这样，军队首先要求和体现的是群体美，而这种群体美又必然对每个军人的个体美起到一种统摄和整合的作用。合理地限制个体，是维护群体美的基本保证。作为一个军人，置身于军队这个群体环境中，置身于军事生活的社会实践中，其个性美必然深深地打上军队群体美的烙印。与此同时，军队又对符合军队审美标准的思想言行加以强化，对不符合军队审美标准的思想言行加以制止，给予指导和规范，使军人心灵美和外在美的塑造都达到更高的层次。只有在群体美的制约和统率下，军人个体美才能闪耀出灿烂的光辉。

  个体美体现、影响群体美。军队群体美的形象是由一个个士兵的个体美组成的。每个军人都要以自己的心灵美和行为、仪容、语言等外在美来维护军队群体美的形象。多少战士为祖国、为人民默默奉献、英勇献身，并没有留下自己的名字，但他们的思想和行为塑造了军队在人民心中的美好形象。雷锋做了好事后总是说：我叫解放军。军人的个体美正是军队群体美的代表和缩影。在军队中，任何破坏和削弱集体的观念、行为、语言不仅是违背纪律的，也是不美的，因为这会破坏群体的秩序与和谐，因而也就破坏了美感。军人个体美的塑造不仅仅为军队群体美增添了光辉，而且也推动着社会的进步，促进了社会主义物质文明和精神文明的建设。因此，每个军人要将个体美与军队群体美紧紧相连，以个体美服从和体现军队群体美。在军事生活实践中，每个军人都要做到自觉遵守军队的各项条令、条例和规定，决不可以自由散漫、我行我素来显示个体美，以至损害军队的群体美。当然，军人的个体美并不是刻板的一个模式，而是具有差异性的，多样的军人个体美使军队的整体美也更加丰富多彩，生气勃勃。

从个体美到群体美，是美的升华，是个人对社会、对部队深刻认识的结果。

第三节　形式美的战斗力

军队形式美是一支军队所表现出来的外在的如色彩、形状、线条及其组合规律所呈现出的审美特征，这种规律体现为整齐统一、节奏韵律等。可以说，军队的形式美凝聚和显示的是军队的战斗力和生命活力色彩。

一、直线加方块的韵律

在军营里，统一的着装、划一的动作、整齐的内务……从外部形态看，给人的总体印象，可以用"直线加方块"来概括。有人说，军营里"直线加方块"，生活枯燥，没有趣味，殊不知这"直线加方块"的形式中，回荡着多么丰富的韵律。它表现出军人特有的趣味和情趣，跃动着军人豪迈而又深沉的情感脉搏。

我们知道，构成形式美的诸要素中，线的要素占有特殊地位。线的基本形态不外乎是直线和曲线（折线实际是直线的转折）。一般来说，曲线具有优美、柔和、流畅等特征，而直线具有刚劲、挺拔、正直等特性；直线给人以力的感受，稳定而有生气，用来表现物体形状的边、方、角等形状，同样给人以不同的视觉效果和心理反应。一般来说，圆形给人以柔和之感，三角形及其变形给人以稳定或不稳定之感，而方形则给人以公正大方、平实刚强之感。总之，直线与方块体现的是一种刚性美。

从形式美的规律看，"直线加方块"体现的是整齐一律的美。整齐一律是外表的一致性，是同一颜色、线条、形体、声音、节奏的不断重复。直线就是朝一个方向走，而方块（立方体）的每一条线、角度、面都是一样，可见，"直线加方块"是整齐一律的典型体现。当然，直线加方块的组合规律不仅仅是整齐一律，还包含了其他，如比例、对称、均衡、节奏、和谐、变化而又统一等等形式美的规律。总之，"直线加方块"是符合形式美的规律的。

军人的生活形态大致地呈现直线和方块。从我们踏入军营开始，它就与我们结下了不解之缘。"直线加方块"的韵律是军人生涯独具的特色。它是军营生活的真实写照，反过来又感染和激励着军人的情感；它是军人的钢铁意志塑造的，反过来又塑造着军人特有的威武和阳刚之美。营房的布局整齐而有规划，办公室、宿舍里的陈设朴素大方，井井有条，表现了军人特有的纪律和秩序；军装的线条美与人体美结合，显出体形的健美；肩章、领章、兜盖都是长方形的，显得沉稳、有气派；训练场上战士们排成方列，身材、服装、步伐、动作、呼声整齐一致，浑然一体，气势雄伟。这一切构成一种壮观的美，使人感受到凝聚、团结的坚强力量，产生一种肃穆、尊严、崇高的美感。"直线加方块"整齐一律的美不仅仅是外在美，也是内在美。它体现了革命军人建立在共同革命目标基础上的高度团结和统一，体现了革命军人的威武和阳刚之气，体现了革命军人的严明作风和纪律，而这一切也是战斗力的重要因素。可见，"直线加方块"整齐一律的美对军人有着特别积极的审美意义。它陶冶和锻炼着军人的意志、性情、品格、胸怀，促使他们在人格上日趋完善，给予他们气冲霄汉的自豪感，激励他们从事崇高伟大的事业。

二、"绿、蓝、黄"的意蕴

色彩在军队中的应用，归根到底是由其社会功利目的以及作战的需要决定的。世界各国大多数军装之所以采用各种绿色，就是为了满足在大部分地域执行作战任务时隐蔽自己的需要，而各军种军装颜色的差异，也是为了便于作战识别与指挥。除此之外，军队中的色彩还包含着深刻的内涵，体现了整齐一律的形式美。

现实生活中，色彩的辨别是人认识世界的重要条件。色彩的物理本质是波长不等的光。它能对人的生理和心理产生特定的刺激作用,吸引人们的视线,因而也能打动人们的心灵。色彩的审美特性在于它的表情性。色彩能使人产生联想效应,触发人联想到其他相关的种种事物。比如,看见红色会联想到阳光,产生明朗温暖的感受;看见白色会联想到白雪,产生冰清玉洁的感受……正是人的这种联想能力,使色彩能够传达出一定的感情韵味,传达出能引动人的情感反应与信息,从而具有了表情性。也就是说,色彩不仅可以表现出冷暖、轻重、强弱,还可以表现出兴奋与沉静、活泼与忧郁、华丽与朴素、振奋与颓废等多种多样的意味。由于人们世世代代的传统习惯,使得某种色彩与某种特定的社会内容形成一种较为固定的联系,于是色彩又具有了象征性。比如,黄色象征着权力,白色象征着纯洁等。象征往往因条件变化而呈现多义,一种颜色可能成为多种象征。

军队的色彩要符合整齐一律的法则,因而比较单纯。然而,军队色彩外在的单纯包含了内容的深邃。色彩是服装给人的第一印象,在整个服装效果上起着重要作用。军服把不同的颜色搭配组合,达到了和谐统一的审美效果。以最常见的陆军服装为例:军服以松树绿为基调,给人以清新、向上、生机勃勃的美感。从线条组合看,以直线为主,明快,透出一种男性的雄健和阳刚之美。加上它又有金色的领花、纽扣来做点缀,使色彩在统一中又富于变化。这些都使军服有一种不同凡响的韵味和美感。

占据军队色彩主调的是绿色,而绿色最能激发起我们的美感。绿色是大自然的主色。看见绿,我们就自然而然地联想到草原、森林、田野、山川、河流……绿色给人以希望感、新鲜感、和平感、安全感、宁静感和公正感。它象征着和平、正义、生命、青春。为什么军装大多是绿色?在 19 世纪末,英国政府派了军队去侵略南部非洲,掠夺资源。当地的布尔人不愿做奴隶。布尔人利用自然保护色,穿了绿色衣服,英国人无法发现他们。可是穿红色军服的英国军队却十分显眼,成了布尔人的活靶子。损失惨重的英国军队吸取了教训,把军服全部换成了暗绿色的。后来,绿色军服逐渐从欧洲各国,推广到全世界。我军军装建军后经历了由灰色、土黄色、黄绿色、草绿色到棕绿色,由于色调偏暖,落后于国际军服冷色调的潮流。07 式军装的松树绿与棕绿色、浅棕绿色相比,这种色调更显沉稳、庄重,符合国际军服潮流,与国内行业制服区别明显,与海、空军服装颜色更为协调,容易与服饰搭配,地域和季节适应性更强。

我们革命军人与绿色结缘,身穿绿色的军装,应该为之感到自豪和骄傲。它标志着我们是和平的卫士、正义的代表。

蓝色在空军、海军部队最为普遍,这是与空军、海军的职能和任务相联系的。看见蓝色,人们就会联想到蓝色的天空、蓝色的大海,给人以安静、广阔、高远之感。蓝色象征着战士宽广博大的情怀。

金黄色是中国传统文化中是高贵的颜色,象征高贵、光荣、华贵、辉煌,它是太阳的颜色,它代表着温暖与幸福,也拥有照耀人间、光芒四射的魅力。自古以来,黄金的价值赋予金色以满足、奢侈、装饰、华丽、高贵、炫耀、神圣、名誉及忠诚等象征意义。金色具有极醒目的作用和辉煌感。它具有一个奇妙的特性,就是在各种颜色配置不协调的情况下,使用了金色就会使它们立刻和谐起来,并产生光明、华丽、辉煌的视觉效果。07式军装将领花、胸标、臂章等服饰的主色调,从过去的银色改成了金黄色,使军装更有威严感,色彩上也更加和谐。

"绿、蓝、黄"作为军队的主色调,其原因就是这些色彩与军人的崇高和阳刚相对应,与军人的自豪和骄傲相联系,从而显示出军人的力度、风格、胸怀。这样的色彩环境,将鼓舞和激励军人忠于职守、坚定乐观、英勇顽强、奋发进取,担负起祖国、党和人民赋予的重任。

三、"动""静"结合的节奏

运动形式的一种具有审美意义的特性口在客观世界中,无论是色彩、声音、形体和动作,以大体相等的量在等距离的时空重复出现,就会产生节奏美。节奏,是形式美中一种带普遍性的法则。

人类的整个生活过程是一种有节奏的生命过程。比如,日常生活中的动静、张弛、徐快、进退等,就是人的生命过程的节奏性表现。节奏给人以审美的享受。节奏在不同时代、不同的人身上表现是不同的。军人的生活节奏表现着"动"与"静"的结合,具有相当鲜明、强烈,独特的节奏美,这是其他生活无法比拟的。《孙子·军事篇》说:"其疾如风,其徐如林,侵掠如火,不动如山。"这句话告诉我们,军人的果敢与奋进表现在:行动时,像风一般迅速;静待时,像森林一般稳健;进攻时,像火一般猛烈;坚守时,像山一般牢固。军人生活的这种节奏感,其动态和静态对比强烈,但又紧密结合,以节奏感而言,"动"往往表现为紧张,"静"往往表现为松弛。波澜起伏,张弛有度,形成了军人生活的节奏美。

这种"动""静"结合的节奏美,在军人生活实践中表现在很多方面。比如,一方面在战争条件下,浴血奋战、前仆后继、壮烈牺牲;另一方面,在和平时期,站岗执勤、吃苦耐劳、默默奉献。一方面在训练场上龙腾虎跃、摸爬滚打；另一方面，在俱乐部里欢歌笑语、鼓乐齐鸣。一方面是血与火的战斗洗礼；另一方面则是对鲜花和小草的深情挚爱……我们军旅生活的节奏有着多么丰富的内涵，它有着大江东去的气势，又有着山花烂漫的情韵。

这动静结合的节奏，使我们体会到当代军人的精神风貌和战斗作风，体会到军人崇高的人性美和热血男儿的情怀，体会到军人存在的价值。

四、象征与力量的统一

军旗是军队和军人生命的象征，军旗之美是形式美和内容美的统一。军旗以特别赋予的形式和特别赋予的内涵，给军队带来一种标志、一种精神、气势、力量和威严。旌旗如林、兵强马壮，是一支军队旺盛战斗力和良好精神状态的标志。

军旗之美是一支军队整体精神象征，一支军队组成之后，以什么形式标志着它的军事存在？织一面军旗，把这支军队的宗旨、目的、使命、组成形式，"简化"成飘扬的旗帜，凝聚军队的力量，给军人精神的感召。

宽泛地讲，所有运用于军事活动中的旗帜，都是军旗。古代军队、古代战场的战争场面，从形式上看也是很美的。旗帜飘扬，山呼海啸。旗帜的颜色有很多种，红、黄、蓝色彩调配；形式也多种多样，长形、条形、三角形，并镶以各种饰物和花边。这些饰物与花边，和军旗主体一样，军旗制作者，都赋予了它们特定的含义。有的造型奇特，图案夸张，狰狞恐怖，给人以压倒一切的气势和力量。

军旗的制作，融入了军事主体的军事意志和审美观念。它是实用与审美的统一，即实际运用于战场，同时也表达了这支军队的审美理想。

严格地讲，一支军队，只有一面军旗。中国古代作战场面中，林林总总的旗帜，称为旌。所有旌之中，只有一面最大的，或者绣上统帅姓氏或其他标志性称号的旌幡，才叫军旗。所以，军旗是军事统帅军事意志的形象显示。只要军旗还在，武士们都知道为谁而战。军旗代替了军事指挥官的意志，鼓舞士卒拼杀在万马奔驰的疆场上。

现代军旗是国家军事意志的象征，各军兵种军旗是在国家军事意志统帅之下各种军事力量的形象显示。现在世界上很少再有以统帅姓氏作为标志的军旗了。在某些不发达、未开化地区，还有部落、宗族性质的军队和他们的军旗。以统帅意志为标志制作的军旗，是奴隶制和封建制度下的军事与战争活动的产物。现在基本上是一个国家、一个民族、一支军队统一制作一种式样的军旗。它代表的是这个国家、这个民族、这支军队的军事意志的力量。

1949年6月15日,新政治协商会议通过的,以中国人民革命军事委员会主席毛泽东、副主席朱德、刘少奇、周恩来、彭德怀名义发布的《中国人民解放军军旗样式》的命令,对军旗图案的制作,规定了严格的标准。人民解放军总部,军旗尺寸,长宽多少,野战军、兵团、军、师、团,军旗、尺寸多少。这是我们这支强大的、经历过艰难曲折道路的、已经取得解放战争最后胜利的、正在成为完全正规化的人民军队,第一次统一规定自己的军旗。

红色,象征大地;"八一"代表历史——八一南昌起义;金星,标志着这支军队二十多年来的生存意义,如灿烂的星光照耀着中华大地。这里有艰苦的征程,胜利的喜悦,热烈、喜庆的气氛。

中国人民解放军军旗,结构端庄,有种简洁、明快、干练的美;色彩,鲜红、金黄,热烈而喜庆,随便在哪里出现,都如一束红艳艳的生命火苗,洁净而热烈,蓬勃而昂扬。再配上旗杆尖上银灿灿的锥型矛头和橘黄旗穗,与旗面上的五角星及"八一"二字交相辉映,更显得高贵而典雅。

军旗,是艺术化、象征化、浓缩了的一部中国人民解放军征战史和胜利史。它是中国人民解放军军事意志、军事力量的历史定格。所谓军事意志,即为中华民族独立自由而战,为民族的繁荣富强、生存与发展而赴汤蹈火。军旗,浓缩了过去、定格了现在,更昭示着未来。

在雄壮的军歌声中,威武的礼兵手持庄严的军旗迎面走来,一种气势、一种力量、一种昂扬的美感油然而生。可以说,中国人民解放军军旗,将形式美、象征美、生命美、意志美、力量美与气势美完美统一。

参 考 文 献

[1] 范川凤，邱小捷．大学美育教程［M］．重庆：西南大学出版社，2000．

[2] 何静，舒英才．美学与审美实践［M］．北京：解放军文艺出版社，2005．

[3] 蒋国忠．大学美育［M］．上海：复旦大学出版社，2002．

[4] 张文光．大学美育［M］．北京：机械工业出版社，2012．

[5] 张法．美育教程［M］．北京：高等教育出版社，2006．

[6] 王守恒．美育原理［M］．北京：中国科技大学出版社，1996．

[7] 李国春．大学美育教程［M］．长沙：湖南教育出版社，2004．

[8] 李翠梅．大学美育［M］．北京：煤炭工业出版社，2005．

[9] 季羡林．我的人生感悟［M］．北京：中国青年出版社，2006．

[10] 马斯洛，等．人的潜能和价值［M］．林方，译．北京：华夏出版社，1987．

[11] 朱光潜．朱光潜谈美［M］．武汉：长江文艺出版社，2008．

[12] 威廉·H. 麦家菲．麦家菲读本．［M］．艾梅，译．哈尔滨：哈尔滨出版社，2009．

[13] 王德岩．大学美育讲义［M］．北京：清华大学出版社，2010．

[14] 田立延．军事美学：一部关于军事与战争的哲学与诗学［M］．北京：国防大学出版社，2001．

[15] 方振东，宋海英，李学明．军事美学教程［M］．北京：人民出版社，2013．

[16] 沈明．军事美初探［M］．北京：军事科学出版社，1996．

[17] 张伟，徐士科，朱匀燕．加强军人职业道德建设问题研究［J］．改革与开放，2011（4）：125．

[18] 郭禾．加强军校美育之管见［J］．牡丹江教育学报，2005（5）：77 - 78．

[19] 阎增武．军事美学若干问题的思考［J］．南京政治学院学报，2007（1）：31 - 35．